Wolfgang Bergmann

# KLEINE JUNGS – GROSSE NOT

### Wie wir ihnen Halt geben

Besuchen Sie uns im Internet
www.beltz.de

Das Werk und seine Teile sind urheberrechtlich geschützt. Jede Nutzung in anderen als den gesetzlich zugelassenen Fällen bedarf der vorherigen schriftlichen Einwilligung des Verlages. Hinweise zu § 52 a UrhG: Weder das Werk noch seine Teile dürfen ohne eine solche Einwilligung eingescannt und in ein Netzwerk eingestellt werden. Dies gilt auch für Intranets an Schulen und sonstigen Einrichtungen.

Beltz Taschenbuch 898
2008 Beltz Verlag, Weinheim und Basel

2. Auflage 2008

2005 Patmos Verlag GmbH & Co.KG
Walter Verlag, Düsseldorf und Zürich
Umschlaggestaltung: Federico Luci, Odenthal
Umschlagabbildung: Getty Images, Deutschland
Druck und Bindung: Druck Partner Rübelmann, Hemsbach
Printed in Germany

ISBN 978-3-407-22898-7

# Inhalt

Vorbemerkung   9

## I. Spurensuche   15

1. Alles war ein wirbelndes Durcheinander – aber dann kam einer und ging nicht wieder weg   15
2. Kontakte ohne Eigensinn, und dann dieses Gefühl von Leere   21
3. Eine Geschichte vom Trotz   24

## II. Die Verfassung der modernen Familie   29

1. Familie mit begrenzter Haftung – was hält sie zusammen?   29
2. Die alte und die neue Familie – Oma und ihre Kinder   36
3. Die Erdbeere, die auf den Boden fällt   41
4. Fritz oder die Entfernung von der Mutter   45
5. Max oder die Einsamkeit   50
6. Dominante Mütter   55
7. Vaterlose Jungen – die Bedeutung des Weiblichen und des Männlichen   61

## III. Modernität und Monitore – Lebenswelten   67

1. Immer auf Draht und was Forscher darüber wissen   67
2. Franz und seine Freunde, beinahe real   69
3. Große Jungen vor dem Bildschirm   70

4. Computer und Spiele –
      von Mythen und Göttern und großen Städten   72
   5. Was bedeutet das Lesen im Buch und was das Spiel
      am Monitor?   79

## IV. Psychologische Skizzen zur Verfassung der nervösen modernen Jungen   82

   1. Die ichlose Art der Selbstbezogenheit   82
      Die Welt ist mehr als Objekte, sie ist eine Vision   82
      Glanz und numinose Abenteuer – das Erleben
      der Welt beginnt   83
      Vom ersten Angeschautwerden zur Hoffnung   84
      Ich fühle mich nicht – dich nicht – gar nichts!   85
      Hast du mich gerufen?   87
      Der Wille und die »Welt der Objekte«   89
      Narzissmus und Magie   92
      Versuch einer Verortung des Psychischen   97
      Irgendwann schlägt einer auch mal zu   99
      Papa kommt ins Spiel, und manchmal stört er   100
   2. Bindungsstile   105
      Rudolf oder: Die Gleichgültigkeit eines 6-Jährigen –
      zweimal Bindungslosigkeit   109

## V. Zerfall des Sozialen und desorientierte Jungen – Versuch einer Antwort   117

   1. Nie ganz hier und woanders auch nicht   117
   2. Die Jungen von Hildesheim oder:
      Das Ende des Gewissens   120
   3. Frank oder: Der Junge, der in der Kälte blieb   124
   4. Anspannung und dann kein Ende mehr   128
   5. Mit kleinen und großen Jungen im Wirbel
      des Malstroms   131

**VI. Was tun? Stark machen, Halt geben, Mitgefühl zeigen** 133
    Zum Beispiel Fußball, alles ist anders geworden 133
    Viva oder: Wie Kinder die Welt sehen 136
    Gehorsam und infantil, aber immer allmächtig 137
    Auch Familien werden zweitrangig 139
    Und welche Hilfe ist realistisch? 140
    Denkvorschläge 140
    Drei Prinzipien 142
    Eltern mit Mut, die Stärken eines Kindes zu stärken 149
    Jungen wollen Strenge – aber keine Super-Nanny 152
    Ich habe dich lieb, mein Kind 155

**VII. Noch mehr Not oder: Wie Bildung unmöglich wird** 161
    1. Schule und weniger – eine Polemik mit versöhnlichem Abschluss 161
    Wir haben zu wenige männliche Lehrer und andere Binsenweisheiten 163
    Noch ein Beispiel für gute Schule 164
    Schule ist Erziehung, anders geht es nicht 165
    Klassenkonferenzen und andere Hilflosigkeiten 168
    Weiterbildung mit Marotten 171
    Ein 14-Jähriger will lernen, darf aber nicht 173
    Die Wirklichkeit der Schule ist ihr Alltag, nicht ihr Konzept 174
    2. Gute, menschliche Lehrerinnen – ein Loblied zum Schluss 175

Nachbemerkung 177

Literatur 178

## Vorbemerkung

Kleine Jungen machen Probleme, das war schon immer so. »Kleine Helden in Not« hieß vor zwanzig Jahren ein sehr populäres Buch über die männlichen Kinder, die immer stark sein wollen (und sollen) und dabei so empfindlich und ängstlich sind. In den letzten Jahren haben sich die Notsignale dramatisch verstärkt, auch die Ursachen der großen Not sind weitgehend andere geworden. Beides stellt viele Eltern und die meisten »Profis« in der Pädagogik und Psychologie vor unüberwindbare Probleme. Die Tatsache, dass immer mehr Jungen nervös, unkonzentriert und depressiv-ängstlich gestimmt sind, wird seit einiger Zeit unter dem aus der Medizin entlehnten Etikett »ADS« debattiert. Es ist nicht viel dabei herausgekommen.

Die Ursachen, warum die Unruhe besonders die kleinen Jungen ergriffen hat, ihre diffuse Bereitschaft zu Aggression, dies alles ist weiterhin völlig ungeklärt. Die Verordnung eines hochwirksamen Medikaments zur symptomatischen Beschwichtigung der überbordenden Impulse und Gefühle hat um das mehr als Zwanzigfache zugenommen, und zwar innerhalb von zehn Jahren – wir wissen nicht einmal, wie und warum es wirkt. Wir wissen erst recht nicht, welche seelischen oder körperlichen Zusammenhänge diese Medikation beeinflusst.

Wo wenig gewusst wird, greifen die lautstarken Ersatzerklärungen um sich. Die Moden wechseln rasch. Vor wenigen Jahren galt es als Allgemeingut, dass die Unruhe der Jungen vor allem dadurch zu erklären sei, dass sie in Kindergärten und Grundschulen vorwiegend weibliche Erwachsene antreffen. Die männlichen Vorbilder fehlen, Vaterlosigkeit wurde danach ins Feld geführt. Zugleich werden Stimmen laut, die sich um rein biologische Ursachenforschung bemühen – in einem hochkomplexen Sozialgefüge wie den modernen Gesellschaften ist dieses Bemühen wenig aussichtsreich, klingt aber kurz und knapp, wie es eine moderne Informationskultur gern hat. Jede Mode hat ihre Zeit, dann verstummt sie und macht einer anderen Platz – um unweigerlich nach fünf oder sechs Jahren wieder in der öffentlichen Debatte aufzutauchen, als sei sie gerade eben entdeckt worden.

Zurück bleiben die kleinen Jungen, denen nicht geholfen wird, obwohl viele von ihnen dringend Hilfe benötigen. Zurück bleiben auch die Eltern, die sich neuen familiären Verhältnissen einzurichten bemühen und von ihren schwierigen Söhnen überfordert sind. Überfordert sind die Lehrer, zumal an den Grund- und Hauptschulen, zunehmend die Kindergärtnerinnen. Überfordert sind auch – aber sie reden nicht gern darüber – die Psychologen, die Berater und Therapeuten, die Psychiater. Sie sitzen ratlos vor männlichen Kindern, ihrem verschlossenen Trotz, ihrer unzugänglichen Unruhe, ihren hochfahrenden Selbstbildern, und greifen auf alte Methoden, überkommene Verhaltensregeln und in großer Zahl übereilt auf Medikamente zurück. Sie sind verzweifelt bemüht, dabei einen souveränen Eindruck zu hinterlassen.

Für sie – die Eltern, die »Profis« – ist dieses Buch geschrieben. Aber ich sage vorweg: Vorsicht! Dieses Buch bemüht sich um Ehrlichkeit. Es gibt hier keine fertigen Antworten, keine runden Erklärungen. Was ich in meiner nunmehr 10-jährigen täglichen Arbeit mit schwierigen Kindern (und ich sage nicht ohne Stolz: nicht einem einzigen von ihnen habe ich »oppositionelles Problemverhalten« bescheinigt, ich rede über Kinder nicht in einem bürokratischen Jargon!) erlebt und verstanden oder auch nur verblüfft zur Kenntnis genommen habe, das habe ich hier aufgeschrieben.

Es ist eine Spurensuche. Spuren im Erleben der Begegnungen, Spuren in den Theorien.

Vielen Kindern konnten wir – meine Mitarbeiter und ich – helfen. Aber gelegentlich haben wir den positiven Veränderungen eines Kindes, das uns anvertraut war, auch nur beglückt zugeschaut, haben mit angesehen, wie ein hyperaktiver 10-Jähriger endlich Freunde gewann und verlässlich festhalten konnte, wie sich ein 12-Jähriger in der Ordnung der Sprache zurechtfand und eine durch Misserfolge vergiftete Kindheit sich zu wandeln schien, und wir haben uns zugleich gefragt: *Warum* waren wir erfolgreich? Was haben wir richtig gemacht, damit dieses Kind sich selber helfen konnte? Und manchen konnte ich auch nicht helfen, obwohl ich nach den ersten Gesprächen nicht mit einem Misserfolg gerechnet hatte. *Warum?* Vieles entzieht sich der Reflexion.

Das ist in der seelischen Betreuung von Kindern schon immer so gewesen. Winnicott schrieb, er habe in seinem Leben viele scharfsinnige Interpretationen seinen Patienten zugute kommen lassen – und er hat Recht: kaum einer aus der Gilde der Kindertherapeuten vermochte so einfühlsam und intellektuell brillant zu formulieren wie er –, aber im Rückblick auf seine Arbeit komme er, Donald Winnicott, zu folgender Einsicht: Sein ganzer Scharfsinn habe den Patienten im Wesentlichen nur nicht geschadet. Geholfen habe etwas anderes, *nämlich die Art und Weise, wie er hinter dem Schreibtisch saß*. So ist es!

Was für Psychologen und andere Profis gilt, gilt in intensiverer Weise auch für die Eltern. Nicht ihre Absichten, nicht ihr guter Wille, nicht einmal ihre Überzeugungen prägen die Kinder, sondern das, *was sie sind*. Das pure Dasein, von einem Moment zum nächsten, die unwillkürliche Geste, der kleine Blick, das Unkontrollierte. Das macht die Kunst einer guten (oder verfehlten) Erziehung aus.

Spurensuche. Sie beginnt mit exemplarischen Geschichten. Jede steht für einen »Problemtypus«. Aber jeder der darin beschriebenen Jungen steht zugleich auch nur für sich allein. An der *Einzigartigkeit* der Kinder lernen wir in der Therapie das Wichtigste, das Verallgemeinerbare folgt dem nach ...

Das erste »Fallbeispiel« beschreibt einen hyperaktiven Jungen, viele seiner Verhaltensweisen sind so regelhaft, dass sie tatsächlich als »Fall« beschrieben werden können. Wer mit hyperaktiven Kindern zu tun hat – das heißt: alle Lehrer und viele Eltern –, wird dies bestätigen. Aber mein erstes Beispiel ist auch die Beschreibung eines Rettungsversuches. Wie gelang es, diesen Jungen – weitgehend – aus der Umklammerung seiner ängstlichen und auftrumpfenden Unruhe zu befreien? Wir stoßen hier zum erstenmal in diesem Buch – und in dessen weiterem Verlauf wird es noch mehrmals der Fall sein – auf die Bedeutung einer »guten Autorität«. Mit dieser kleinen »Geschichte« soll klar werden, wie Autorität heute aussehen kann und muss, damit sie eine Chance hat. Ich habe diesen Text deshalb an den Anfang gesetzt.

Die zweite »Geschichte« thematisiert die tief greifenden Veränderungen im emotionalen Verhalten, die durch die dichte Präsenz moderner Medien ausgeübt wird. Auch dies wird im weiteren Verlauf des Buches ausführlich vertieft und differenziert.

Das letzte »Fallbeispiel« nimmt die eingangs positiv dargestellte Autoritätsbindung der modernen Jungen wieder auf – diesmal freilich mit dunkleren Vorzeichen. Es ist ja auffällig: Trotzig und verschlossen wirken viele schwierige kleine Jungen, zugleich hochimpulsiv, immer auf dem Sprung zu destruktiven Verhaltensweisen – wobei die Destruktion sich ebenso nach außen wie nach innen richten kann. Viele, nein, eigentlich alle dieser kleinen und größeren Jungen tragen ein enorm vergrößertes und vergröbertes Ich-Ideal vor sich her. Sie verteidigen infantile Allmachtsbilder hartnäckig und verzweifelt gegen die Zumutungen der Realität. Sie scheitern ein ums andere Mal, und immer ohne Einsicht. *Sie folgen einer Egozentrik fast ohne Ego.* Das führt dazu, dass sie bei aller Asozialität und aller Undiszipliniertheit insgeheim gehorsame Kinder sind. Wer mächtig, auftrumpfend und aggressiv auf sie zukommt, gewinnt spontan ihr Vertrauen. Warum ist dies so?

Mein erster Erklärungsansatz: Die modernen Familien sind Befindlichkeitsgemeinschaften, sie sind nicht verlässlich genug, sie sind auch nicht genügend konfliktfähig. So werden viele kleine Jungen verwöhnt, andererseits fehlt ihnen ein verlässlicher Ort, an den sie sich binden können. Losgerissene, bindungsleere Verwöhnung kennzeichnet das Erscheinungsbild vieler problematischer Jungen. Im zweiten Teil des Buches wird dies vor dem Hintergrund der veränderten Verfassung der Familien diskutiert.

Dieselbe Unsicherheit führt viele Mütter dazu, mit ihren Söhnen innige Beziehungen aufzubauen (und nicht wieder loszulassen), die aber vom Misstrauen gegenüber der Realität – und oft auch von einem insgeheimen und manchmal offenen Misstrauen gegenüber den Vätern – durchdrungen sind. Jungen reagieren darauf mit Problemen. Sie wollen weg von Mama und bei ihr bleiben – dieser kindliche Urkonflikt kann angesichts der enormen Bindungsintensität nicht gelöst werden.

Auf die daraus entstehenden Verhaltens- und Lernprobleme reagieren viele Mütter dann wieder mit harter Dominanz. Sie wollen nun alles regeln und kontrollieren, die Bindungssehnsucht der Söhne wird nun zu einem Dilemma. Sie können nicht selbstständig werden, sie fürchten sich vor allem und jedem und haben sich zugleich von den infantilen Allmachtsfantasien nicht gelöst. Wo dieser komplexe Zusammenhang von Therapeuten, Lehrern und natürlich von den Eltern eingesehen wird, wird Hilfe möglich.

Die Welt der digitalen Bilder und Klänge schließt unmittelbar an diese Problematik an und verschärft sie. Damit befasst sich der dritte Teil dieses Buches. Symbiotische *und* allmächtige Gefühle, egozentrierte Kontakte *und* Realitätsablehnung leben und trainieren die kleinen Jungen im Computer und in den Kinobildern. Die Folge: der Zerfall der sozialen Empfindungen und Verhaltensfähigkeiten. Auch die modernen kleinen Jungen möchten sich als soziale Wesen konstituieren, sie möchten eingebunden werden in Gruppen, wollen unbedingt mit anderen Kindern friedlich und harmonisch spielen. Aber sie wissen nicht, wie es geht. Sie finden sich im Sozialen nicht zurecht. Also suchen sie intensive Bindung an erwachsene und beschützende Autoritäten. Aber auch die können oft keine Verlässlichkeiten anbieten. Die Jungen haben keine Gewissheit in sich selber und finden keine Ordnung in der Welt. Am Ende dieses Teils meines Buches versuche ich praktische Antworten zu geben, wie diesem Dilemma zu begegnen sei.

Schule könnte ein zentraler gesellschaftlicher Ort sein, an dem all diese Fragen fortwährend und auf dem höchsten zur Verfügung stehenden Niveau debattiert und experimentiert werden. Schule *müsste* solch ein Ort sein, weil dort, wo Familie oft überfordert ist, wo angesichts der medialen Realitäten neue Herausforderungen an Erziehung gerichtet werden, gar kein anderer Ort, keine andere Instanz zur Verfügung steht. Bis heute, behaupte ich, versagt Schule vor dieser Aufgabe. Die Folgen zeichnen sich erst allmählich ab. Einzelne Lehrerinnen und Psychologen, Betreuer, Sozialpädagogen versuchen diesem Verhängnis zu widerstehen, einzelne Schulprojekte und -versuche sind im Vergleich zur üblichen Schule relativ erfolgreich. Die Spurensuche endet mit einem Plädoyer für gute Lehrer und andere pädagogische, psychologische Berater und Begleiter, vor allem aber mit einem Plädoyer für die Liebe der Eltern zu ihren Kindern. Sie ist die Substanz. Wo sie verloren geht, ist alles verloren.

# I. Spurensuche

## 1. Alles war ein wirbelndes Durcheinander – aber dann kam einer und ging nicht wieder weg

Ich beginne mit einem Beispiel, das auf vernünftige Weise Hoffnung macht. »Vernünftig« heißt hier: dieses »Fallbeispiel« zeigt, wie schwer viele kleine problematische Jungen zu erreichen sind, wie leicht man bei dem Versuch, ihnen zu helfen, abrutschen kann – und wie sehr sie letztlich dann doch bereit sind, Hilfe anzunehmen. Es muss nur die richtige sein!

Irgendwie störte ihn alles. Ob es das zufällig abgestellte Fahrrad auf der falschen Straßenseite war, die Turnschuhe in der Sporthalle seiner Schule, die einfach dort nicht hingehörten (also nahm er sie mit nach Hause) oder irgendeiner, der seinen Weg kreuzte und nicht auswich. Er griff zu, nahm mit, schlug zu. Es wurde ihm gar nicht recht bewusst. Er räumte die Dinge einfach aus dem Weg, warum waren sie ihm auch in die Quere gekommen?

Auf Vorhaltungen oder Fragen später (»warum hast du das getan?«) wusste er keine Antwort. Sein verständnisloser Blick machte deutlich, dass ihm nicht einmal die Frage ganz klar war. Ja, doch, er wusste, dass man Turnschuhe aus einer Sporthalle nicht einfach mitnehmen, Fahrräder nicht einfach zusammentreten und andere Kinder nicht prügeln durfte. Aber er wusste es so, wie ein Erstklässler das Addieren und Subtrahieren lernt – eingepaukt, ohne zu verstehen.

Was ihm an sozialer Moral vermittelt wurde, kapierte er nicht. Es vertrug sich nicht mit seinem Selbstbild. Hatte er überhaupt ein *Selbst*bild? Er war wie ein Bündel aus Energie und Getriebensein. So rannte er zur Schule und wieder zurück, hampelte im Klassenzimmer auf und ab und konnte kaum stillsitzen, hörte die Ermahnung des Lehrers und hockt sich daraufhin erschrocken auf seinen Stuhl, um wenige Minuten später wieder aufzuspringen – die Ermahnung hatte er schon wieder vergessen.

Die Worte und Regeln drangen nicht zu ihm vor, bzw. sie gingen *durch* ihn hindurch. Sie hinterließen keine Markierung, keine Spur. Irgendetwas in seinen Wahrnehmungen machte es ihm unmöglich, die

Dinge, die Worte, die Erinnerungen, die Versprechungen und Vorhaben festzuhalten: Alles raste, die ganze Welt, alles dreht sich um ihn herum. Insofern war er sehr egoistisch, aber nur deshalb, weil er nichts außerhalb von sich selber verstand, nichts aufnahm und eigentlich sich selber auch nicht. Die Turnschuhe, die er klaute, wollte er gar nicht behalten – er benötigte keine Turnschuhe. Das Fahrrad am Wegrand hatte ihm nichts getan, er war nicht wütend auf das Rad oder sonst wen, er trat einfach zu, gleichsam ohne Motiv. Dasselbe mit den Kindern, manchmal Jugendlichen, die ihm über den Weg liefen. Er hatte nichts gegen sie, er hatte sie schon gestoßen und geschlagen, bevor er sie überhaupt ganz zur Kenntnis nahm.

Das war keine Schauspielerei, wenn er auf Vorhaltungen und Vorwürfe erstaunt, und manchmal gekränkt, reagierte: Was wollten die alle von ihm? Es war tatsächlich nicht er selber, der sich an Sachen und Menschen verging. Eigentlich hatte er gar kein Selbst.

Was macht so einer in der Schule? Er langweilt sich, alles war geradezu tödlich langweilig. Die Schriftzeichen konnte er nicht behalten, die algebraischen Ableitungen verstand er nicht. Selbst die Zahlen waren ihm ein Rätsel. Was »Mengenvorstellung« heißt, blieb ihm verschlossen.

Er wusste nur, dass mehr und immer mehr besser war als wenig. Er konnte von allem nicht genug bekommen, vom Essen auf dem Teller nicht und von seiner Sammlung neuester technischer Geräte auch nicht. Geld häufte er am liebsten an, gleichgültig, ob große Scheine oder kleine Münzen. Hauptsache viel, »vieles«, das man anfassen, berühren, greifen konnte. Das machte ihm Freude, dann spürte er so etwas wie Lust. Dann spürte er in gewisser Weise sogar sich selber. Dann war er für Momente zufrieden.

Natürlich wurde dieser Junge als »minder intelligent« eingestuft. Freilich zeigte dann ein differenzierter Test, der nicht auf schriftlichem Symbolverstehen beruhte, sondern die praktische Intelligenz befragte, dass er sehr wohl geschickt und clever mit Dingen umgehen, Funktionen in Zusammenhänge fügen, Lösungen auch überraschender Art herstellen konnte. Nur die Beständigkeit der Symbole, egal ob Schrift oder Zahl, erschreckte ihn, verstörte ihn geradezu. Ihre Beständigkeit, ihre Festigkeit erschien ihm unverständlich, man könnte auch sagen: feindlich (feindselig). Er war nicht dumm, auch nicht brutal, nicht einmal habgierig. Was war er dann?

Vor allem war er unendlich allein. Er hatte keine Freunde, sondern nur Umgang mit kleineren Jungen, die ihn wegen seiner Unbeherrschtheit und seines aggressiv wirkenden Lärmens bewunderten. Aber auch die spürten bald, dass er überhaupt nicht in der Lage war, verlässliche Freundschaften einzugehen, dass er keine einzige Verabredung einhielt, auf dem Fußballplatz nicht erschien, obwohl er dort als Stürmer gebraucht wurde, dass er sie, die Kleineren, trotz seiner Körperkräfte nicht einmal beschützte, wenn sie von anderen angegriffen wurden. Er war dann gerade mit etwas anderem beschäftigt und bekam nichts von ihrer Notlage mit.

Das verstieß gegen einen Ehrenkodex, der mindestens in Restbeständen bei den Kleineren vorhanden war. Bei ihm war nichts vorhanden, nur Leere, turbulente Leere.

Mit 10 oder 11 Jahren bekam er eine Ahnung davon, dass etwas ganz furchtbar schief ging. Er versuchte, sein Leben zu ändern, aber er wusste ja nicht einmal, was das ist: Leben und Planung, Zukunft und Hoffnung. Nichts davon stand ihm zur Verfügung. Instinktiv begann er nach Ordnungen zu suchen. Doch in sich selber, in seinen Wahrnehmungen und Sinnesordnungen, in seinem Verstand herrschten nur diese Turbulenzen, dieses Alleinsein, dieses Nirgendwo. Also suchte er ein Gegenüber, eines, das stärker war als er. Eines, das ihn zur Ordnung zwang. Eines, das er bewundern konnte.

So ein Gegenüber fand er auch, erstaunlicherweise sogar in seiner Schule. Ein Junge, der kräftiger war als er, körperlich überlegen, der auch viel älter wirkte, obwohl ihr Altersunterschied nur wenige Monate betrug. Einer, der ein richtiger »Bullie« war, ein Anführer, den alle respektieren. Einer also, der sich Respekt verschaffte mit seinen Rüpeleien und Schlägereien, einer, der sich selber in Szene zu setzen wusste. Der hatte ein »Selbst«, der hatte Ziele. Der wollte etwas. Der war ihm überlegen, den wählte er sich als Freund, nein: als Vorbild, als Chef. Hinter dem lief er her wie ein eilfertiger Diener hinter einem Herrn, wie ein Untertan hinter einem König, wie ein Gläubiger hinter einem Gott.

Ja, er vergötterte ihn. Der war sein Freund. Er war es umso mehr, je rücksichtsloser er mit ihm umging. Jeder Schlag, den er von ihm empfing, teilte ihm eine innere Ordnung mit, die stärker war als alles, was er bisher wahrgenommen hatte. Er nahm die Schläge geduldig hin, genauso wie die Zuwendungen, die Freundschaftsbekundungen genauso wie das Abgewiesenwerden.

Hau bloß ab, konnte dieser andere zu ihm sagen, ihn wegscheuchen, fünf Minuten später stand er schon wieder neben ihm und versuchte, seine Gunst zu erwerben. Wie ein Hündchen hinter seinem Herrn, lief er hinter dem großen Jungen her. Der wusste sich davon seinen Vorteil zu verschaffen. Der schickte ihn zum Klauen los und nahm ihm das Handy, das Spielzeug, den Gameboy hinterher ab. Er ließ es bereitwillig geschehen, er kam gar nicht auf die Idee zu widersprechen.

Er konnte sich die Dinge jetzt besser merken, die Wirklichkeit nahm eine Art Struktur an, eine Ordnung. Er wuchs innerlich, er spürte es. Da traf er endlich – endlich! – auf einen erwachsenen Mann, der ein guter Pädagoge war. So einer hatte ihm die ganze Zeit gefehlt. Es war auch ein Wunder, dass er ihn fand. Dieser Mann wirkte für ihn noch stärker als der größere Junge, noch überlegener.

Körperlich war er kräftiger, eben ein Erwachsener. Er hatte auch mehr Überblick, mehr »Durchblick«, wirkte dabei unbestechlich, cool, unbeeindruckbar. Also genauso, wie er sich selber manchmal ausmalte, dass er einmal sein könnte. Es handelte sich um einen Betreuungslehrer, kein junger Mann, sondern einer, der über viele Jahre und Jahrzehnte Erfahrungen mit Jungen wie ihm gemacht hatte. Einer dieser Lehrer, die man an den Schulen gar nicht erwartet und dann trifft man sie doch immer wieder an. Männer, die ihr Leben mit Kindern und Jugendlichen und in Schulen zugebracht und trotzdem ein »gelebtes Leben« haben. Denen gemeinsam mit den Kindern und Jugendlichen viel gelungen ist, die zusammen etwas auf die Beine gestellt haben, die sich von den Kindern, aber auch von bürokratischen Erlassen, Vorschriften, oder von pädagogischen Moden usw. nicht einschüchtern lassen. Die vor allem nicht fortwährend von Selbstzweifeln zerrissen sind. Erwachsene Männer vor allem, die für diese schwierigen Jungen, um die sich in Wahrheit keiner kümmert (nicht einmal die Eltern), ein Herz haben.

Ein großes Herz, die Kids nennen das »cool«. Sie meinen aber etwas ganz Weiches, ganz Zartes, sie können es nur nicht aussprechen.

Und trotzdem wäre auch diesem Beratungslehrer beinahe ein schwerwiegender Fehler unterlaufen. In einem der ersten Gespräche fragte er nämlich: »Was soll denn aus all dem werden? Was stellst du dir denn für die Zukunft vor?« Dabei hätte er doch wissen können, dass es für diesen Jungen keine Zukunft gab. Nicht einmal die geringste Ahnung davon, was Zeit und Zukunft ist. Denn für Zukunft braucht man Hoffnung, und die hatte der Junge nicht. Das war genau das, was er nicht wollte, nicht brauchte: dass einer ihn etwas fragte, dass einer also nicht selber Bescheid wusste, nicht selber knallhart Ordnung darstellte, Struktur, dass der also nicht Zeit und Raum besetzte und mit seiner Stimme, seinem Körper, seiner Macht über alles und jedes verfügte. Denn sobald solch ein Junge Zweifel an der Überlegenheit des Erwachsenen bekommt, schwindet seine Bewunderung. Damit schwindet das einzige seelische Bindungselement, das er in sich finden kann, und damit schwindet auch die Zuversicht. Dann wendet er sich enttäuscht ab. So war es viele Male vorher passiert. Beinahe wäre es wieder geschehen. Doch der erfahrene Pädagoge machte seinen Fehler wieder wett.

Etwas später sollte sich herausstellen – und das war der nächste Schritt seiner Entwicklung –, dass nur Regeln, nur Ordnung auch zu wenig war. Er brauchte noch etwas anderes, etwas Schwieriges. Es lässt sich auch nur ganz schwer beschreiben: Der Mann musste den Jungen berühren, ihn erreichen, ihn »erschüttern«. Das ist für einen Lehrer nicht einfach. Die Schulordnungen und die Konventionen der Pädagogik sind alle auf Mäßigkeit eingestellt, sie erschüttern niemanden und nichts. Weich, fast eingeschüchtert nähern sich die meisten Lehrer den Schülern, sie trauen sich kaum, sie einmal fest anzufassen. Viel zu vorsichtig beharren sie auf ihrer Autorität, als seien sie sich selber nicht sicher. Permanent haben sie irgendwelche Vorschriften und andere Maßgaben im Kopf, die die Kinder nicht verstehen. Aus dieser Haltung erwächst keine »Erschütterung«. Wer mit solchen Jungen klarkommen, wer sie sogar beeinflussen will, muss all dies hinter sich lassen. Er muss sich ein wenig abseits der Schulkonvention stellen. Das ist nicht leicht.

Zwei Dinge benötigte dieser schwierige Junge: Das erste war seine vorbehaltlose Bewunderung für den Erwachsenen, die so radikal und bedingungslos war, dass sie sogar die unterwürfige Beziehung zu dem älteren Jungen ausstach. Das war die erste Aufgabe, die der Pädagoge zu leisten hatte. Er musste den aggressiven Anderen entwerten, er musste ihn übertrumpfen, er musste der Stärkere sein. Und dann das Zweite: Aus der Bewunderung sollte für den Jungen die Fähigkeit erwachsen, auf kleine kommunikative Signale zu achten. Er nahm plötzlich wahr, wenn der Erwachsene ihn freundlich anschaute. Ein ermutigender, ja manchmal sogar liebevoller Blick wurde jetzt sofort registriert und aufgenommen. Die Art, wie der Erwachsene ihn ansah, stärkte ihn. *Er hoffte nun immer schon auf dieses Angeschautwerden*, das ihm auf eine durchaus ungewohnte Weise ein Gefühl seiner »Selbst« gab. Das hatte er vorher nie so empfunden.

In der Nähe dieses Menschen entfaltete er ein Gefühl für sich, damit wurde die zuvor nur eingepaukte »Moral« auch verständlicher, durchschaubarer. Zumindest eine Ahnung empfand er nun davon, was an seinem Verhalten »gut« und was »böse« war. Er nahm diese Kategorien vorbehaltlos in sich auf, auch sie füllten und strukturierten die seelische Leere, die in ihm wütete. Diese wirbelnde Leere, die ihn so konfus gemacht hatte. Er kam zeitweise zur Ruhe.

Die rabiate Überlegenheit des Erwachsenen gegenüber allen anderen Menschen, die der Junge kannte, spielte eine große Rolle. Die Ordnung und Regeln, auf denen der Erwachsene so beharrlich bestand, ebenso. Doch beides wurde erst zur seelischen Wahrheit durch den Blick, den er auf diesen Jungen richtete.

Was er vor allem brauchte: Verlässlichkeit. Verlässlichkeit in sich selber kannte er noch weniger als soziale Moral. Auch sie musste von außen kommen. Verlässlichkeit hieß, dass der Erwachsene, wenn der Junge wieder einmal ein Rad am Wegesrand zertreten, wieder einmal Handys oder Turnschuhe geklaut hatte, *einerseits auf seine Ordnung bestand und ihn bestrafte, andererseits aber von seinem freundlichen Blick nicht abließ*. Eben dies war die Kunst, die dieser Pädagoge intuitiv oder aus seinem Wissen heraus leistete: Er konnte beides verbinden. Er war in der Lage, herumzubrüllen, zu bestrafen, ohne seine nicht nachlassende Zuwendung dabei zu vergessen. Er war in der Lage, in beidem, der Ordnung *und* der Bindung, verlässlich zu sein. Weil die Ordnung in diesem Jungen nur wirksam wurde, indem er auch die Bindung spürte, die Bindung aber auch nur dann eine Bedeutung erlangen konnte, wenn sie mit Ordnung gepaart war, hatte der erwachsene Pädagoge den Schlüssel für seine Zukunft gefunden. Der Schlüssel passte, das Schloss drehte sich, knirschend und ächzend, mit Widerständen, als sei es verklemmt und verrostet. Aber letztlich, mit viel Ruckeln und Drehen, öffnete es sich.

Zum ersten Mal begann der Junge eine Ahnung davon zu haben, dass es auch für ihn eine Zukunft geben könnte. Tatsächlich, es machte Sinn, sich die Frage zu stellen, »was aus all dem werden sollte«. Das dämmerte ihm jetzt. Wenn man seinen Blick auf die Zukunft richtet, beschleicht einen ein seltsames Gefühl, fast so etwas wie Hoffnung, Zuversicht. Man muss für solche Gefühle, solche seelischen Übergänge, keine Worte finden. Sie dringen, wenn man die richtige Hilfe erhält, ganz von selber ins Bewusstsein. Sie stabilisieren sich dort, sie hinterlassen Spuren. Diese Spuren werden zu Konturen, zur Festigung des Selbst.

Genau dies geschah mit dem Jungen, der inzwischen 14 Jahre alt geworden war. Er machte Pläne, manche hielt er ein, er traf ein Abkommen mit seinem Lehrer, immer mehr Absprachen wurden von ihm befolgt. Hielt er sie nicht ein, zogen sie sofort eine Strafe nach sich, ein wütendes Gebrüll des Pädagogen, auch mal einen Stoß und einen Schubser, aber der Junge erstarrte nicht mehr verständnislos unter der Strafe, sondern begann zu begreifen. Erst die Regeln, dann die inneren Regeln, dann die Bedeutung, die diese Regeln für sein Leben haben könnten – all dies gelang nur, weil dieser Erwachsene unermüdlich an ihm festhielt. Ob er brüllte oder lächelte, ob er strafte oder belohnte – alles war seine Art von Festhalten.

Der Junge fand einen Ort in seinem Leben, damit einen Zugang zu sich selber. Damit eröffnet sich ihm eine Chance, von der er Jahre hindurch keine Ahnung gehabt hatte. Er verstand nun, dass die Dinge ihm nicht nur in die Quere kamen, sondern auch hilfreich sein konnten. So war er nun einmal: Er verstand *erst* die Ordnung der Dinge und *dann*, ganz allmählich, sich selber. Er bereitet sich auf ein eigenes Leben vor.

## 2. Kontakte ohne Eigensinn, und dann dieses Gefühl von Leere

Medienrealitäten, sie durchdringen das Leben der modernen Jungen. Freilich tun sie es nicht auf die Weise, wie es sich Medienforscher, die von sich reden machen, oft darstellen. Nein, das Abknallen von »Feinden« auf dem Monitor führt nicht in gerader Linie zum Abbau der Tötungshemmung. Diese und ähnliche Sensationsmeldungen mit wissenschaftlichem Beiwerk sind unwahr. Die Wirkungen der modernen Medien in ihrer Gesamtheit sind komplexer. Aber sie greifen gleichwohl tief in den Alltag der Kinder ein, in vielen Bereichen. Sie verändern, wie das folgende Beispiel zeigt, sogar die inneren Bilder von Kontakten und Freundschaften.

Bernhard hat viele Freunde – oder auch keine. Das kann man sehen, wie man will. Natürlich, in der Schule, einem angesehenen Gymnasium in seiner Heimatstadt, trifft er den einen oder anderen Gleichgesinnten. Manchmal ist es auch ein Mädchen, das macht für Bernhard, obwohl er inzwischen 16 Jahre alt ist, kaum einen Unterschied.

Junge oder Mädchen, wichtig ist ihm nur, dass sie sich in seine Welt einklinken. Und diese Welt ist eine virtuelle, die keine Geschlechter kennt. Manchmal kommt einer oder eine dieser Gleichgesinnten die Treppen hochgestiegen zu seiner Kammer, die, von der elterlichen Wohnung getrennt, unter dem Dachboden liegt. Dann hockt man sich sofort vor den Computer, spielt Rollenspiele, setzt fort, was in Chat-Rooms oder anderswo im virtuellen Raum begonnen wurde, der Unterschied ist gering. Reale Begegnung oder virtuelle, was macht das für einen Unterschied?

Vor einiger Zeit hat sich nun einer aus dem Chat-Room umbringen wollen (vielleicht hat er es getan, woher soll man das wissen?). Das hat sie alle in eine fiebrige Spannung versetzt, mindestens einen Abend lang. Am folgenden Abend fragte der eine oder andere noch nach dem, der sich umbringen wollte. Er war nicht mehr da, oder war er unter einem neuen Namen anwesend? Was war aus ihm geworden? Es gab gar keine Möglichkeit, dies in Erfahrung zu bringen. Er war verschwunden im Grenzbereich zwischen Realität und Schein, im virtuellen Leben oder Nicht-Leben. Er war nicht-existent im Rahmen der virtuellen Kommunikation. Dies bedeutet wenig, vielleicht hatte er einfach das Interesse verloren. Vielleicht lebte er, vielleicht auch nicht.

Gewiss, solche Kontakte sind nur ein Teil des sozialen Lebens, zumindest gilt dies für die meisten, die im virtuellen Raum kommunizieren. Sie alle haben auch noch andere Freunde, reale, man trifft sich in Vereinen oder Tanzkursen, man sieht sich von Angesicht zu Angesicht. Das Virtuelle ist nicht alles.

Aber die Flüchtigkeit dieser Virtualität, das Fehlen einer materiellen Dimension, die die digitalen Kontakte kennzeichnet, greift auf ihr reales Erleben und ihr Weltverstehen über. Das Nicht-Harmonische, das Belastende, alles, was auf Konflikte hindeutet, stört sie sehr, im Virtuellen und im Realen gleichermaßen. Wer sich nicht total anpasst, wird gern ausgegrenzt, wer nicht mitfließt und schwimmt im Mainstream, der soll doch gleich für sich bleiben, so die Maxime. Ausgeprägte Individualität, Widerspruchsgeist und Außenseitertum werden nicht geduldet. Das gilt nicht nur für Kommunikation im virtuellen Raum, das gilt für das Leben überhaupt.

Konfliktbereitschaft und Widerspruchsgeist werden dementsprechend auch nicht als Tugenden, sondern Störfaktoren erlebt. Sie gehen auf die Nerven. Sie verlangen nämlich Geduld, sie sind aufwändig, vor allem kosten sie Zeit. Eine SMS ist schnell geschrieben und schnell beantwortet, schnell sind Übereinstimmungen herausgefunden und bestätigt. Wenn einer da plötzlich mit komplizierten Antworten kommt, dann dauert das. Dafür fehlt den meisten kleinen und größeren Kindern schlicht die Ausdauer. So viel Konzentration für einen anderen Menschen bringen sie kaum auf. Sie werden ungeduldig, unruhig. Können wir über etwas anderes reden? Können wir etwas anderes machen? Die Gruppe nickt und derjenige, der auf seinen Starrsinn beharrt, bleibt zurück. Die anderen atmen auf, der Störenfried ist weg. Raus! Gut so, er wird sich schon wieder melden.

Man verliert die Kontakte ja nie ganz, sie sind »virtuell« immer möglich. Morgen oder übermorgen oder nächste Woche oder nächsten Monat kann man ihn ja mal »anmailen«. Er ist ja nicht aus der Welt. Die Welt der Kommunikationen ist elektronisch allumfassend, nicht einmal so viel Konfliktbereitschaft gibt es in diesen Gruppen, dass man sich ganz und gar von einem trennt. Alles bleibt vorläufig, auf Widerruf gestellt. So lernen diese Kinder das Soziale. So ordnen sie sich ein, angepasst und ungeduldig zugleich. So trainieren sie sich auch für eine Wirtschaftsordnung, in der dieselben Prinzipien gelten.

Sie spüren, dass dieses Verhalten einer allgemeinen Kultur entspricht. Fortwährend werden sie über Magazine und TV-Sendungen darüber informiert, dass es noch andere, neuartigere und geschwindere Formen der Kommunikation gibt. Immer mehr Bilder und immer weniger Text, immer dichter und direkter, und immer beziehungsleerer. Ihre ganze Welt bewegt sich ins Ungefähre. Dort sind sie zu Hause.

Auffällig ist freilich, dass man in längeren Gesprächen mit diesen Jungen urplötzlich auf eine ganz andere Regung stößt, eine sozusagen unterschwellig mitfließende Sehnsucht. Immer mehr Pädagogen und Psychologen berichten in Gesprächen davon. Sie machen alle dieselbe Erfahrung. Diese Jungen suchen neben dem schnellen sozialen Leben auch ein anderes. Es muss aber *ganz* anders sein. Radikal, hart, widerständig. Und ihr Gegenüber, ihr Begleiter in diesem »anderen Leben«

**23**

müsste auch ganz anders sein. Fordernd, beanspruchend, *unumgänglich*. Da können sie lange suchen…

Im Nachwort werde ich es ausführen: Autorität und Bindung, durch die Person des Erwachsenen beglaubigt – so gelingt »Erziehung«.

## 3. Eine Geschichte vom Trotz

In einem leeren, weichen widerstandsarmen familiären Umfeld suchen die kleinen Jungen nach Anhaltspunkten für ihre Identität. Sie finden sie nicht, und so zerfließt ihr kleinkindhafter Egoismus in ein ausferndes »Ich will«, ohne dass ihr Wille geformt und zielsicher ist. *Sie wollen alles und alles ist nicht genug.* Sie spüren diese Leere, und suchen weiter. Dieses grundsätzliche Dilemma macht sie verführbar für jede Art von maßloser Autorität, je selbstgewisser sie daherkommt, desto ausgesetzter sind sie ihr. Autorität – das können die Vorgaben von Computerspielen und technischen Abläufen sein, das können die Gruppenrituale der Gleichaltrigen sein, manchmal sind es Erwachsene.

Warum gehorcht der 11-jährige Paul seiner Mutter nicht, niemals, und »pariert« bei dem Großvater aufs Wort? Die Mutter ist sanft, freundlich, vielleicht ein wenig übernervös, versteckt aggressiv reagiert sie auf die vertrotzten Verhaltensweisen ihres Sohnes.

Es gibt keinen Zweifel, dass diese Mutterliebe mindestens in den ersten Lebensjahren des Kindes intensiv und authentisch war. Aber es war ihr zu keinem Zeitpunkt gelungen, die Zuwendung, Zuneigung oder auch nur die Aufmerksamkeit, das »Gehör« ihres Sohnes zu finden. Mal war er überraschend gehorsam, dann wieder völlig gleichgültig. Meist tat er so, als habe er sie gar nicht gehört, ganz gleich, ob sie irgendeine Freizeitunternehmung vorschlug oder ihm eine Anweisung erteilte. Es interessiert ihn nicht, was sie zu sagen hat. Manchmal merkt er kurz auf, manchmal antwortet er sogar. Aber Reaktionen oder Nicht-Reaktionen folgen keiner seelischen Ordnung, die für die Mutter erkennbar ist.

Bei dem Großvater ist alles anders. Er ist alt, weit über 70 Jahre. Er erzählt gern von sich, von seinen Abenteuern nach dem Krieg, nach der Gefangenschaft, nach all den Härten und Entbehrungen. Er erzählt gern davon, wie er sich in fremden Ländern und zuletzt auch in der

Heimat durchschlug, durchbiss, seinen Mann stand. Just dies erwartet er auch von dem Jungen, der diesem idealisierten Vorbild in keiner Weise nachzukommen vermag.

Aber der Großvater nimmt es ihm nicht übel, er hängt an dem Kind, »er ist mein Ein und Alles«, sagt er. Und Paul hängt an seinem Großvater. Er folgt ihm mit unbeirrbarem Gehorsam, er lächelt ihn an, wenn der Opa einen Witz macht, er zuckt zusammen, wenn Opa ärgerlich ist. Er reagiert wie ein kleiner gehorsamer freundlicher normaler Junge. Warum ist das so?

Der 11-Jährige ist schmal gebaut, er wirkt auch nicht besonders zäh oder durchsetzungsfähig. Aber seine Wutanfälle haben, so berichtet die Mutter, seine Umgebung oft in Angst und Schrecken versetzt. Davon ist ihm bei unserer ersten Begegnung in meiner Praxis nichts anzusehen. Nur der Trotz, der spiegelt sich in seinen Augen. Überhaupt wirkt sein Blick merkwürdig abwesend, leer, als interessiere ihn weder, was in seiner Umwelt vor sich geht, noch, was mit ihm selber weiter geschehen soll. Und es ist bisher viel geschehen.

Die allein erziehende Mutter hatte ihn in ihrer Verzweiflung in ein Heim gesteckt, dort rannte er so oft fort, bis die Heimleitung jede Verantwortung ablehnte. In einer betreuten Wohngruppe konnte er nicht bleiben, die Größeren dieser heimähnlichen Einrichtung zogen nachts auf die Bahnhofsvorplätze, dort wurde gedealt, geraucht – dieses kalte asoziale Klima behagte dem Jungen. Hier fand er Vorbilder, er nannte sie »seine großen Freunde«, die ihn nach Herzenslust ausbeuteten. Er merkte es nicht, er ließ sich alles gefallen. Er war den Anführern der Gangs, denen auch die betreuenden Erzieher und Psychologen hilflos gegenüberstanden (was sie aber vor den Geld gebenden Behörden und Verbänden tunlichst zu verschweigen versuchten), total ausgeliefert.

Die Mutter bemerkte dies, sie holte ihn aus der Wohngruppe zurück. Zu Hause freilich ging das Drama genauso weiter wie vor der Einweisung in die beiden Heimeinrichtungen. Bei der kleinsten Anforderung oder der geringsten »schlechten Laune« lief die Psyche dieses Kindes buchstäblich aus dem Ruder.

Maßlos war er in seiner Wut, gelegentlich griff er die Mutter sogar an, die ihn freilich ob seiner geringen Körperkraft zurückhalten konnte. Manchmal sprach er auch davon, dass er nicht mehr leben wolle und sich selber töten werde. Diese Worte hatten bei aller Kindlichkeit eine gewisse Wucht. So wenig schien dieser Junge am Leben zu hängen, so wenig schien ihn mit der Welt um ihn herum zu verbinden, dass man sich durchaus vorstellen konnte (und die Mutter malte es sich in entsetzlichen schuldbehafteten Bildern aus), dass er sowohl auf sich selber wie auf seine Welt leichten Herzen verzichten könnte.

Nur der Großvater bot ihm Halt. Der Großvater war anders. Der Großvater war seine Rettung. Dieser Mann also, der so gern von Millionengeschäften schwärmte, die er tätigte oder die ihm durch die Lappen gegangen waren, dessen Geschichten man glauben mochte oder nicht, dieser alte Mann, der überall in Europa Freunde besaß und sie mit seinem Enkel besuchte, der den Jungen mal schurigelte, vielleicht schlug, und dann wieder liebevoll anschaute und im Arm hielt, zu ihm, ausgerechnet zu ihm, konnte der 11-Jährige eine Bindung aufbauen. Ausgerechnet bei ihm gelang ihm ein Gehorsam, der nicht unterwürfig und nicht dissozial war, sondern von kindlicher Natürlichkeit. Auf ihn »hörte« der Junge. Warum?

Die Antwort fällt nicht schwer. In den Worten des Großvaters spiegelt sich eine Allmachtsfantasie, die ein 70-jähriges Leben nicht zerstört, sondern nur verändert, neu ausgeformt hat. Dieser Großvater, der in sich selber und seinen Erinnerungen kreist, spiegelt dem Jungen eine Egozentrik, die dieser selber empfindet. Deshalb respektiert er den Opa, ja, er fürchtet ihn. Er wittert eine Härte, die auch die seine ist. Ich weiß nicht, ob der alte Mann den Jungen tatsächlich schlägt, jedenfalls könnte er es jederzeit tun. Schon in der Erwartung des Schlages duckt sich der Junge und fühlt sich wohl dabei.

Er spürt die Übermacht, die ihn aus seiner eigenen Bindungslosigkeit zerrt und keinen Raum lässt, er spürt den radikalen Ordnungswillen, den der alte Mann um sich verströmt und der sich mit seiner Großmannssucht paart. Und eben dies, die Vermengung von hoch narzisstischen Erinnerungsbildern und einer Autorität, die keine Hemmungen kennt, bindet ihn. Daran kann er sich festhalten, da wird etwas in ihm berührt, als würde dieses ganz junge Leben auf das ganz alte passen wie eine Fuge in eine andere.

Ja, wenn der Großvater etwas sagt, dann entstehen vor dem Hintergrund seiner Worte Realitätsbilder, die etwas Entgrenztes haben, etwas Maßloses, und die doch Realität sind. Jedenfalls Realität genug, um den Jungen zu einem angemessenen Verhalten zu veranlassen. Wo er die Enge, verängstigte Realität, die seine Mutter verkörpert, einfach nicht aushält, weil sie seinen narzisstischen Strebungen zuwiderläuft und ihn unbewusst kränkt, dort assoziiert er bei den Reden des Großvaters Gegenbilder: rücksichtslos sind sie, aber weitläufig, weltläufig, sie strahlen eine Härte und einen Durchsetzungswillen aus, der der Egozentrik dieses Kindes entspricht. Er findet wieder einen Gegenpart, den er auch schon in der therapeutischen »Wohngemeinschaft« gesucht und gefunden hatte.

Hier, beim Großvater, verläuft aber alles in geregelteren Bahnen, angepasster an das soziale Umfeld. Der alte Mann hält ihn fest und bindet ihn an die Wirklichkeit der Familie, der Schule, der Erwachsenenwelt. Hier hat diese Härte eine gewisse Perspektive, während sie in den Gangs des therapeutischen Heims nur die Radikalität des Augenblicks hatte. Insofern ist dieser Großvater paradoxerweise, mehr als jeder Therapeut es vermöchte, für das Kind Bindungsangebot und Chance. Der Junge wittert das. Intuitiv greift er nach der Hand des alten Mannes. Er will sie nicht loslassen.

Dies freilich trennt ihn wiederum von der Mutter. Die Familiengeschichte, das familiäre Schicksal der Frau gestaltet sich so: Ihre eigene Mutter, die Großmutter des Jungen, ist ein herrischer Typ. Sie hatte ihre Tochter ein Leben lang im Griff gehabt, so ist es heute noch. Sie raubt ihr jene Kraft, die sie benötigt, um der aufgeregten Egozentrik ihres Sohnes entgegen zu treten. Die Großmutter ist freilich nur dem Jungen – und ihrer Tochter – gegenüber so selbstherrlich. Ansonsten wirkt sie mürrisch, in sich zurückgezogen, sie verfügt über keine Macht, wie sie der Mann mit seinen Erzählungen ausstrahlt. Insofern birgt sie für ihren Enkel nicht jenes narzisstische Versprechen, das er in den Worten des Großvaters findet. Gegen die Autorität der Großmutter lehnt er sich auf.

Die Mutter pendelt indes hilflos zwischen Abhängigkeit gegenüber den dynamischeren und härteren Eltern und ihrer eigenen Mutterrolle hin und her. Sie kann sich nicht entscheiden. Beruflich ist sie durchaus erfolgreich, aber ihre Bildung ebenso wie ihre Sensibilität eröffnen ihr keinen Weg zu ihrem Kind. Ihre Liebe ist erstickt, befangen. Sie ist gehemmt. Hilflos und ambivalent, wie in ihrer Bindung an die übermächtigen Eltern, kreist sie um das Kind.

Ob diese übermächtigen Elternfiguren der Grund sind, dass sie ihrem Kind nicht jene intuitive Zuwendung geben konnte, die Kinder in den ersten Lebensjahren benötigen und die, wo sie ausbleibt, einen kalten Narzissmus, eine emotionsverarmte Intelligenz hervorruft? Man mag es vermuten, aber solche Interpretationen helfen wenig. Winnicott hat darauf hingewiesen, dass auch die schlauesten und zutreffendsten Interpretationen die Seelen der Patienten nicht heilen, erst recht nicht die von Kindern. So ist es auch bei diesem 11-Jährigen. Ein Versuch, verborgene Motive durch eine Spieltherapie aufzudecken, scheiterte, der Therapeut kam mit der Radikalität dieses leeren kindlichen Ich nicht zurecht. Diese junge Psyche ist in verstörender Weise definiert über Brüche, Leerstellen, tote Markierungen. Dies alles spiegelt sich in der Großmannssucht eines alten Mannes, der den Jungen zugleich an das Leben bindet. Es ist etwas Schicksalhaftes und Auswegloses um diesen Jungen.

# II. Die Verfassung der modernen Familie

## 1. Familie mit begrenzter Haftung – was hält sie zusammen?

Die Familien sind das Problem – das steht heute in jeder Verlautbarung von Lehrerorganisationen und Bundesministerien. In den Familien beginnt die Bildungskatastrophe der deutschen Schulen, dort beginnt der Mangel an gesunder Ernährung und Umweltbewusstsein, der Mangel an sozialem Verantwortungsgefühl und das Übermaß der Medieneinflüsse. Alle sagen das, die Experten und solche, die nur die jeweils gängigen Floskeln nachsprechen. Sie sind alle einer Meinung. Was ist also mit den Familien, was hat sich verändert im Vergleich zu früheren Gemeinschaften von Eltern und Kind? Einige soziale Tatsachen, die unmittelbar in die seelische Entwicklung eines Kindes übergehen, zeige ich im Folgenden auf.

*Bei meiner Großmutter war alles noch ganz anders.* Wie eine Gestalt aus dem Geschichtsbuch werkelte sie in Haus und Heim vor sich hin, putzte und kochte, versorgte die Kinder und das Vieh und verbrachte die restliche Zeit im Garten. Währenddessen saß mein Großvater, ganz der ehrbare Handwerker, der einen Schuhladen auf dem Dorf betrieb, über seinen Leisten gebeugt, reparierte oder stellte auch neue, dauerhafte (und wie ich noch aus eigener Erfahrung weiß: auch im Winter wärmende) Schuhe her. Zur Mittagsstunde pochte Großmutter heftig mit dem Besenstiel auf den Fußboden, sodass der Mann in den darunterliegenden Räumen das Klopfzeichen laut und deutlich vernahm: »Es ist Mittagszeit, Zeit zu essen.« Dann dampfte ein Gericht auf dem Herd, wenn der Großvater sich mit müde werdenden Schritten die zwei Treppenstiegen hochbewegte; die Teller standen auf dem Tisch, alles war vorbereitet und die Familie wartete, bis der Großvater Platz genommen hatte. Erst dann begann das Mittagsmahl.

Ja, meine Großmutter war eine Figur aus dem Arsenal des Kleinbürgertums, auf ihre Weise bescheiden und zufrieden mit ihrer Rolle. Darin unterscheidet sie sich von den jungen Müttern heute, die möglichst früh zurück in den Beruf drängen oder ebenfalls zu Hause bleiben, mit dieser Entscheidung aber in aller Regel nicht glücklich werden. Die Unterschiede zwischen beiden Frauengenerationen sind leicht zu verstehen. In der modernen Kleinfamilie herrscht Alleinsein mit dem Kind, dem Staubsauger und dem Fernseher. *Bei meiner Oma hingegen war immer etwas los!* Sie stand nicht nur Haus und Heim vor, sie war damit auch lebhaft eingebunden in das Leben der dörflichen Gemeinschaft. Die Haustüren bei meinen Großeltern standen ständig offen; wären sie über längere Zeit verschlossen geblieben, hätten besorgte Nachbarn angeklopft und nach der Ursache geforscht. Wenn sie mit ihrem kleinen »Bollerwagen« von ihrem Haus zum Garten zockelte, benötigte sie für den knapp einen Kilometer langen Weg mindestens eine Stunde. An jeder Ecke blieb sie stehen, wie es heute Frauen nur beim Shopping vor den Auslagen der großen Kaufhäuser tun; hielt hier ein Schwätzchen und teilte dort Neuigkeiten mit, zuletzt fiel ihr die eine oder andere Zutat für das Abendessen ein und sie kehrte in einen der beiden Kolonialwarenläden, die es im Dorf gab, ein, um auch hier mitsamt einem Gespräch über dies oder jenes ein Pfund Zucker, Salz oder Mehl zu erstehen.

Die große weite Welt interessierte meine Oma nicht, sie vermisste sie nicht. Sie hatte »Welt« genug. So hatten diese Gespräche eine gewisse Schwerelosigkeit, wirklich Überraschendes kam in ihnen niemals vor. Das Interesse der Dorfleute ging kaum über die Grenzen ihres Dorfes hinaus, und sie waren damit zufrieden. Zugleich wurde die Großmutter, sozusagen Tag für Tag, auf dem Weg zum Garten und zurück in ihrer sozialen Rolle als Hausfrau, Mutter und Großmutter vollauf bestätigt.

Die Frauen hatten jenseits der Tätigkeitswelt der Männer eine eigene Kultur errichtet, deren Bedeutsamkeit keinen Augenblick in Zweifel gezogen werden konnte – auch von den Männern nicht. Erziehung war ebenso Frauensache wie die Versorgung des Viehs, Gartenarbeit und die Aufrechterhaltung der häuslichen Ordnung. Da die meist handwerklichen oder bäuerlichen Tätigkeiten der Männer unmittelbar an die Aufrechterhaltung dieser häuslichen Ordnung gebunden waren, gab es keine oder kaum Hierarchien zwischen männlichen und weiblichen Tätigkeiten. Ein Kind zu versorgen und einen Stall voller Hühner nebenher, dann noch die Ziege und vier Schweine zu halten, galt ebenso viel wie das Fabrizieren von Schuhen und der Handel mit gutem Leder. Ohne den Großvater und seinen Fleiß wäre die Großmutter an den Rand des kommunikativen Austausches, der immerwährend durch das Dorf floss und ihr Selbstgefühl mittrug, gedrängt worden. Sie wusste es vielleicht nicht, spürte es aber. Und umgekehrt wäre der Großvater ohne die Wachsamkeit und die Feinfühligkeit seiner Frau mit all seinem handwerklichen Stolz und störrischen Wesen schlecht zurechtgekommen; er wäre, auf sich allein gestellt, sehr rasch aus einer alles in allem versöhnten in eine kalte und schroffe Welt gestoßen worden. Auch dies wusste er vermutlich nicht, fühlte es aber.

*Ihre Zuneigung füreinander war im Sozialen verankert*, das Soziale war gesichert in festen Normen und engen Weltbildern, die mit jedem Klatsch und Tratsch für die Großmutter und in jedem verkauften Paar Schuhe für den Großvater gestützt wurden. Alltäglichkeit und Selbstgefühl, Berufsethos und Hausfrauenmoral waren außerdem eingebunden in eine protestantische Glaubensgemeinschaft, die sich mit einem mächtigen Kirchenbau in der Mitte des kleinen Dorfplatzes manifestierte. Der hoch aufragende Kirchturm wachte über Ehrbarkeit und Pflichterfüllung mit derselben Unerbittlichkeit, mit der er dem alltäglichen Leben am Sonntag Glanz und Sinn verlieh (obgleich die christliche Mystik, wie ich heute meine, selbst dem Pfarrer ein Leben lang ein Rätsel geblieben ist). Der Pfarrer plauderte dann in der Sonntagsrede auch weniger über Glaubensprobleme, er redete frisch weg aus dem Alltag, sprach von der Ernte oder dem Viehsterben und schließlich tauchte zum Ende seiner Alltagsbetrachtungen ein merkwürdig wesenloser, abstrakter und ungreifbarer Gott auf, der alles zum Guten wenden sollte, auch wenn die Ernte verhagelt war, die Kühe starben oder die Geschäfte schlecht liefen. Mit dem mystischen Worten, dass ein Gott, der »höher sei als jede Vernunft« über ihnen wache und sie schütze, gingen meine Großmutter und mein Großvater neben ihren Nachbarn und Freunden getröstet und gestärkt aus der Kirche.

Sonntag für Sonntag lief dieses Ritual ab; ein oder zwei Stunden vor der Kirche trafen die Frauen aus den umliegenden Ortschaften bei meiner Großmutter ein und bekamen regelmäßig eine Tasse Kaffee mit Milch und ein wenig Brot dazu. Damit war meine Großmutter gegenüber anderen Dorffrauen sozusagen im Vorteil. Ihr Haus lag schräg gegenüber der Kirche und sie wurde mit Klatsch und Nachrichten aus den Nachbarorten versorgt und hatte am nächsten Tag allerhand Neues weiterzugeben. Diese sonntägliche Gesprächsrunde erschien ihr zweifellos wie ein Aufenthalt in einer erweiterten Welt, deren Beengung wir uns in der heutigen Mediengesellschaft kaum mehr vorstellen können.

An eine Trennung, eine »Scheidung« ihrer Ehe und einen Bruch ihres Eheversprechens haben mein Großvater und meine Großmutter in den fünfzig Jahren und mehr ihrer Zusammengehörigkeit nicht ein einziges Mal gedacht, davon bin ich fest überzeugt. Es wäre ihnen einfach nicht in den Sinn gekommen. Dabei war meine feinfühlige Großmutter neben aller Sensibilität leider auch höchst empfindlich, regte sich bei kleinsten Anlässen furchtbar auf und beruhigte sich ebenso schnell, was dem bedächtigen westfälischen Mann gehörig auf die Nerven ging. Aber ihre wechselseitigen Abhängigkeiten versöhnten ihre Gegensätze. Bei einer Trennung wären sie beide buchstäblich ins Leere gestürzt. Nicht nur die Welt ihrer sozialen Kontakte, sondern auch ihre Vorstellungswelt war alternativlos. Sie erschöpfte sich mit dem hoch normierten Geschehen im Dorf. Darüber hinaus reichten ihre Wünsche nicht, nichts war für die beiden verführerisch daran, den dörflichen Verbund zu verlassen und etwa in die nahe gelegene Kleinstadt zu fliehen, um dort ein neues Leben zu beginnen. Sie hätten sich unter einem »neuen Start« buchstäblich nichts vorstellen können; allein der Gedanke hätte ein Unmaß an Ängsten in ihnen ausgelöst.

Großvater war Vorturner im Dorfverein, Trainer der Frauenriege, diese Aufgabe erfüllte er noch mit 50 und 60 Jahren. Mag sein, dass das eine oder andere junge Wesen ihm das männliche Herz höher schlagen ließ. Solche Versuchung war aber auch schon das Äußerste an Verführbarkeit, die der Großvater zuließ und mit der er im Sinne einer anständigen Kleinbürgerlichkeit und im Angesicht seines protestantischen Gottes leidlich anständig umging. Seelisches Grenzgängertum wächst auf der Grundlage von Individualität, diese war im Dorf kräftig eingeschränkt.

Rechnen wir nun hinzu, dass die Gemeinschaft der beiden und ihrer drei Söhne – später kamen wir Enkel hinzu – gleichsam umlagert war von einem umfassenden Verwandtschaftssystem. In den letzten Kriegsmonaten gab es keinerlei Probleme, die Kinder auf den entlegenen Höfen und der Mühle eines Onkels unterzubringen, ökonomische Armut wurde von der Verwandtschaft aufgefangen. Auch dieses Verwandtschaftssystem war zutiefst normativ verankert, eine Scheidung hätte quasi das Gefüge in Frage gestellt und war schon deshalb weder für die Verwandten noch für Großmutter und Großvater selber denkbar. Die Bedeutung der Familie und des »Namens des Vaters«, von dem

Lacan so bedeutungsvoll spricht, war in vielen Jahren der Ehe nicht ein einziges Mal in Zweifel gezogen worden.

Diese kleine Reminiszenz an eine Welt, die gerade einmal drei Generationen hinter uns liegt, macht deutlich, wie unerhört gefährdet der Bestand der Familie heute ist. Nicht ein einziger jener Orientierungspunkte von Großmutter und Großvater ist heute mehr bedeutungsvoll existent. Die modernen Ehepartner sind von der ersten Stunde ihrer Gemeinsamkeit an auf ihre jeweiligen Egos zurückverwiesen. Jedes der beiden »Ichs« verwirklicht sich im Sozialen auf unterschiedliche Art und Weise, beide müssen in Phasen der partnerschaftlichen Krisen und Frustrationen abends in begrenzten Stunden wieder zusammenfinden. Ein die Gemeinschaft fundierendes Bedingungsgefüge gibt es über den gemeinsamen Besitz an Möbeln hinaus nicht, abgesehen von den Kindern, auf die wir gleich zu sprechen kommen. Mann und Frau sind ausschließlich durch ihre Gefühle miteinander verbunden. Aber Gefühle sind zwiespältig, jedem heftigen Gefühl ist seine Gegenteil beigemischt, Gefühle sind unverlässlich und können zur einen und zur anderen Seite ausschlagen.

Die Befindlichkeits- oder Gefühlsgemeinschaft Familie ist permanent hochgradig gefährdet, sie muss zu jeder Stunde neu austariert werden. Die Familientradition hat keine ökonomische Basis mehr. Sie ist ein sentimentales Gefühlsrelikt. Vetter und Kusinen bindet nichts aneinander, meist nicht einmal derselbe oder ein in der Nähe liegender Wohnort, noch weniger ein soziales Schicksal, gemeinsame Berufserfahrungen oder gemeinsame Vergangenheit. Allenfalls sind sie einander in ihren ersten Lebensjahren auf Kindergeburtstagen häufiger über den Weg gelaufen, das reicht für die eine oder andere sentimentale Anekdote. Auf Familienfesten, soweit es sie noch gibt, macht oft ein verlegenes Schweigen die Runde. Man hat eigentlich nichts miteinander zu tun, nur ein merkwürdig verquerer Anspruch an »Verwandtschaftlichkeit« und verwandtschaftliche Gefühle hängt noch unausgesprochen im Raum und scheint den letzten Rest an Spontaneität zu ersticken. Was der Andere mir mitzuteilen hat, ist mir zutiefst gleichgültig, es sichert mein Leben nicht, es berührt es nicht einmal. Wir haben nicht dieselben Interessen, nicht dieselben Bildungsvoraussetzungen, nicht dieselben Hoffnungen. Der Verwandtschaftsverbund ist zerfallen, er hat keine normierende Kraft mehr für ein junges Ehepaar.

Die junge Familie ist auf sich selber gestellt. Zwei Menschen sind gezwungen, ihr auf Egoismen trainiertes Ich miteinander zu verbinden. Zwei Bedürftigkeiten, zwei Tagträume, zwei Sehnsüchte verpflichten sich zueinander. Beide Egos müssen Tag für Tag neu austariert werden.

Dies alles führt dazu, dass jede Gefühlsstörung den Bestand einer jungen Familie in Frage stellt. Immer, zu jeder Zeit, steht alles auf dem Spiel. Wenn ich meine Bedürfnisse nicht einlösen kann, dann verlasse ich die Familie eben, »dann trennen wir uns« – dies ist eine Überzeugung, die für junge Ehepaare ebenso selbstverständlich ist wie sie für junge Frauen und Männer noch vor einem halben Jahrhundert buchstäblich undenkbar gewesen wäre.

Das Kind rückt dadurch in das Zentrum der Familie, während diese selber zu einer Befindlichkeits-, einer »Wohlfühlgemeinschaft« mutiert. Das Kind wird verwöhnt, weil ansonsten der gesamte harmonische Charakter in Gefahr gerät. Die Tragik, die *auch* zum Kindsein gehört, das Weinen, die Unzufriedenheit, das Trotzen werden zu einer nahezu unerträglichen Störung. Die Tatsache, dass so viele Kinder heute Stunden ihrer Kindheit vor dem Fernseher verbringen, hat auch damit zu tun, dass dadurch Konflikte umgangen werden. Alles wird zu jeder Stunde fein ausbalanciert.

Dazu kommt, dass auf Seiten der Eltern gegenüber den Kindern eine große Werte-Unsicherheit besteht. Was können und dürfen sie ihnen eigentlich sagen? Die Basis elterlicher Autorität ist mit der Veränderung der Arbeitswelt aufgelöst worden. Die Kinder der alten Industriegesellschaft stellten die elterliche Autorität als Prinzip noch nicht in Frage. Grundlage war nicht einmal vorwiegend die Person des Vaters, sondern das normative System, das er vertrat und das er als Bedeutungsanspruch bürgerlicher Gelehrsamkeit oder als Gehorsamsforderung im bäuerlichen und proletarischen Milieu an die Kinder weiterreichte.

Diese normativ-moralischen Einstellungen sind in einer von Medien geprägten Berufswelt und Freizeit nahezu verschwunden. Stattdessen bestimmen ersetzbare Einstellungen auch das Verhalten der Eltern. Auch für sie gilt am Arbeitsplatz eine andere Verhaltensnorm und -erwartung als zu Hause. Verhaltensweisen und Überzeugungen, die etwa in einem mittelständigen Betrieb gefordert sind, gelten im Finanzmanagement als überholt und provinziell. Egozentrische Durchsetzungsstrategien, die Väter und Mütter bei Leitfiguren wie Stefan Effenberg und Dieter Bohlen bewundern oder in Trainingsprogrammen für das mittlere Management einüben, würden im Kegelverein auf Ablehnung stoßen und zur Ausgrenzung führen.

Aus der geringen Werte- und Bindungssicherheit folgt eine hohe Abhängigkeit von der Meinung anderer, die Selbstdarstellung nach außen wird immer wichtiger. Auch dabei gibt es aber kaum verbindliche normativ oder moralisch gesicherte Werte, an denen man sich orientieren könnte. Es gibt vielmehr diffuse Erwartungsbilder, die von Medienbildern in ästhetischer Weise »verkörpert« werden. Anders als in der alten Arbeitsgesellschaft entstehen sie *jenseits* der alltäglichen Lebens- und Arbeitserfahrungen.

Das gilt auch für die beruflichen Selbstbilder. Die Erwartungen der jungen Väter und Mütter folgen auch hier weniger tradierten Lebensplänen als narzisstischen Selbsterwartungen. Der frisch gebackene junge Filialleiter mag sich an der Anerkennung seiner Familie, Mutter und Bruder erfreuen, aber in seinen beruflichen Träumen sieht er sich eher als Global Player auf dem Parkett der internationalen Finanzmärkte. Diese ehrgeizigen Sehnsüchte entspringen weniger der Alltagsrealität als medial vermittelten Klischees, die im Übrigen in vielen Fortbildungen und Trainings weiter forciert werden. Für die Selbstbilder der Mütter gilt Vergleichbares, ein Blick in eine moderne Frauenzeitschrift zeigt alles in allem ein recht vollständiges Panorama weiblicher Idealisierungen. *Kinder fungieren in diesem von perfektionierten Bildern und Sehnsuchtsgefühlen geprägten Klima als Ausgleich verfehlter Selbsterwartungen.* Insofern lastet auf ihnen bei aller sonstiger Verwöhnung oft ein enormer Erwartungsdruck. Sie sollen den »Erfolg« der Familie vervollständigen, das Bild der heilen Familie dokumentieren.

Sie bekommen zwar den Gameboy und die Playstation gleich dazu – dass das Geld für die sportlichsten Skates mit vierrädriger Lenkung nicht ausreicht, macht Papa sich heimlich zum Vorwurf! –, aber der verlässliche Halt, die identitätsstiftende Bindung, die sie viel dringender bräuchten, zerfließen in diesem Klima. An ihre Stelle tritt Angst. Denn was wird aus der Eltern-Kind-Bindung, wenn das Kind kein »heiles« Bild der Familie darstellt, wenn es aggressiv ist, Probleme bei der Rechtschreibung zeigt oder sich in der Musikschule unbegabt anstellt? Dann zeigt die Harmonie-selige Gemeinschaft schon Risse, die Konflikte potenzieren sich in einem familiären Milieu, das Konflikte nicht erträgt. Probleme mit Kindern sind, wie Umfragen zeigen, der weitaus wichtigste Scheidungsgrund.

Die Jungen, die in den kinderpsychologischen Praxen oder Beratungsstellen vorgestellt werden, sind verwöhnt *und* allein gelassen, hochgradig desorientiert in allen sozialen Belangen. Sie zeigen massive Störungen in ihrem Symbolisierungsvermögen (Sprechen, Malen, Schreiben, Umgang mit Zahlen und Mengen) und sind zugleich einem verängstigenden Leistungsdruck ausgesetzt, der zu allem Überfluss unspezifisch und widersprüchlich daherkommt. Das Kind soll perfekt im Kindergarten oder in der Schule funktionieren, zugleich einen eigenen starken Willen zeigen, es soll in den jeweiligen Bezugsgruppen der Anführer sein, zugleich auf Papa und Mama hören, er soll den kuscheligen Harmoniebedürfnissen der Eltern nachkommen und zugleich ein selbstbewusstes, »cooles« Kind sein, das nicht bei jeder Kleinigkeit nach Mama schreit. Kurzum, die paradoxe Qualität des Erwartungsdruckes vervollständigt die Tragödie des modernen – impulsiven, egozentrischen und einsamen – Kindes.

## 2. Die alte und die neue Familie – Oma und ihre Kinder

Für meine Großmutter waren »Heim und Herd« soziale Orte, die mit Gesprächen und Getratsche, Beteiligung am öffentlichen Leben auch Mitarbeit an der ökonomischen Basis der Familie bedeuteten. Insofern war sie »immer zu Hause« und hatte ein Auge auf die Kinder und später auf ihre Enkel. Gleichzeitig war sie viel weniger ehrgeizig, überwachend und kontrollierend, als es moderne Mütter heute sind. Sie war so eingefangen in ihren mühseligen Alltag, dass die notwendige Distanz zu den Kindern sich wie selbstverständlich einstellte. Meiner Großmutter gelang, was heute Kinderpsychologen vergeblich fordern: Sie grenzte sich von den Kindern ab, sie ließ ihnen Luft für den Atem der Autonomie, sie überantwortete ihnen jenen Teil der ursprünglichen Freiheit, der natürlicher Bestandteil der Kindheit sein sollte.

Dies hatte damit zu tun, dass ihr »Heim« auch ihre »Welt« war, und diese Welt war offen, zumindest in den Grenzen der Gemeinschaft des Dorfes. Meine Großmutter zog und zerrte nicht an den Kindern herum, regulierte sie nicht von Minute zu Minute, aber gleichzeitig war sie im Zweifelsfall für die Kinder »da«. Immer in Rufweite, immer in Reichweite. Wer Trost benötigte, konnte unter Omas Schürze kriechen, ganz so, wie es Günter Grass in der *Blechtrommel* beschrieben hat. Trostspenderin und Kontrollinstanz, auf Distanz, aber immer in erreichbarer Nähe, auf Hör- und Rufweite, aber nicht näher.

Meine Großmutter wusste nichts von den Spielen auf dem Sportplatz, von wilden Rangeleien in der Steinschlucht, von Hetzjagden durch den Wald. Keine Ahnung hatte sie auch vom intimen Leben der kleinen Jungen ihres Dorfes, bei denen ihre Söhne und später die Enkel kräftig mitmischten. Doch wenn einer von ihnen im Verlauf eines Nachmittags sich ihr schüchtern näherte und deutlich machte, dass in dieser – ihr unbekannten – Kinderkultur ein Fußball dringend benötigt werde und zwar einer aus Leder, ein kostspieliger, der konnte auf ihr Verständnis hoffen. Sie begann sofort, alles zu tun, was sie konnte, um dem Wunsch nachzukommen. Freilich waren diesem »Können« enge ökonomische Grenzen gezogen. Denn meist war ein Lederfußball einfach nicht möglich, so viel Geld war in der schmalen Kasse nicht vorhanden. Dann galt es Geduld zu haben. Aber da wir Kinder sehr wohl ein feines Gespür dafür hatten, dass Großmutter und Großvater bis an den Rand ihrer Möglichkeiten gingen, um uns diese oder jene Freude zu bereiten, brachten wir auch Geduld auf. Die ökonomische Not *und* die unbezweifelbare Liebe der älteren Generation belehrten uns.

Kindererziehung war kein Einschnitt oder Bruch mit den Lebensgewohnheiten der Eltern und Großeltern, sondern deren natürliche Fortsetzung. Kinder galten den Großeltern (auch noch meinen eigenen Eltern) als Erfüllung ihrer Ehe und ihrer geschlechtlichen Existenz. Die Überhöhung auch hier in einem – wenngleich etwas bodenständig-naiven – protestantischen Mystizismus trug ein Weiteres zu ihrer selbstverständlichen Kinderliebe bei. Solche Selbstverständlichkeiten sind verschwunden. Es gibt sie nicht mehr.

Eine junge Frau und Mutter kann heute ihre Bindung und Liebe nicht in ein gleichsam »natürliches« Verständnis von Partnerschaft und Ehe einbinden. Heute sind Kinder eine bewusste Entscheidung – das heißt, man kann sie auch *bereuen*. Die Kinderliebe ist nur noch in den Gefühlen der Eltern, sonst nirgends verankert. Gefühle aber können täuschen, sie sind irritierbar, kränkbar – sie können sich sogar aufgrund von Missverständnissen, Zufällen ändern, wie die Liebe Othellos. Die modernen Jungen spüren dies. *Nichts ist gewiss.*

Die sozialen Umstände junger, kleiner Familien unterstreichen die Ungewissheit. Eine junge Mutter wird allein von ihren Lebensbedingungen her so sehr gefordert, dass von »natürlichen« Bindungen kaum mehr die Rede sein kann. Die Anforderungen, die Kinder bedeuten, stehen im Gegensatz zu denen ihrer beruflichen Karriere. All die Aufgaben, die mit der Familie, mit Haushalt, Organisation des Alltags verbunden sind, passen keineswegs in ein positives, attraktives Bild und »Selbstbild« einer jungen Frau. Auch das war bei der Großmutter noch anders. Sie wusch die Wäsche, säuberte die Diele und Küche unter den wachsamen Augen der Nachbarschaft, alle diese Tätigkeiten trugen ihr Anerkennung ein. Eine Frau heute kann gut ohne Wäschewaschen und Geschirrspülen und ähnliche Aufgaben auskommen. Nichts daran stützt ihr Selbstbild, keine einzige der familiären Tätigkeiten genießt Ansehen. Was immer eine junge Frau für eine Vorstellung von einer erfolgreichen Existenz haben mag, Haushalt und Kinderbetreuung gehören zunächst einmal nicht dazu.

Wer sich intensiv um seine Kinder kümmert, isoliert sich. Bei meiner Großmutter öffneten die Kinder geradezu das Tor zu einer guten Selbstdarstellung gegenüber der dörflichen Gemeinschaft, Kinderlosigkeit dagegen schloss sie weitgehend davon aus. In der modernen Kleinfamilie gibt es eben *nur* Kinder und sonst fast nichts, vielleicht schaut einmal eine Freundin vorbei. Das ist zu wenig!

Gemeinschaftliches Leben ist heute in der Begrenztheit, wie sie die Dorfgemeinschaft oder das kleinstädtische Leben früher vorgaben, nicht mehr denkbar. Gemeinschaftliches Leben, das ist heute wesentlich Partizipation an einem Berufsalltag, der zumindest tendenziell über lokale Begrenzungen hinausweist. Auch dies ist eine wesentliche Folge der kulturellen Entwicklung von der Arbeit- zur Informationsgesellschaft, in der Zeit und Raum relativiert werden und Kommunikationen in einem fließenden Umlauf jenseits lokaler Begrenzungen wirksam werden. Das Leben im Rahmen der Familie *kann* im Vergleich dazu nur als Beengung verstanden werden.

Den Kindern fällt – unabhängig von der natürlichen Mutterliebe, die es auch gibt – eine kompensatorische Bedeutung zu. Wer sich für sein Kind opfert, verlangt insgeheim, dass das Opfer auch belohnt wird. Das heißt, die Kinder haben gefälligst »brave« Kinder zu sein, wobei der modernen Mutter ganz unklar ist, was unter »brav« zu verstehen ist. Mal ist brav einfach gehorsam in einem ganz traditionellen

Sinn, dann reicht aber ein Gespräch auf dem Spielplatz oder in einer Beratungsgruppe, um deutlich zu machen, dass ein modernes Kind keineswegs nur oder vorwiegend gehorsam zu sein habe, es soll auch durchsetzungsfähig und kreativ und dergleichen sein. Die Kinder spüren die Unsicherheit in der Bewertung ihres Verhaltens und reagieren entsprechend. Von ihren Müttern erfahren sie nicht, was gut und was richtig ist. Die Dominanz des Fernsehens im Rahmen der Familie tut ein Übriges, um alle Normenbindungen zu relativieren. Mutter und Kind sind in ein unsicheres Feld von möglichen Lebensentwürfen und -bildern gestellt.

So gleitet der Blick der Mutter auf dem Spielplatz unsicher zwischen ihrem und den anderen Kindern hin und her. Verhält es sich sozial und rücksichtsvoll genug? Ja, das tut es. Da taucht gleich die nächste Sorge auf: Kann es sich auch durchsetzen? Ist es selbstbewusst? Ja, aber nun erscheint es fast aggressiv und geradezu überaktiv; fast jede junge Mutter hat das Schlagwort »ADS« oder »Zappelphilipp-Syndrom« in den letzten Monaten einmal gehört und angstbereit in sich aufgenommen. Wie »normal« – aber was ist »normal«? – oder wie »seelisch gesund« – aber was genau ist damit gemeint? – ist mein Kind? Klare Antworten gibt es nicht. Noch der Rückweg von einem schönen Spielplatz-Nachmittag ist mit Fragen und Unsicherheiten angefüllt.

Ich gehe davon aus – obgleich ich mir damit regelmäßig den Zorn der weiblichen pädagogischen oder psychologischen Profis zuziehe –, dass sehr viele Frauen das heimliche Bedürfnis haben, angesichts dieses ungewissen Lebensszenariums Sicherheiten und Antworten von dem am Abend heimkehrenden Mann zu empfangen. Der Mann soll Gewissheiten im Sinn von normativen Bewertungen geben, der Mann soll loben oder kritisieren, von ihm wird Eindeutigkeit erwartet.

Wie wir in einem weiteren Kapitel sehen werden, erwarten dies die kleinen Jungen in besonderer Weise. Sie spiegeln damit oft auch die teilweise unbewussten, manchmal aber auch ausgesprochenen Erwartungen ihrer Mütter. Klarheit im Sinn von Normenbindung, unbefragbare Klarheit, die über die Familie hinaus auf ein gesellschaftliches Ganzes verweist und eben ganz allgemein *gilt*, ist ein elementares Bedürfnis. Sie wird in vielen Familien eher von dem Mann erwartet, der dann freilich, um solche über die Familie hinausgreifende Sicherheiten darstellen zu können, zugleich seinen Platz im gesellschaftlichen Leben, d. h. für den normalen kleinbürgerlichen Mann: im

Beruf, behaupten muss. Solche halb eingestandenen, halb unbewussten Erwartungen widersprechen jedoch ganz einem ebenso verbreiteten Rollenverständnis, nämlich dem des »Mannes in einer modernen Partnerschaft« – widersprüchliche, ja, paradoxe Anforderungen, die ihn zwischen seiner Rolle als »erfolgreicher Geschäftsmann« und als Vater hin- und herzerren. Darauf komme ich in einem anderen Kapitel zurück.

Für die berufstätigen Frauen sieht die Welt um keinen Deut einfacher aus. Ihr Selbstbild ist geprägt durch das von Frauenmagazinen und einigen eifrigen Sozialtheoretikerinnen und -politikerinnen propagierte Bild der »starken Frau«, die zwar mühsam, aber letztlich lächelnd und glücklich Küche, Karriere und Kinder miteinander verbindet. Dieses Bild ist nicht nur ein Klischee, es ist eine Lüge. Schon in den hoch normativen, stark geregelten Abläufen in Wirtschaft und Verwaltung der alten, traditionellen Industriegesellschaft war zwischen Küche und Kind eine zufrieden stellende Verknüpfung nicht möglich. In der modernen globalisierten Berufswelt ist sie vollends illusorisch.

Dies hat mit dem hochgradig individualisierenden Charakter des modernen Wirtschaftsgeschehens zu tun, wir werden dies ausführlicher am Beispiel der beruflichen Beanspruchung des Mannes ausführen. Aber auch die Frau stürzt angesichts des veränderten Wirtschaftsgeschehens von einer Überforderung in die andere. Dies gilt besonders in attraktiven Berufsfeldern wie den Medien, der Werbung, Marketing, Finanzwirtschaft. Mag die Arbeit einer Sachbearbeiterin in einer traditionell gestimmten Verwaltung noch einigermaßen mit dem regelhaften Ablauf einer Familie abstimmbar sein, so gilt dies bereits in der modernen Arbeitsverwaltung (wo sie denn modern ist!) nicht mehr, erst recht nicht in den eben genannten Berufsfeldern. Die Eigenart dieser von digitalen Technologien abhängigen Berufsarbeit besteht ja darin, dass Zeit- und Raumstrukturen in effizienter Weise überwunden oder zumindest relativiert worden sind. Daraus folgt unmittelbar, dass noch der verständigste Chef von einer aufstrebenden Mitarbeiterin hohe Flexibilität erwartet und erwarten muss. Er hat gar keine Wahl!

Diese extremen Entregelungen des beruflichen Alltags haben durchaus ihre progressiven Seiten, sie stehen aber im harten Kontrast zu den Bedürfnissen von Kindern. Kinder sind nicht flexibel, sie brauchen vielmehr Regelmäßigkeit, Beständigkeit, Zuverlässigkeit. Für ein 5-jähriges Kind ist eine halbe Stunde, die Mama zu spät kommt, eine kleine seelische Katastrophe. Dazu kommt, dass wenigstens in Deutschland die pädagogischen oder andere betreuende Institutionen extrem unflexibel sind. Wer sein Kind zehn Minuten zu spät vom Hort abholt, stößt auf den vehementen Protest der Betreuerinnen, die auch nach Hause wollen. Für die junge Mutter bleibt in der Regel ein diffuses Schuldgefühl in zwei Richtungen, einmal gegenüber dem Chef und den Arbeitsanforderungen, auf die sie nicht unmittelbar und schnell genug reagieren kann, zum anderen gegenüber dem Kind.

Kommt beides zusammen, muss ein kleiner Junge abends zu Hause mit einer mürrischen, überforderten und hektisch reagierenden Mutter rechnen. Nicht die Abwesenheit während ihrer Berufszeit ist das Problem, sondern die Überforderung und deren Folgen. Wie ich eingangs sagte: Die moderne Familie ist eine Gefühls-, eine Befindlichkeits- und Harmoniegemeinschaft. Die eben skizzierten Überforderungen bedrohen ihre Grundlagen, jeden Tag.

## 3. Die Erdbeere, die auf den Boden fällt

Manchmal grübelt man lange über die Entwicklung der Jungen nach, und dann fallen einem einige Einsichten wie beiläufig zu. So ging es mir, als ich, an einem freundlichen Sonntagnachmittag, auf der Terrasse eines Eiscafés saß. Neben mir zwei junge Familien, viel Hin und Her, viel Küsschen hier und dort, die Paare sind kaum auseinander zu halten, zumal nun ein dritter Mann dazukommt. Drei Kinder erkenne ich, im Alter von drei bis sechs Jahren, in einem Kinderwagen schläft ein Baby.

Warum wird eines dieser Kinder, ein 3- bis 3½-jähriger Junge, sofort auffällig? Heimlich richten sich auch die Blicke vom Nebentisch auf ihn, wenden sich dann aber desinteressiert wieder ab. Der Junge ist ein wenig lauter als seine Freunde, aber das reicht nicht als Erklärung für das Aufsehen, das er erregt. Vielmehr ist es das Abrupte, das Plötzliche und damit letztlich Unvorhersehbare seines Verhaltens, das diese eigenartig flirrende Unruhe verbreitet und sogar die Menschen an den Nebentischen für eine gewisse Zeit aufschreckt.

Mal steht er still, beinahe versonnen, starrt vor sich hin und wirkt dabei sehr abwesend. Abwesend, nicht träumerisch. Es scheint, als hinge er nicht irgendwelchen Gedanken oder Tagträumereien nach, sondern verfinge sich in ein inneres Nichts, eine Art Abgeschiedenheit von allem und jedem.

Dann wippt er plötzlich mit dem ganzen Körper auf und ab, gibt kleine spitze Jubelschreie von sich, die Lebensfreude ausdrücken sollen und doch merkwürdig befremdlich wirken. Weder für seine Abwesenheit noch für den hellen Jubel gibt es eine erkennbare Ursache, man spürt: zu jeder Sekunde kann sein freudiges Verhalten in ein trostloses, abwesendes oder möglicherweise aggressives umschlagen. Und so ist es denn auch. Plötzlich rast er los, schreit seine Mutter an. Man versteht seine kleinkindhaften Worte kaum. Nur ein »ich will … ich will …« ist deutlich herauszuhören.

Die Mutter, solche Ausbrüche offensichtlich gewohnt, weiß sofort, was der Junge von ihr verlangt. Er hatte aus den Augenwinkeln den Erdbeerbecher erspäht, der von einem Kellner zu einem Nebentisch gebracht wurde, er will dasselbe. Eilig wird ein solcher Becher bestellt.

Der Junge ist bei all dem nicht wirklich aggressiv, abgesehen von seinem unkindlichen Befehlston gegenüber der Mutter. Der Eisbecher wird auf den Tisch platziert, der Junge greift sofort danach. Kindliche Gier kann charmant sein, sie hat oft etwas Vorbehaltloses und Fröhliches. Aber das ist hier nicht der Fall. Der Junge greift nach dem Becher, patscht in der Art von sehr kleinen Kindern mit einer Hand in den Becher hinein und will sich eine Erdbeere greifen. Alles wirkt sehr heftig, fahrig, beinahe ziellos.

Die Blicke der Menschen rundum, soweit sie sich nicht schon wieder abgewendet haben, sind vordergründig freundlich, aber dahinter verbirgt sich, unausgesprochen und doch deutlich spürbar, Erstaunen und Ablehnung. Ich kann mir nicht vorstellen, dass der Knabe dies nicht fühlt.

Nun also greift er mit aller Heftigkeit nach den Erdbeeren, eine schiebt er sich in den Mund, greift währenddessen schon nach der nächsten, die angesichts des unsicheren Zugriffs aus seiner Hand gleitet und auf den Boden fällt. Sofort bückt er sich, um die Erdbeere aufzuheben, die jetzt freilich mit Dreck beschmutzt ist. Er will sie schon in den Mund schieben, da nimmt ihm die Mutter die Beere aus der Hand. Für einen Moment flackert Erstaunen, dann Zorn über sein Gesicht – kaum abzuschätzen, wie er reagieren wird. Dann aber scheint eine gewisse Hemmung wirksam zu werden, er wendet sich ab und hüpft, mit denselben Jubelschreien wie zuvor, von einem Tisch zum anderen. Die Erdbeeren, denen seine heftige und ungelenke Gier galt, sind schon vergessen. Er kommt nicht wieder auf sie zurück.

Als er das nächste Mal vorbeirennt, hat er irgendetwas in der Hand, das er der Mutter aufgeregt zeigen will, lässt es dann freilich unmittelbar neben dem Erdbeerbecher liegen, auch dies ist schon wieder vergessen. Er befindet sich in einer permanenten »totalen« Gegenwärtigkeit. Man kann auch als Nicht-Gegenwart, als fortwährende hektische Abwesenheit beschreiben.

Die Reaktion der Mutter ist so hilflos, wie ich es bei Müttern verhaltensschwieriger Kinder so oft beobachte. Sie ist jetzt zwischen zwei »Rollen« hin- und hergerissen: Spürbar versucht sie, das Bild der »guten Mutter« bzw. der heilen Familie gegenüber ihrer Umgebung aufrechtzuerhalten. Aber wie soll sie es anstellen? Einerseits lächelt sie über die abrupten, hektischen Stimmungswechsel des Kleinen, ihr versöhnliches und mildes Lächeln soll wohl ihr selber und den Umhersitzenden ihre intakte Mutterliebe signalisieren. Dann aber – vom immer spürbarer gewordenen Befremden der Leute beeinflusst – greift sie nach dem Jungen, reagiert auf seine Unruhe mit einer Unberechenbarkeit, die mit seiner vergleichbar ist. Sie schimpft gedämpft, aber heftig, offenkundig mit bitterbösen Worten, dann wendet sie sich schnell ab, als wolle sie ihre Worten und Gesten gleich wieder zurücknehmen.

Kaum hat der Junge sich entfernt – plötzlich interessiert ihn der Sonnenschirm in der Mitte der Terrasse –, rückt sie nah an einen der beiden Männer an ihrem Tisch heran, *jetzt erst* wird erkennbar, dass er offensichtlich der Vater des Jungen ist. Diese Signale von Gemeinsamkeit zwischen beiden haben wiederum etwas Demonstratives, als seien sie ganz wesentlich an die Außenstehenden gerichtet. Von der Zugehörigkeit war vorher nichts zu bemerken. Nicht einen Blickaustausch hatte es während des Konfliktes mit dem Kind gegeben. Nichts ließ erkennen, dass es sich um ein Paar handelt. Jetzt ist etwas Überdeutliches in ihrer Berührung spürbar. Die beiden halten sich umarmt, sie zeigen Gesten von Zärtlichkeit.

Die liebevolle Mutter, die geliebte Partnerin, die strenge Mutter, die ihr Kind »im Griff hat« – im raschen Wechsel hat die junge Frau in nahezu konfuser Hilflosigkeit alle »Rollenbilder« vorgezeigt, versuchsweise gewissermaßen, und ebenso schnell wieder zurückgenommen. In nichts scheint sie Sicherheit zu finden. Daher der demonstrative

Charakter bei ihrem mütterlich-versöhnlichen Lächeln und bei der zärtlichen Zuwendung zu dem Mann. Eine Art sanfter Irrealität liegt über ihrem Verhalten. Wie ihrem Sohn, so scheint auch ihr alles immer nur zuzustoßen. Von einem Augenblick zum nächsten greift sie zusammenhanglos auf Rollenmuster, auf ein gelerntes Verhalten zurück, um sich in der jeweils neuen Situation zurechtzufinden. So entsteht keine Koinzidenz zwischen ihrem Verhalten und den Gegebenheiten der Situation, keine Einbindung der inneren und äußeren Vorgänge, keine Stimmigkeit.

Das Kleinkind in dem Kinderwagen rührt sich jetzt, es lässt ein leises Wimmern vernehmen. Die Mutter springt auf und wendet sich ihm zu, jetzt wird erkennbar, dass auch dieses Kleinkind zu ihr und nicht etwa zu dem befreundeten Paar, das mit am Tisch sitzt, gehört.

Während die Mutter mit dem Kleinkind beschäftigt ist, kommt der 3-Jährige zurückgerannt, ungeschickt wie zuvor. Er rammt die Mutter – absichtslos oder absichtsvoll, das ist für ihn selber und für den Betrachter nicht zu unterscheiden. Dann hat er mich am Nebentisch bemerkt. Urplötzlich wechselt sein Gesichtsausdruck, die Augen werden hell und aufmerksam, er schaut mich breit und strahlend an. Auf einmal wirkt er wie ein ganz normaler charmanter kleiner Junge.

Ich denke an viele andere Söhne und Mütter, die ich in meiner Praxis kennen gelernt habe und die sich sehr ähnlich verhielten. Auch dort hatte ich oft genug das Sprunghafte, Unvermittelte bemerkt, das einen Mangel an Authentizität zum Ausdruck zu bringen schien. Auch sie suchten – fast fortwährend, so hatte man oft das Gefühl – nach einem Haltepunkt, einer Orientierung in ihrer jeweiligen Umgebung. So, wie es der Junge auch tat. Er wendet sich mir offen zu, als suche er bei mir, diesem fremden zufällig in der Nähe sitzenden Mann, was er im Umkreis seiner Familie nicht findet. Einen Gegenpol zu seiner Unruhe, einen Halt, einen Aufprall, ein »Stopp«. Es ist fast so, als habe er intuitiv verstanden, dass er aus eigener Kraft keine Ruhe herstellen kann, kein Einhalten (nichts, woran er sich »halten kann«), nun ist es so, dass allein meine Fremdheit auf ihn wie ein Aufmerksamkeitssignal zu wirken scheint, das ihn aus seiner hektischen Verfassung herausreißt.

Die beiden anderen Kinder, die, wie ich nun verstanden habe, offenkundig zu einer anderen Familie gehören, sind mit sich selber beschäftigt. Zwischen ihnen und dem 3-Jährigen besteht eine deutlich spürbare Distanz, eine Grenzlinie, die die beiden Kinder um sich gezogen haben und die den Kleinen von ihrer Gemeinsamkeit ausschließt. Der Teufelskreis wird erkennbar, in dem er gefangen ist. Mal tänzelt er um seine Freunde herum, die gar keine Freunde sind, eilt dann zu der Mutter mit konfusen oder aggressiven Gesten, findet aber auch bei ihr keinen Halt. Ich wundere mich nicht mehr, dass er plötzlich auf ihren Schoß kriecht und schmusen will. Alles hat dieselbe Bezugslosigkeit, Bindungslosigkeit – alles ist nur ein Unglück.

Unsicherheit der Mütter, Unruhe des Kindes und eine Fluktuierende Gleichgültigkeit – alles war in dieser kleinen Szene vorhanden. Wie ein Denkbild.

## 4. Fritz oder die Entfernung von der Mutter

Bindungsstörung kann auch ein Schlagwort werden, manchmal scheint mir, dass dies in der neueren pädagogischen Debatte der Fall ist. Was gehört zur Beziehung einer Mutter mit ihrem Sohn, dass diese Beziehung eine fördernde Innigkeit enthält – und nicht nur Bindung im Sinn von Gebundensein? Wann wird aus dem Gehaltenwerden, das in der Tat, wie ich an vielen Stellen dieses Buches unterstreiche, den modernen Jungen oft fehlt, dann doch ein Gefesseltsein, ein Nicht-weg-Können?

Fritz und seine Mutter sind ein Herz und eine Seele, überhaupt macht die Familie einen integrierten Eindruck. Der Vater beruflich erfolgreich, die Mutter mit ihrer Halbtagsstelle zufrieden, beide arbeiten im Medienbereich, beide in wichtiger Funktion. Unzufriedenheit mit dem eigenen Leben gibt es bei Mama nicht, erst recht nicht bei Papa. Eine ausgeglichene Familie, sie leben in relativer Sicherheit. Mehr kann ein Kind nicht verlangen.

Aber Fritz hat trotzdem Probleme. Augenfällig wurden sie, wie die Probleme der Kinder fast immer, in der Schule. Die Lehrer berichteten von Unkonzentriertheit; wenn er sich unkontrolliert glaubt, wird Fritz, ganz gegen seinen sonstigen Charakter, laut und wild, sehr unruhig. Die Mutter nahm solche Berichte erst ernst, als die in der Grundschule hervorragenden Noten des Jungen immer schlechter wurden. Auf der Gesamtschule kommt er in B-Kursen eben noch zurecht, das entspricht nicht den Erwartungen, die diese Familie an ihr Kind richtet und es entspricht auch nicht der Intelligenz von Fritz.

Er kommt einfach zu nichts, er bringt nichts zu Ende, er traut sich die Erledigung von Aufgaben einfach nicht zu, zugleich spekuliert oder schwadroniert er lieber darüber, wie er alles mit links erledigen werde. Dann träumt er vor seinem Arbeitsheft, zeichnet hier oder da eine kleine Skizze auf das Papier, die aber mit der Schreib- oder Rechenaufgabe nichts zu tun hat, manchmal stiert sein Blick einfach nur aus dem Fenster.

Die entnervten Lehrer haben es längst aufgegeben, ihn in seinen »abwesenden Zuständen« auf die Realität der Aufgabenstellung zurückzuverweisen, sie lassen ihn vor sich hin träumen und setzen unter die nicht erfüllte Aufgabe einfach ein »nicht erreicht«. Dies ist die moderne Version von »mangelhaft« oder »ungenügend«.

Fritz ist angesichts dieser Benotung tief getroffen, es scheint, als würde ihm erst mit dem roten Schriftzug des Lehrers bewusst, dass er tatsächlich die Aufgabe nicht erfüllt, ja nicht einmal angegangen ist. In seinem Kopf hat er sie glänzend erledigt. »Ich kann das alles, das mache ich mit links.« In seinem Kopf war die Welt so sehr in Ordnung, dass die Realität keinen Platz mehr darin fand. Er wirkt tatsächlich verblüfft, ja erschrocken angesichts der Bewertung. *Erst die Kränkung seines Selbstbildes richtet sein Augenmerk auf die leer gebliebenen Seiten im Aufgabenheft.*

Vater und Mutter sind ehrgeizig, der Ehrgeiz des Vaters richtet sich eher auf seinen eigenen Beruf, der der Mutter eher auf Fritz. Aber für beide ist das Versagen von Fritz eine Beleidigung. Sie können sie sich nicht erklären.

*Jede* Erklärung wäre ihnen recht, sie würde das Stigma eines »allgemeinen Versagens« von dem Kind und damit von der Familie nehmen. Wenn er eine neurobiologisch begründete Erkrankung aufzuweisen hätte, eine solide Störung oder frühkindliche Schädigung des Gehirns, dann könnten sie mit den schlechten Noten zurechtkommen. Biologische Gesetzmäßigkeiten entsprechen immer noch irgendwie einer Norm, sie werfen nicht den Schatten des persönlichen Versagens auf ihre Familie. Eine diagnostizierte Legasthenie oder ein neurologisch feststellbares Krankheitsbild wäre also wie eine Erleichterung. Aber damit konnten die Ärzte nicht dienen. Das Versagen von Fritz bleibt unerklärlich.

Dabei grämt sich der Kleine selber am meisten. All das ist tatsächlich schwer zu verstehen. Sogar ich, als Fritz mir vorgestellt wurde und ich den verlegenen, charmanten und gleichzeitig aufgeregten Jungen spontan in mein Herz geschlossen hatte, war zunächst verführt, ihn auf die einfachste Lösung seines Problems hinzuweisen: Du brauchst doch nur mit deiner Aufgabe anzufangen, schlau genug bist du ja, du hast doch alles selber in der Hand! So wollte man tatsächlich mit diesem unglücklichen Jungen reden und ihn ein bisschen rütteln und schütteln, aber das haben die Eltern ja schon getan – ohne Erfolg.

Fritz war ein unglückliches Kind, das sein Unglück immer wieder selber herbeiführte. Am liebsten möchte er weinen oder mit dem Kopf gegen die Wand schlagen. Am liebsten möchte Fritz überhaupt nicht mehr leben, das sagt er gelegentlich zu seiner Mutter.

Unmut und Kränkung verkehren sich daraufhin in Verzweiflung. Die Lehrer zeigen sich (relativ) verständnisvoll, sie wollen Fritz gern helfen, wissen aber nicht wie. Sein Verhalten entspricht so gar nicht den Problembildern, die sie in der Weiterbildung oder pädagogischen Fachbüchern kennen gelernt haben.

Vermeidet Fritz die Aufgaben aus Angst vor dem Scheitern? Nein, er ist ja von seiner Lösungskompetenz hochgradig überzeugt. Steht Fritz unter dem massiven Druck überehrgeiziger Eltern? Auch das kann nicht bestätigt werden. Die Mutter ist zwar erfolgsorientiert, aber belesen genug, um Fritz positiv zu motivieren und nicht zum Lernen zu zwingen. Von übermäßigem Fernseh- oder anderen Medienkonsum kann auch nicht die Rede sein. Was ist es dann?

Ein genauerer Blick auf die Mutter macht deutlich, dass ihr Ehrgeiz wohl immer schon etwas Insistierendes, ja Verbohrtes hatte. Dass der Ehrgeiz also mehr war als ein Ehrgeiz, mehr als das sinnvolle Drängen auf Erfolg, sondern ein Ehrgeiz pur, ein Drängen pur, das auch von gutem Erfolg nicht beschwichtigt und beruhigt werden konnte. Da ist eine unterschwellige Hektik, ein Unerfülltsein in der Art, wie die Mutter mit dem Jungen umgeht.

Auf der bewussten Ebene, auf der Ebene der Sprache und des gezielten Handelns, verhält sie sich korrekt, genau besehen: überkorrekt, gerade so, als hätte sie ihr Verhalten einem psychologischen Lehrbuch entnommen. Diese Korrektheit erreicht die Seele des kleinen Sohnes aber nicht. Vielleicht kann man es so zusammenfassen: Diesem Jungen wurde von der Mutter *eine Bindung angeboten, die aber immer ein Ziel verfolgte,* die immer mehr und etwas anderes sein wollte als nur »Bindung«. Liebe mit Absicht ist aber ein merkwürdig paradoxes Ding. Man kann den liebevollen Gesten ihren insgeheim harten Charakter nicht ansehen, den Kindern teilt er sich trotzdem intuitiv mit. Fritz wurde umhegt und gefördert, aber immer war ein unwillkürliches Drängen den Gemeinsamkeiten von Mutter und Sohn beigemischt, und dieses Drängen zielte in merkwürdiger Weise nirgendwo hin.

Eine Hektik ohne Ziel, von einer übermäßigen Selbstdisziplin gehemmt, machte das Charakterbild der Mutter aus. Der Sohn lebt es weiter, indem er eine versteckte Hyperaktivität entwickelt, zu der er gleichzeitig massive Hemmfaktoren aufbaut. Diese Hemmung darf nun in keiner Sekunde aufgegeben werden, zumal dann nicht, wenn ihm eine Aufgabe, die zum Beweis seiner Intelligenz und seines Erfolges und damit der Intelligenz und des Erfolges der Mutter führen soll, bevorsteht. Die Hemmung nimmt überhand, vor der Aufgabenstellung verfällt Fritz in ein unwillkürliches Dösen.

Würde man ihn wenigstens zu einer hyperaktiven, zu einer nervösen und zappeligen Bewältigung der jeweils gestellten Aufgaben verleiten können, dann würde er sich immerhin in Tätigkeit versetzen, immerhin würde er seine Intelligenz anzuwenden beginnen, mindestens würde er sich der Aufgabe *stellen.* So aber verbietet er sich mit der Unruhe auch das Eingehen auf die reale Situation, und mit der daraus resultierenden Verweigerung, mit der »Verdösung« der Aufgabe verweigert er seiner Mutter den Erfolg. Er bestraft sie für eine Bindung ohne innere Freiheit (deshalb liegt seine Intelligenz wie in Fesseln), und sich selber bestraft er dafür, dass er seiner Mama nicht genügt, sie also wohl nicht genügend lieb hat und ganz besonders dafür, dass er selber nicht genügend geliebt wird.

Eine eigenwillige, paradoxe Beziehungsfigur ist es, die sich immer klarer für mich darstellt: eine intensive Bindung, die umso intensiver und *unumgänglicher* wird, je liebloser sie mir erscheint. Umhüllt von ihr sind beide, ja aneinander geklebt sind sie von ihrem Verlangen nach Liebe, dass sie sich von jemand anderem als von eben dieser Mutter und eben diesem Sohn gar nicht vorstellen können.

So wird, ganz nebenbei, auch die so sehr auf Erfolg bezogene berufliche Orientierung des Vaters und seine Randständigkeit in der Familie erklärlich: dort, in seiner Agentur, seiner Arbeit findet der Mann eine relative Befriedigung, die er zu Hause, durch die Partizipation an dieser unglücklichen Symbiose von Frau und Kind, niemals hätte erreichen können. Dem Vater ist etwas gelungen, was weder der Mutter noch Fritz je gelingen wird: Er hat sich beschieden und ist relativ zufrieden damit geworden.

Es fällt schwer zu sagen – und ich will mich nicht auf Spekulationen einlassen –, welches die Motive waren, die den Ehrgeiz der Mutter schürten. Spürbar aber war dieser Dringlichkeitscharakter von der ersten Stunde an, die nervöse Überdiszipliniertheit der Mutter war mir schon beim ersten Gespräch aufgefallen. Es war eine Disziplin, die, trotz aller Betonung vom erfolgsorientierten Handeln einen Zug ins Ungefähre, ins Leere hatte. Ohne den Charakter ihrer unbewussten Motive spekulativ zu verfolgen, wird doch erkennbar, dass Fritz mit seiner Reaktion diesem Drängen der Mutter Einhalt gebot. Seine Hemmungen setzten seine Arbeitsfähigkeit in Zweifel und letztlich ganz außer Kraft, damit war dem dringlichen Lenken und Streben der Boden entzogen.

Wenn man die Beziehung zwischen Fritz und seiner Mutter als Kampf interpretiert, dann war Fritz ganz eindeutig als der Sieger hervorgegangen. Die Mutter war hilflos, irritiert bis in ihre tiefsten Absichten und Wünsche hinein. Aber ein Kampf war es nicht, der zwischen den beiden stattfand. Vielmehr handelte es sich um eine kollusive Verstrickung, in der die mütterliche Hektik von ihrem liebevollen Sohn so intensiv verinnerlicht wurde, dass ihm letztlich, um überhaupt körperlich und seelisch integriert zu überleben, nur die Flucht in massive Hemmungen übrig blieb. In einer Art Stillstand der Entwicklung hatten beide eine Atempause erreicht, in der sie zwar verzweifelt, aber letztlich unauflöslich aneinander gebunden waren. Sie wollten ja auch gar nicht voneinander lassen.

Letztlich hatten sie, so betrachtet, alle von außen störend eindringenden Impulse stillgestellt. In sorgenvoller, teilweise depressiver Verklammerung blieben sie aneinander gebunden. Bindung ohne Freiheit hat tragische Züge, aber sie ist eben doch Bindung. In gewisser Weise war dies beiden genug.

Natürlich wollten beide die Leistungsstörungen von Fritz gern auflösen, aber der Preis dafür durfte nicht zu hoch sein. Die kollusive Eigenart ihrer Bindung würden sie dafür niemals aufopfern. So bewegten sie sich von einer Therapie zur anderen, jede begann hoffnungsvoll. In jeder Therapie rüttelten beide zu Beginn an den Fesseln, in denen sie unbewusst verfangen waren, sobald diese sich aber ernsthaft zu lockern begannen, wichen sie erschrocken in ihren Zustand der Erstarrung zurück. Dann saß Fritz wieder vor seinen Heften, träumerisch und aufgeregt, und brachte keinen Strich auf das Papier.

## 5. Max oder die Einsamkeit

Die moderne Umwelt hat auf vielen Ebenen einen fließenden, gleitenden, frei schwebenden Charakter. Offensichtliche Nöte wie die Härte materieller Armut sind selten. Viel häufiger begegnen wir Kindern, die sich in einer weichen, wenig fordernden Umwelt nicht zurechtfinden, weil sie immer wieder gleitend auf frühkindliche Bezüge in ihrer Psyche zurückgreifen können, diese bleibt dabei seltsam ungestaltet, ungeprüft – die kleinen Jungen spüren den unverlässlichen Kern ihrer Person, und entziehen sich. Wem oder was? Sie entziehen sich *allem*, den Anforderungen des Lernens, den Bezügen ihrer Familie, den Schwierigkeiten von Freundschaft. Sie bleiben haften in einem halb verträumten Kindheitsmilieu, und sind dabei ziemlich allein.

Von Anfang an war eine Aura von Einsamkeit um diesen Jungen, aber ich fragte mich vergeblich, woher sie rührte. Ein hübscher kleiner Kerl, dunkelhaarig, 11 Jahre alt, mit einem breiten, wenn auch leicht scheuen Lächeln und immer etwas abwesend wirkenden Augen. Dabei schaute er einen vertrauensvoll an, als erwarte er etwas, ja, als müsse man seinen Erwartungen auf der Stelle nachkommen. Auf seltsame Weise gelang es ihm dabei, seinem Gegenüber die Last des Beweises aufzubürden. *Der* hatte nun dafür zu sorgen, dass das Vertrauen dieses Kindes – er hieß Max – nicht enttäuscht werde.

Dieses eigenwillige seelische Changieren zwischen Werbung und Distanz gab meiner Begegnung mit diesem Jungen eine besondere Intensität. So war es vom ersten Tag an. In die Praxis kam er mit der Diagnose »Legasthenie«, aber die war, wie es fast immer der Fall ist, unzureichend. Auffällig war als erstes eine Diskrepanz zwischen dem stillen, zurückgezogenen Verhalten und einer geradezu vibrierenden Unruhe in ihm.

Wenn er mir gegenübersaß und zu schreiben begann, bemerkte ich häufig, wie seine Hand zitterte. Unruhig fuhr der Stift über das Papier, hinterließ hier einen Flüchtlingsfehler, verschmierte dort eine ganze Zeile. Die Summe der Fehler war groß, aber kaum einer davon war auf Unkenntnis der Orthographie oder Grammatik zurückzuführen. Es war etwas Gehetztes vielmehr, ein Getriebensein, das diesen Jungen über die Linien des Heftes jagen ließ, sodass ihm keine Zeit blieb, die peniblen Regeln der Rechtschreibung zu beachten. Sein scheuer Geist war viel zu flüchtig, um sich auf dem Papier in regelhafter und selbstbewusster Weise zum Ausdruck zu bringen. Es schien geradezu, als müsse er die »eigene Gestalt« und das »eigene Bewusstsein«, das mit jeder schriftlichen Zeile, die ein Mensch zu Papier bringt, ihren Ausdruck findet, verwischen oder auslöschen. So viel Präsenz traute er sich nicht zu, so viel *Da-Sein* mochte er sich oder seiner Umgebung nicht zumuten. Auf eine nachdrückliche Weise war er ganz und gar nicht in Übereinstimmung mit sich selber, und so wurde er für sich und für andere zu einem Rätsel.

Seine Psyche, seine Sensibilität und Aufmerksamkeit hatten sich ganz nach innen gezogen. Kinder benötigen den lebhaften und fortwährenden Austausch mit ihrer Umgebung, ihr Blick schwirrt immer umher und findet hier und dort ein aufregendes Detail, in dem sich ihr Verstand und ihre Gefühle verlieren oder versenken kann. Aus der Fülle der Begegnungen und Tätigkeiten empfangen sie ein inneres Bild ihrer Selbst, das sie dann der umgebenden Welt zurückspiegeln. So baut sich Selbstbewusstsein auf. Es wird in gleicher Weise genährt von inneren Verlässlichkeiten und der Art und Weise, wie andere Menschen dieses innere und äußere Bild zur Kenntnis nehmen, kennen lernen und kenntlich werden lassen. Identität ist ein Balanceakt zwischen innen und außen, zwischen Schauen und Angeschautwerden, zwischen Empfinden und dem Mitempfinden dessen, was andere wohl in der eigenen Gegenwart wahrnehmen. Identität ist Sozialität und eine selektive Aufnahme des Angebots, das das Soziale einem Menschen unterbreitet. Identität ist: Ich bin anders als der jeweils andere und ihm gleich. Ich bin universell und einzigartig. So wie ich als Körper von anderen Menschen angeschaut werde, so spiegelt mein Bewusstsein dieses Angeschautwerden auf eben jene Menschen zurück und gibt ihnen mit ihrem Blick, den sie auf mich richten, Gewissheit. Aus solchem Hin- und Hergleiten von Wahrnehmen und Wahrgenommenwerden entsteht erst innere und äußere Wahrheit. So ist das, und Max ist es nicht gelungen.

Sein Inneres hat sich so tief verkrochen, dass es nicht mehr nach außen kenntlich wurde, und das Außen ist ihm darüber so fremd geworden, dass er sich ihm nur scheu oder manipulierend nähern kann. Max ist, eben weil ihm das changierende Gleiten, der Wechsel von innen und außen nicht gleichmäßig gelingt, immer zerrissen. Entweder ist er ganz »bei sich« (aber wo ist er dann?) oder ganz »außer sich« (dann umwirbt und manipuliert er sein Gegenüber). Beides schafft keine innere Kohärenz, sondern Zerrissenheit. Genauer betrachtet ist es auch gar nicht so, dass er mal bei sich und mal »außer sich«, in seiner sozialen Umwelt ist, vielmehr ist er auf beiden Seiten gleichzeitig, aber immer viel zu unbestimmt, also immer übermäßig angreifbar, immer verletzlich, unsicher in den Fundamenten seines physischen und psychischen Daseins. Also erschütterbar bei äußerster Sensibilität, die sich dann aber doch nicht im sozialen Umgang mit anderen Menschen zeigen und bewähren kann, sondern seltsam ins Leere läuft. Dann wirkt er gleichgültig, ist aber nur konfus, zerrissen. Eben weder bei sich noch außer sich – sondern nirgends. Zu vielem begabt, eigentlich zu allem, aber nichts wird zu Ende gebracht.

Er gehört zu den Menschen, von denen man immer etwas erwartet, irgendwie mehr als sie jetzt tun und leisten und sind, aber je länger man mit ihnen zusammen ist, desto diffuser wird diese Erwartung. Desto sicherer stellt sich der Verdacht ein, dass sich diese Erwartung nie erfüllen, dass sich dieses Versprechen, das das Kind in seltsamer Weise zum Ausdruck bringt, nie in eine erfülltere Zukunft übergehen wird. Es ist ein Unglück.

Solch ein in sich selber zurückgezogenes, zurückge*bogenes* Ich ist schwach und zugleich seiner Selbst in hohem Maße bewusst. Überbewusstheit kontrolliert und hemmt all seine willkürlichen und unwillkürlichen Handlungen und ebenso seine Sprache. Max hat nicht, wie die narzisstisch-hyperaktiven Jungen, eine undeutliche, sondern vielmehr eine überartikulierte, übermäßig bewusst gesetzte Sprache. Auch sie erzeugte und vertiefte den Eindruck von Abwesenheit und Einsamkeit, die diesen Jungen umgab. Seine Sprache befand sich nicht in intuitivem Kontakt mit der Umgebung oder der kommunikativen Situation, vielmehr tastete sie sich an ihren Gegenstand, und wenn Max mit jemanden redete, dann war in dieser Sprache ein Zögern, ein Verhalten-Sein, das nicht nur als Hemmung, sondern auch als Misstrauen gedeutet werden konnte. Es war aber gar nicht so, dass Max misstrauisch gegenüber anderen Menschen war, nicht er, sondern seine Sprache war es. Die Sprache selber traute den Dingen nicht, die sie benannte, den Zusammenhängen nicht, die sich in ihrer Syntax abbildete – die Sprache war wie neben die Welt gelegt. Als folge sie eigenen Gleisen und eigenen Gliederungen, die sich nicht oder nicht ausreichend mit der realen Welt in Übereinstimmung befanden.

Max sprach genau und dennoch war seine Schrift und sein Schreiben konfus und fehlerhaft. Dies erklärte sich eben aus der mangelnden intuitiven Sicherheit, die in seinem Sprechen spür- und hörbar war und in seinem Schreiben Gestalt annahm. Nur wenn Max sich mit äußerster Konzentration und viel Geduld auf das Schreiben einließ, nur dann vermochte er fehlerfrei zu schreiben. Dann bekam seine Schrift eine zwar leicht verschnörkelte, aber gefügte Sicherheit. Dann wurde Schrift sogar so etwas wie eine Brücke zwischen der Innenwelt von Max, die sich durch die Hervorbringung der Schriftzeichen entäußerte und der realen Umgebung, der er sich durch diese Zeichen mitteilte. Wenn ihm die Zeit gelassen wurde, behutsam, zögernd und tastend zu formulieren und die Schriftzeichen vorsichtig zu setzen, dann war Schrift der Übergang zu einer möglichen Kommunikation, die Max von einem alphabetischen Zeichen zum nächsten behutsam erprobte.

Ähnlich muss Robert Walser seine winzige verschnörkelte Schrift zu Papier gebracht haben und über jene fein gefügte, ordnungsbesessene Schrift-Distanz seine verwilderten seelischen Zustände zum Ausdruck verholfen haben.

Kurzum, Max wartete mit seinen 11 Lebensjahren nur darauf, dass irgendjemand mit der notwendigen Behutsamkeit *und* Entschlossenheit bei seiner verhaltenen Seele anklopfte, eintrat ohne auf Max' Einladung zu warten und ihn von innen nach außen zu ziehen und ihm zugleich sein Innen von außen zu »spiegeln«. Aber das geschah nicht oder nur kurzzeitig. In unseren Kontakten – und später in der geregelteren Lerntherapie – gab es zuerst zögernd und dann immer häufiger Momente, in denen Max' verschlossenes Selbst sich einen Weg nach außen suchte. Dann lachte er plötzlich froh und vorbehaltlos, dann reagierte er verspielt, dann nahm er selbstbewusst Kontakt zu anderen auf. Aber sobald der schützende Rahmen der Therapie oder der mühsam hergestellten Bindungssicherheit zu dem psychologischen Betreuer wieder entfiel, fand er zu wenig lenkende Ordnung, um die konfusen Wege zwischen seinem Inneren und dem Äußeren abschreiten zu können. Dann stürzte er in sein in sich verschränktes Ich zurück.

Selbstverständlich ist diese seelische Verfassung auch das Resultat einer vaterlosen Kindheit. Max hat seinen Vater nie kennen gelernt, die Mutter schweigt hartnäckig über den Mann, der die Familie kurz vor oder kurz nach der Geburt verließ. Wo andere vaterlose Kinder den abwesenden Mann idealisieren und dadurch – gewissermaßen durch die Aufrichtung eines Ich-Ideals – einen gewissen Zugang zur männlichen Seinsweise finden, dort hatte Max nur seine Mutter und sich selber. Er musste sich selber zum Leitbild, zum Ideal nehmen. Das führte aber nur zu einer noch höheren Selbstkontrolle, einer noch übermäßigeren Bewusstheit, einer noch heftigeren Anspannung in seinem kindlichen Ich. Ich muss alles können, ich muss perfekt sein, das gehört zu Max' unerschütterlichen Überzeugungen, aber er weiß gar nicht recht, wie eine Perfektion in der realen Welt aussieht, was unter »alles können« ganz konkret zu verstehen wäre. Er fasst die Dinge ja nur zaghaft an, kann nur schlecht mit ihnen umgehen und lässt von den einfachsten Tätigkeiten rasch wieder ab. An Büchern findet er ein flüchtiges Gefallen, die ersten Seiten faszinieren ihn, aber dann führt sein inneres Getriebensein ihn schon über die Seiten hinaus, unruhig blättert er am Ende des Buches und legt es schließlich unbefriedigt zur Seite. Es ist zu wenig Realität in Max' Idealbild, das er von sich selber aufgerichtet hat. So bleiben sozusagen die Energien des verinnerlichten Ich-Ideals objektleer, sie zappeln wie lose Stränge, die im Nichts hängen, und treiben Maxens Aufmerksamkeit mal hier und mal dort hin, er möchte aber in einer geordneten Welt zu sich selber kommen. Das will ihm nicht gelingen.

Ich hatte die Idee, dass eine kräftige männliche Person diesem Kind helfen könnte. Über mancherlei Bemühungen gelang es, das Jugendamt davon zu überzeugen, dieser kleinen Familie einen regelmäßigen sozialpädagogischen Betreuer zur Seite zu stellen. Der stellte sich in meiner Praxis vor, ich fand Gefallen an ihm. Ein tüchtiger Mann, so schien mir, einer, der mit beiden Beinen im Leben stand und sich nicht allzu viel Gedanken machte. Genau so jemand hätte Max helfen können. Leider stolperte der Sozialpädagoge über seine eigenen Prinzipien, die er an wer weiß welcher Fachhochschule erworben hatte. Dort oder in irgendwelchen Weiterbildungsprogrammen hatte man ihm beigebracht, dass das Kind von sich aus auf den Erwachsenen zukommen müsse, dass die innere Realität vom autonomen eigenen Willen des Kindes gewollt und angestrebt werden müsse, und so saßen die beiden einander in der Wohnung der Familie gegenüber, der Mann in Warteposition und Max in infantiler Hilflosigkeit. Sie fanden nicht zusammen.

Mein dringlicher Vorschlag an den Pädagogen, Max nicht nur als Person Angebote zu unterbreiten und auf seine Willensäußerung zu warten, sondern ihn kräftig und direkt aus seiner Ich-Befangenheit zu erlösen und sich mit ihm irgendwelchen Realitätsanforderungen zu stellen – vielleicht das gemeinsame Schwimmen in einer Badeanstalt, das Springen vom Sprungbrett, das Bolzen auf dem Fußballplatz oder, wenn es denn sein musste, das korrekte Erledigen der Hausaufgaben – hätte Max dann, wenn es von Bindungsstärke und erwachsener Entschlossenheit gleichzeitig getragen gewesen wäre, auf die Beine geholfen. Aber dem widerstand die pädagogische Ideologie. Nein, der freie Wille des Kindes ist heilig. Dabei wurde übersehen, dass Max gar keinen eigenen freien Willen hatte, sondern nur in Diskrepanzen erstarrte Erregungszustände, die sich nicht in der realen Welt ausleben und »entladen« konnten und deswegen in Max' hilfloses Inneres flossen und dort ziellos zirkulierten. Max blieb auch im Angesicht des Pädagogen ein hilfloses Kind.

## 6. Dominante Mütter

Dominierende Mütter sind für kleine Jungen ein seelisches Risiko. Aber warum? Nach meinen Beobachtungen in meiner Praxis bieten sich drei Erklärungen an.

Auffällig ist, dass die Dominanz der Mütter im Leben der Kinder in den letzten zwei Jahrzehnten nicht nachgelassen, sondern eher zugenommen hat. Ich erkläre dies damit, dass durch die Isolation der Kleinfamilie, die vor allem in den Großstädten in einem immer engeren Lebensraum gezwängt worden ist, gleichsam eine Beziehungsverdichtung eingetreten ist. In dieser »dichten« Struktur spielen die Mütter für das alltägliche Leben ihrer Kinder eine weitaus wichtigere Rolle als die Väter. Die Väter erscheinen emotional und zeitlich oft wie Randfiguren. Von dieser Regel gibt es erstaunlich wenige Ausnahmen.

Es scheint der Lebensklugheit einer Mutter überlassen zu sein, wie sie mit ihrer dominierenden Bedeutung umgeht. Jeder Ausgleich außerhalb des familiären Raumes ist in jedem Fall nützlich für die Söhne. Ausgleich kann der Sportverein oder die Feuerwehr oder die Pfadfinder sein, Ausgleich finden Kinder aber auch im Computerspiel, das nicht zufällig von den Müttern argwöhnischer betrachtet wird als von den Vätern.

Wichtigster Ausgleich zur »familiären Dichte« sind die »Freunde«. Freilich zeigt sich auch hier in den modernen Kleinfamilien mit Kindern eine Tendenz, sich vor allem am Wochenende und Feiertagen ganz auf sich selber zurückzuziehen. Ich beobachte immer wieder, dass viele Kinder ihre »besten Freunde« über das gesamte Wochenende nicht treffen, Verwandtschafts- oder Zoobesuche stehen an, die Familien dulden Störungen nicht. Auch hier macht sich ein Dominanzstreben, vor allem der Mütter, zugleich mit intensiven Bindungsangeboten bemerkbar, oft ist beides schwer auseinander zu halten. Das führt auch zu der Vermutung, dass mindestens ab dem vierten oder fünften Lebensjahr »zu viel« Bindung auch schaden kann. Korrekter würde man auch nicht von »viel« oder »wenig«, sondern von »richtiger« oder »falscher« Bindung sprechen.

Richtig ist in jedem Fall die verlässliche Bindung, die Gelassenheit und Großmut der erwachsenen Bezugsfigur mit einschließt. Zu dieser Gelassenheit gehört immer auch die innere Souveränität, dass man sich bei aller Freude am Zusammensein mit dem Kind auch gern mal auf sich selber zurückzieht, »seine Ruhe haben will«. So gehört es auch zu einer guten Beziehung zu einem Kind, insbesondere zu kleinen Jungen, dass man sie nach einer gewissen gemeinsamen intensiv verbrachten Zeit auch behutsam zurückweist. Vätern, scheint es, fällt dies leichter.

Jedenfalls ist die »vereinnahmende« Mutter in der kinderpsychologischen Praxis ein gewohntes Bild. Diese Vereinnahmung hat in der Regel einen sehr viel totaleren Charakter als die enge Bindung an den Vater oder eine andere männliche Bezugsperson. Dies ist unmittelbar mit frühkindlichen Bindungsintensitäten und dem symbiotischen Einheitsgefühl in den vorgeburtlichen und nachgeburtlichen Wochen in Verbindung zu bringen.

Auch in früheren Generationen reagierten kleine Jungen gereizt und genervt auf einige typische mütterliche Verhaltensweisen, dazu gehört etwa das Zupfen und Rucken an einem vermeintlich schlecht sitzenden Hemd oder einem Ärmel, dazu gehört das aberwitzige Abwischen des Mundes noch beim 10-Jährigen, das ganze Generationen von Jungen zur Verzweiflung getrieben hat. Diese mütterlichen Gesten haben etwas Spontan-Intimes, das sich Männer in dieser Weise nicht erlauben würden. Mütter scheinen in den intimen Bereich ihres Kindes mit geringerer Hemmung einzudringen.

Mit anderen Worten: Die vereinnahmende Dominanz der Mütter ist fast total, sie berührt jeden Bereich des kindlichen Lebens, sie erstreckt sich auf beinahe jede Lebensäußerung, sie lässt keinen oder wenig Raum.

Zugleich ist in der mütterlichen Geste ein unbewusstes Angebot zur »Regression« spürbar, gerade in krisenhaften Situationen lassen sich kleine Jungen gern darauf ein. Sie kehren dann erleichtert in den mütterlichen Dominanzbereich zurück. Mama reguliert alles, Mama befiehlt und lenkt, Mama stellt gleichzeitig das Essen auf den Tisch oder schnippelt ihrem Söhnchen, während er verzweifelt über seinen Rechenaufgaben sitzt, einen Obstteller zurecht, den der Junge vergnügt-getröstet in sich hineinschaufelt. Mama wählt die Wäsche aus und wäscht die Unterhosen, Mama kann spontan in ein verzücktes »O mein Baby« ausbrechen und den Sohn in ihre Arme schließen und mit Küssen überdecken, Mama kann ebenso aus einer spontanen Verärgerung heraus noch dem 14-Jährigen eine Ohrfeige geben und hinterher dartun, sie »habe es ja nicht so gemeint«. Mama ist eben das Fließende, das Ursprüngliche, das Residuum des seelischen Lebens.

Zweifellos ist dies für jeden kleinen Jungen eine unverzichtbare Kraftquelle, eben darin besteht auch ihre Gefahr. Es ist offensichtlich ein Merkmal der Kleinfamilien heute, dass nicht nur die Innigkeit und Intimität zwischen Mutter und Sohn wächst, sondern dass sich zugleich eine Verschiebung der Beziehungsstrukturen ergeben hat. In früheren, eher patriarchal organisierten Familien – dies galt noch in den 50er-Jahren, als dieses väterliche Prinzip freilich mehr imitiert als gelebt, teilweise nur illusionär aufrechterhalten wurde – war die Bedeutung des Vaters in der Familie unbestreitbar. Die Hingabe oder mindestens der Respekt vor dem Mann bannte in einem gewissen Umfang die weibliche Energie. Ihre Hingabe war in wesentlichen Teilen dem Mann gewidmet, in der Regel identifizierten sich Frauen auch über das soziale Ansehen ihres Ehemannes.

Seither haben sich die sozialen Rollen verändert. Familien, bei denen eine Frau zu erkennen gibt, dass in ihrer Emotionalität der Mann an erster Stelle stehe, sind Ausnahmen. Viel häufiger machen Frauen bereits im Vorgespräch einer psychologischen Beratung deutlich, dass ihr Sohn das Zentrum ihres Lebens sei. Neben der mütterlichen Liebe, die darin auch zum Ausdruck kommt, ist den begleitenden Blicken, die die Mütter auf ihre Kinder richten, freilich der Vereinnahmungswunsch, der Dominanzwille anzumerken. Die Jungen reagieren ambivalent, sie rutschen unruhig auf dem Stuhl hin und her oder weichen dem suchenden Blick aus. Manche schauen auch unruhig und unsicher auf ihren Vater, aber ich kann mich nicht an einzige Situation erinnern, in der der Vater sich gegen die Verdrängung an den Rand des Geschehens zur Wehr gesetzt hätte.

Das mütterliche Dominanzstreben wird von einer breiten sozialen Norm getragen, auch in Cafés oder auf Spielplätzen wird dies deutlich demonstriert. Väter bieten daneben oft ein tollpatschiges Bild, sie haben sich mit ihrer zweitrangigen Bedeutung längst abgefunden, stehen oft ein wenig hilflos neben den Aktivitäten von Mutter und Sohn. Die Antwort des Kindes, wie gesagt, ist oft eine »begrenzte Regression«, ein heimliches Zurückgleiten in frühkindliche Verhaltensweisen und Gefühle, die bei den kleinen Jungen unterschiedliche Formen annehmen kann.

Es gibt gute Gründe für die Annahme, dass diese relative Regression bei den kleinen Jungen, die als aufmerksamkeitsgestört gelten, zu einem prägenden Faktor ihrer seelischen Verfassung geworden ist. Mamas Dominanz schützt ihr »hybrides« Selbst, verteidigt den Jungen heftig gegen jede Art der Realitätsanforderung. Immer ist irgendjemand an dem Versagen des Jungen im Kindergarten, in der Sportgruppe, in der Grundschule schuld, die schlechte Lehrerin, der autoritäre Trainer usw. Die Klagen klingen dann bei Mutter und Sohn nahezu unisono.

Diese Söhne wirken oft clever und sehr selbstbewusst, sind aber insgeheim von Ängsten durchdrungen. Auch dies lässt sich aus der mütterlichen Dominanz ableiten. Im schützenden Raum des Mütterlichen sind sie ja unbestreitbar die Besten, Klügsten usw., der Wirklichkeit außerhalb dieses privilegierten Raumes wissen sie einerseits auszuweichen, sich andererseits geschickt – mit einer Weichheit, die sie ebenfalls bei Mama gelernt haben – anzupassen.

Sie mögen Konflikte nicht, sie versuchen vielmehr, auch widerstrebende äußere Faktoren in einen harmonischen Innenkreis hineinzuziehen, in dem freilich auf Dauer der Sohn wieder die Spitzenposition einnehmen muss. Folgerichtig scheitern sie bei ihrem Versuch, Freunde zu finden. Sie wirken ein wenig kalt, neigen dazu, Gleichaltrige zu manipulieren, statt mit ihnen zu fühlen. Sie sind oft einsam und insgeheim deprimiert, wissen sich aber nicht zu helfen. Wer sich nicht mit ihnen in einen Kreis der harmonischen Übereinstimmung hineinbegibt, wird schnell ausgegrenzt. Diese Jungen nehmen dann sogar das Alleinsein lieber in Kauf, als dass sie von ihren infantilen Wünschen und damit ihrer Sonderstellung lassen würden.

Sie sind immer auf dem Sprung, jederzeit können sie eine beginnende vertrauensvolle Beziehung wieder abbrechen, es scheint ihnen keinerlei seelische Mühe zu machen. Sie reagieren auf reale oder vermeintliche winzige Kränkungen mit einem massiven Rückzug, machen aber auch aus ihrem Egoismus kein Hehl. Sie tragen ihn oft sogar fast demonstrativ vor sich her (»Ich bin geizig«, sagte mir ein sehr muttergebundener 10-Jähriger vor kurzem). Ihr ganzes Wesen und ihre körperliche Haltung drücken aus, dass sie ein Recht dazu haben, über die Menschen und Dinge ihrer Umgebung zu verfügen. Dieses Recht wird aber nicht in irgendeiner Weise abgeleitet, sie verweisen weder auf den sozialen Status ihrer Familie noch auf ihre eigenen Leistungen, sie nehmen es sich einfach. Auch darin zeigt sich das selbstgewisse Verharren in einer Gefühlswelt, die ganz von der mütterlichen Sorge, aber zugleich von den mütterlichen Regulationen und mütterlicher Dominanz durchdrungen ist.

Sie neigen dazu, von der Mutter ausgesprochene Forderungen fraglos auszuführen, zeigen aber auch dabei einen gewissen sturen Eigensinn, während sie gleichzeitig einen Lehrer damit zur Verzweiflung bringen, dass sie jede kleinste Aufgabe ausführlich zu diskutieren wünschen. Auf Ablehnung oder Strafe reagieren sie extrem unbeeindruckt, sie haben ja immer ihr Residuum, ihren Rückzugsort. Ganz erreicht man sie kaum, erst recht vermag man sie kaum zu erschüttern. Sie sind ja mit ihren Gefühlen gar nicht ganz »da«, sondern zu Teilen immer bei Mama.

Nun ist es in der Geschichte der bürgerlichen Familien immer so gewesen, dass die Mütter eher das »Anpassungsprinzip« vertraten, während die Väter großzügigere, oft ideelle Ordnungen in die Familie einbrachten. Mama passt auf, dass die Kleidung sauber und das Haar gekämmt ist, Mama ärgert sich über jeden Schmutzfleck und will am liebsten sofort mit kräftigen Gesten alles sauber machen, Mama achtete in einer 300-jährigen Geschichte der deutschen Familien auch auf Gehorsam gegenüber Autoritäten. Diese Regulationswut hat sich zwar verändert, ist aber substanziell gleich geblieben und verbindet sich nun mit dem »vereinnahmenden« Mama-Prinzip.

Die Hausaufgaben müssen erledigt werden, auf Biegen und Brechen. Viele der dominierenden Mütter können in solchen Realitätsanforderungen gegenüber ihren geliebten Söhnen urplötzlich ganz unerbittlich sein. Der Gedanke, dass der Sohn sich den normativen Anforderungen, etwa der Schule oder anderer Institutionen nicht anpassen könne, scheint ihnen unerträglich zu sein. Sie pauken mit ihren Söhnen oft Nachmittage lang, drei oder vier Stunden bis in den Abend hinein und tun dies mit einer unerhörten Ausdauer.

Bei vielen lerngestörten Kindern höre ich von monatelangem gemeinsamen Lernen jeden Nachmittag, egal, ob es regnet oder ob die Sonne scheint. Frauen neigen dazu, sich in der Befolgung der schulischen Anforderungen nicht irritieren zu lassen. Sie entwickeln dabei eine Zähigkeit, der sich der Sohn oft wütend, meist aber resignativ-verzweifelt unterwirft. Erstaunlich wenigen Jungen gelingt in solchen Phasen eine Art von Auflehnung, zugleich ist die Bindung an den Vater gerade in solchen krisenhaften Situationen eher gering. Das Gegenprinzip des Väterlichen, das in den meisten solcher Fälle ausgleichend, gelassener wirken könnte, ist zu schwach, um regulierend einzugreifen.[*]

Mir ist immer wieder aufgefallen, dass die intensiv betriebenen mütterlichen Bemühungen, die von einem resignativen Gehorsam der Söhne begleitet sind, in hohem Maße erfolglos bleiben. Ich erinnere mich an kein einziges Beispiel, an dem das gemeinsame Pauken von Mutter und Sohn, obwohl es sich über Monate hinweg erstreckte, Erfolg gezeigt hätte. (Dazu würde ich gern allgemeinere Zahlen in Erfahrung bringen. Aber Untersuchungen zu solchen feinen Details gibt es nicht. Die deutschen Forschungsgemeinschaften fördern eher die 435. Studie zum Thema »Computer und Gewalt«.)

Die Erfolglosigkeit der gemeinsamen Anstrengungen ist möglicherweise darauf zurückzuführen, dass sich eine Aufspaltung zwi-

---

[*] Natürlich gibt es einige, die gerade in solchen Krisensituationen den intensiven Kontakt zum Vater suchen, um sich gegenüber den mütterlichen Anforderungen ein Gegengewicht zu schaffen. Doch selbst hier ist die Bindung an die väterliche Autorität eher eine Reaktion auf die Mutter als ein unmittelbares Gefühl.

schen Kognition und Emotion wiederholt, die auch beim frühen Lernen stattfindet. Unter der mütterlichen Dominanz reaktiviert der Junge frühe Versorgungsfantasien, die nun positiv oder negativ auf ihn einstürzen, zugleich haben die schulischen Aufgaben einen Charakter, der mit der Vernunft und Autonomie verbunden ist. Der Sohn bringt in der Intensität des gemeinsamen Lernens über Wochen und Monate, beides nicht zusammen. Er verharrt angesichts der »aktivierenden« Aufgabenstellung in »passiv, regressiv gebundenen« Emotionen.

Dies würde auch die oft gehörte Klage der Mütter erklären, dass ihr Sohn bei allem Fleiß »am nächsten Tag alles wieder vergessen« habe.

Die Vereinnahmung der Mütter trennt die Söhne von der Lebenswelt der männlichen Gleichaltrigen. Diese Jungen haben meist keine Freunde, sehnen sich nach ihnen, tun aber eigentlich nichts dafür, wenigstens einen festen Freund zu gewinnen. Ich habe bereits ihren durchdringenden Egoismus erwähnt, der sie von den Gleichaltrigen trennt. Genauer betrachtet verhält es sich so, dass ein Nachgeben gegenüber dem Freund, also der Verzicht auf den eigenen Willen, unbewusst verknüpft ist mit dem Verzicht auf das privilegierte Versorgtwerden durch »Mama«. Dies käme einem bewussten Bruch mit dem »mütterlichen Prinzip« gleich. Dazu ist er weder bereit noch in der Lage. Die Emanzipation vom Weiblichen würde ihm die Entwicklung zu einer selbstständigen Männlichkeit, einer *Autonomie ohne gesicherte Versorgung* aufzwingen. Allein dieser Gedanke erzeugt bei vielen der selbstbezogenen, harten und einsamen kleinen Jungen massiv abwehrende Ängste. In der kinderpsychologischen Praxis sind sie an der Tagesordnung.

## 7. Vaterlose Jungen – die Bedeutung des Weiblichen und des Männlichen

Zum Thema »vaterlose Jungen« fällt den Jugend- und Sozialbehörden und Wissenschaften wenig ein. Das Bundesministerium für Familie proklamiert »mehr Zeit für mein Kind«, gefällige Bildchen aus der familiären Idylle, in der sich Papa mal richtig Zeit für sein Kind nimmt. Beide strahlen, viel Zeit zusammen macht glücklich, sagt das Plakat. Das ist Kitsch.

Der reale »Papa« in der realen Familie macht ganz andere Erfahrungen: Er stört. Ich weiß nicht, wie viele Väter mit einer gewissen naiven Hilflosigkeit sich zu ihren Kindern vor den Fernsehapparat hockten und in Erfüllung ihrer staatsbürgerlichen Pflicht ein aufmunterndes »Wollen wir zusammen Mensch-ärgere-dich-nicht spielen?« äußerten. Nun, sie haben schlechte Karten. Ein abwehrendes Gebrummel der Älteren, ein quietschend-versöhnliches »Nicht jetzt, Papa« von den Kleineren – das ist alles, was er an Reaktion zu erwarten hat.

Gilt dies für alle Familien? Nein, aber für eine große Zahl. Empirische Forschungen gibt es auch dazu bezeichnenderweise nicht. Die in den Erziehungswissenschaften so hoch geschätzte Empirie weiß über die inneren Zustände in der familiären Kommunikation nichts auszusagen.

Nicht in allen Familien, aber in vielen, erleidet Papa mit seinem guten Willen solch eine Abfuhr. Er versucht es danach nicht noch einmal. Insgeheim ist er möglicherweise ganz erleichtert. Eigentlich hatte er zum *Mensch-ärgere-dich-nicht*-Spiel auch keine rechte Lust. Das Problem liegt darin, dass die Interessenwelten der Eltern und der Kinder extrem auseinander gefallen sind. Papa würde gern lang und breit von seinem Beruf erzählen, von seinem Aufstieg oder dem drohenden Niedergang und seinem Chef, aber dafür interessiert sich nicht einmal seine Frau. Die Söhne würden gern von ihrem letzten Computerspiel erzählen, aber Papa hat keine Ahnung, wovon die Rede ist. Und die kleine Tochter möchte ihn vielleicht für ein Puppen-Prinzessin-Spiel begeistern, aber dabei wirken die allermeisten Väter unbeholfen (ich persönlich bin in diesem Punkt freilich eine Ausnahme!).

Die Interessen fallen auseinander, die Erfahrungswelten sind kaum noch miteinander zu verbinden. Je tiefer gehend die jeweiligen Interessen und Faszinationen sind, umso weiter liegen sie auseinander. Schon die 30-Jährigen sehen andere Filme als die 15-Jährigen, schon die 25-Jährigen hören eine andere Musik als die 13-Jährigen und alles, was älter ist als 40, fällt so und so durch das Raster. Das ist die Medienbotschaft, die die Jungen und Alten Tag für Tag durch die Medienapparate empfängt. *Man hat sich nicht viel zu sagen, hockt aber in engen Räumen aufeinander.*

War das früher anders? Sehr anders! Gewiss, meine Großmutter und meine Mutter, ich sagte es, hatten keine Ahnung, was wir Jungen im Wald anstellten. Der Großvater wollte von Garten und Haus auch nichts wissen, und der Klatsch der Frauen interessierte ihn so wenig, dass er bei keinem einzigen Thema hätte mitreden können. Aber genau diese Distanz schaffte auch die Voraussetzungen für Nähe.

Beispiel: Wir Jungen konnten uns in unseren unbeobachteten, unkontrollierten Freiräumen sozusagen mit »Freiheit sättigen«. *Satt von Freiheit, müde von Abenteuern kehrten wir dann umso bereitwilliger in die Familie zurück.* Die ganze Verausgabung während der Spiele auf dem Bolzplatz oder im Wald führte nun zu einer beruhigten Sehnsucht nach Stille, Zu-Hause-Sein, Bindung. Wenn dann die Mutter oder der Vater, die den ganzen Tag über in einer ganz anderen Welt existiert hatten, den Tisch räumten und ein Würfelspiel aufbauten, waren wir Kinder schlichtweg begeistert. Das war genau das, was sie jetzt noch benötigten. Jetzt, als *Abschluss*, Abrundung, Ergänzung, wirksamer Gegenpol. »Das Spiel von Nähe und Ferne«, wie es in den Schnulzen heißt, gelang den früheren Familien besser.

Heute geht für alle das Interesse über den kleinen Apparat, den Fernseher mitten im Zimmer, der alle Aufmerksamkeit auf sich zieht. In dieser »Dichte« werden kleinste Interessensunterschiede bedeutsam. Mama will eine Sendung, Papa ein anderes Programm, die Kinder wollen MTV sehen (*Scary Tricks* ist geil, aber die Eltern ekeln oder erschrecken sich; Sendungen wie *Dschungel-Camp* sind klassische Familienkompromisse, das erklärt ihre hohe Einschaltquote). Der Streit um den richtigen Kanal wird in vielen Familien zum ernsthaften Konfliktpunkt – nicht zuletzt deshalb stehen in der Hälfte aller Kinderzimmer Fernsehapparate. Dann hockt die Familie tatsächlich gemeinsam vor ein und demselben technischen Gerät, aber jeder für sich und ganz allein.

Individualisierungen solcher Art überwindet man nicht dadurch, dass man einfach mehr Zeit miteinander verbringt. Ganz im Gegenteil, zu viel Zeit kann auch bedeuten, dass die Generationen ganz auseinander fallen.

Ein anderer Komplex ist schwieriger zu erklären. Er hat mit dem Verhältnis des Männlichen und Weiblichen im Rahmen einer Familie zu tun. Auch dieses Verhältnis hat sich grundsätzlich geändert. Den kleinen Jungen tut das nicht gut! Man sieht es doch auf jedem Spielplatz, in jedem Kindergarten: wie rüde und rücksichtslos sich die kleinen Jungen bewegen. Als wollten sie die ganze Welt niedertrampeln, um dahinter oder irgendwo in ihrem Kern verborgen etwas zu finden, dessen sie entbehren. Entbehrung und Desorientierung ist in ihre kleinen Gesichter geschrieben, aber von den Kindergärtnerinnen bekommen sie einer neuen Mode folgend nur »Grenzen gesetzt«, und Mama und Papa beharren darauf, dass ihr Sohn so toll durchsetzungsfähig und selbstständig sei. Kleine Jungen wollen nicht durchsetzungsfähig sein, jedenfalls nicht nur. Sie wollen auch nicht selbstständig sein, jedenfalls nicht in erster Linie. Sie wollen geliebt werden. Aber Liebe ist eine komplizierte Sache.

Damit komme ich auf das Verhältnis des Männlichen und Weiblichen zurück. Denn was bedeutet Liebe im Rahmen des familiären Dreiecks? Liebe ist, wie alles im familiären Kreis, nicht nur Beziehung zwischen einer Person und einer anderen, sondern ist immer Beziehung über den einen zum anderen und wieder zurück. Sie fließt, sie umfasst immer *alle* Beteiligten, alle Personen, sie rinnt von einer zur anderen und von ihr zur nächsten und vice versa, es sei denn, dieser freie Fluss wird gestört und gestoppt. Dann tritt eine Krise ein. Und genau dieses fatale »Stoppen« passiert in den modernen Familien in zunehmender Weise.

In dem auf engsten Raum gedrängten kleinen System Familie entstehen Subsysteme, sie haben die Tendenz, sich gegen den jeweils anderen und das Gesamtsystem Familie zu sperren. In eine menschlichere Sprache übersetzt: Viele Mütter konzentrieren sich, manchmal schon vor der Geburt, nahezu vollständig auf ihr Kind, all ihre Begabung und Hingabe, all ihre Liebesfähigkeit bündeln sie auf das Kind. Der Mann wird randständig, er kommt kaum noch vor. Er selber fühlt sich eher wie eine Störung in der innigen Dyade zwischen Mutter und Kind (die freilich in den ersten Lebensmonaten eine ganz eigene Berechtigung hat, *Liebeszuwendung zum Kind* und *Liebesabwendung vom Mann* ist in dieser Phase schwer zu unterscheiden).

Der Mann wird zum Störenfried und benimmt sich wie einer. Er wird tollpatschig, unbeholfen im Umgang mit dem Kind und möglicherweise auch im Umgang mit der Frau. Er zieht sich zurück und gerade dies wird ihm dann von der jungen Mutter zum Vorwurf gemacht. »Du füllst deine Vaterrolle nicht aus, du hilfst nicht im Haushalt, du ziehst dich auf deinen Beruf zurück« – dies sind ganze Litaneien von Klagen, die man aus Familien mit sehr kleinen Kindern häufig hört. Rechnen wir die in einem anderen Kapitel genannte berufliche Belastung des Mannes noch hinzu, so wird verständlich, dass seine Haltung in einer Art gekränkter Verweigerung endet. Er fühlt sich in seinem Liebesbemühen und Liebesverlangen hin zum Kind und hin zur Frau blockiert, vielleicht sogar abgewiesen. Nichts ist kränkender als abgewiesene Liebe, nichts ist schwerer zu verarbeiten.

Dann liegt der Gedanke an Flucht, zumal in einer offenen Informationskultur, nahe. So geht es vielen jungen Vätern. Sie fühlen sich randständig, sie wollen weg. Zugleich haben sie schon bei diesem Gedanken ein schlechtes Gewissen. Das hätte gerade noch gefehlt, dass sie zu diesen »Abhau-Vätern« zählen. Ausgerechnet sie, die sich ein liebevolles Miteinander mit Frau und Kind ausgemalt hatten. Sie wollen fort, sie wollen bleiben. Folge: Sie sind nur halb »da«.

In diesem Kreislauf ist auch die junge Mutter befangen. Je enttäuschter sie von den Reaktionen des Mannes ist, desto restloser wird ihre Hingabe an den Sohn, sie ist jetzt schon von Überverwöhnung und Überfürsorge kaum zu unterscheiden. Er wächst gleichsam im Schatten dieser Überfürsorglichkeit auf, er nimmt, wie ich es geschildert habe, die Welt unter den Aspekten der mütterlichen Überversorgung an. Er verweigert sich der Eigenwilligkeit der Objektwelt. Er will, dass die Welt wie Mama ist: versorgend, immer zu Diensten und ganz weich und nachgiebig. Aber so ist die Welt nicht. Der Junge wird aggressiv, sein Trotz wird zu einem Dauerzustand, bei der geringsten Kleinigkeit schmeißt er mit Bauklötzen um sich und wenn er dabei Mama oder Papa trifft, dann ist es ihm egal. Er ist auf andere Weise ebenso allein wie sein Vater.

Gerade jetzt müsste die Bindung an den Vater oder das »Väterliche« Bedeutung gewinnen. Vater ist das Prinzip der Ordnung, damit auch das Prinzip des Schutzes, der Geborgenheit. All das fehlt diesem Kind. In seiner Verwöhntheit würde es eine Ordnung auch gar nicht annehmen; der Versuch, es auf die Ordnung der Welt, die Funktion des Spielzeuges, die mühselige, aber schöne Struktur von Bauklötzen hinzuweisen, scheitert aus mehr als einem Grund. Der Vater hat sich von seiner Väterlichkeit schon verabschiedet, sein Sohn nimmt ihn nicht oder nicht vollständig an. Und dann kommt noch ein dritter, im Unbewussten verhandelter Aspekt hinzu.

Die Bindung an den Vater geschieht bei gesunden Kindern immer vor dem Hintergrund der Bindung zur Mutter. Sie wird geliebt, sich von ihr zu lösen fällt dem Kind unendlich schwer. Da wirkt der Vater wie ein Rettungsanker. In ihm ist ja beides verkörpert: die Hinwendung des

**65**

Kindes zur Welt und gleichzeitig, weil dieser Mann und von Mama geliebt wird, die mütterliche Liebe. *Das gesunde Kind bleibt sozusagen mit der behutsamen Abwendung von Mama und der ebenso behutsamen Hinwendung zu Papa (und mit ihm zur Objektwelt) im Rahmen der mütterlichen Ordnung – sofern die Mutter diesen Mann liebt.*

Ungeliebte Väter aber sind schlechte Väter, sie können ihrem Kind nicht das anbieten, was jetzt notwendig wäre: ein geliebter Mensch zu sein, an dem das Kind selber die Gewissheit der mütterlichen Liebe lernt bzw. bestätigt bekommt. *Nur der geliebte Vater ist ein Mann, bei dem das Kind sich geborgen fühlt.* Auf seinem Schoß empfindet es die Nähe zur Mutter gleich mit. Wo diese Kreise im Rahmen der Familie gestört sind, wo der Liebesfluss von der Mutter zum Vater geblockt ist, da tritt auch in der Liebesfähigkeit, in dem Bindungsverlangen eines Kindes eine Blockierung ein. Eine Irritation, die auf unheilvolle Weise fortsetzt, was mit der Verwöhnung durch die Mutter bereits begonnen hatte.

Der kleine Sohn will den Vater nicht, er will die Ordnung nicht, er will die Objektwelt nicht, sofern sie sich dem kleinkindhaften Willen sperrt, letztlich wendet er sich mit all seiner Ungeduld und Vertrotztheit, in der auf quälende Weise immer etwas fehlt und leer bleibt, sogar hektisch, strampelnd und schlagend gegen die eigene Mutter.

So sitzen sie dann vor dem Kinderpsychologen, Mama und Sohn eng beieinander, der Vater in einem Abstand von einem halben oder einem ganzen Meter. Das System wird einem gleich deutlich vor Augen geführt, bzw. die Blockierung in dem System. Dieser Junge benötigt das Männliche und das Weibliche, daran kann kein Zweifel sein. Es braucht aber noch mehr, es braucht den Fluss des einen zum anderen, die Pole des Geschlechtlichen müssen einander durchdringen, damit sie vom Kind aufgenommen werden und verinnerlicht werden können. Alles ist gestört. Und Mama erklärt dem Kinderpsychologen: »Für mich steht mein Sohn an erster Stelle, da gibt es gar keine Frage. Wenn mein Mann nicht mitmachen will, dann kann er auch gehen!« Und ich richte, nicht ohne eine gewisse Regung von Trauer, meine Augen auf den Sohn. Man muss ja nur hinschauen, man sieht es ihm an: ein einsames Kind.

## III. Modernität und Monitore – Lebenswelten

### 1. Immer auf Draht und was Forscher darüber wissen

Weich und verwoben ist das Leben der kleinen Jungen von heute. Die Jugendforschung bestätigt es in immer neuen Studien: Die kleinen und größeren Jungen kommunizieren – wie früher nur die Mädchen – den lieben langen Tag, meist per Handy, Telefon oder Computer. Ständig sind sie mit irgendjemandem vernetzt, verdrahtet, sie sind online, insofern ist ihr kommunikatives Leben ein Spiegelbild der modernen Wirtschaft. Deren Verhaltenskultur ist in das Leben der Kinder eingedrungen. Die Familien und die Eltern mitsamt ihren Wertvorstellungen sind dagegen nur ein unzureichender Schutz, ein unvollständiger Filter.

Den ganzen Tag kommunizieren heißt auch, dass viele alte männliche Eigenarten allmählich in Vergessenheit geraten. Am Handy kann man sich nicht so richtig streiten, schon gar nicht raufen, am Telefon sucht man immer einen versöhnlichen Abschluss. Auch die Kontakte im Computer, im Chat, sind so geartet, dass sie eher auf Übereinstimmung und Konfliktlosigkeit denn auf Auseinandersetzung eingestellt sind.

Diese Jungen bewegen sich fließend zwischen sehr verschiedenartigen Gruppierungen und kommunikativen Räumen, in der einen Gruppe verhalten sie sich anders als in der nächsten, sie schwimmen gern mit im Fluss des »Mainstream«, sie sind nicht gern individualisiert, auf sich gestellt. Das Alt-Lutheranische »Hier stehe ich, ich kann nicht anders« liegt ihnen unendlich fern. Sie können immer auch anders, ganz anders sogar. Sie können ihre Meinungen, so wie ihre Kleidung und ihr Styling von Bezugsgruppe zu Bezugsgruppe leicht wechseln. Wer mit den Freunden aus der Theatergruppe ins Kino geht, zieht sich anders an, als wenn er mit seinen Kumpels aus der Feuerwehrjugend die Disko besucht. Das Styling bedeutet heute mehr als es in früheren Generationen der Fall war. Es ist nicht nur ein äußeres Signal der Anpassung, es ist gleichzeitig Sinnzuschreibung, Verhaltensordnung. Der Einzelne verhält sich so, wie er gekleidet ist, und er ist so gekleidet wie seine Bezugsgruppe es vorschreibt. Dies umfasst alle Lebensbereiche.

Durch unermüdliche Benutzung von Handy, Computer und Telefon werden Kontakte in alle Himmelsrichtungen gehalten. Aber diese haben einen eigenwillig oberflächlichen Charakter. Sie sind ja jederzeit austauschbar. Es ist fast so, als *vergewissere* sich der Junge oder Jugendliche mit jedem Kontakt seiner *Zugehörigkeit*. Über die Inhalte, die Besonderheit dieser Zugehörigkeit wird kaum nachgedacht. Hauptsache, ich bin dabei, ich schwimme mit. Hauptsache, ich muss nicht auf eigenen Füßen stehen.

Die Jungen haben kaum eigene Maßgaben, die sie zuverlässig in sich selber spüren. Sie hüpfen, eilen oder »fließen« von einem zum anderen, von einer Bezugsgruppe zur nächsten, von einem Event zum nächsten. Sie sind *immer* im Fluss. Wann kommen sie zu sich selber, und was ist das »Ich-Selber«?

Insofern macht es auch kaum einen Unterschied, ob sie allein am Computer sitzen und sich in Chat-Gruppen aufhalten oder an einem Rollenspiel beteiligen, ob sie Freundesgruppen in der »Sims 2«-Edition finden oder in der Wirklichkeit. Die Gefühle sind fast dieselben. Die Intensität ist ebenfalls vergleichbar. Ihr soziales Leben hat einen Charakter des Freien, aber auch Flüchtigen. Wie die Manager in der neuen Wirtschaftsordnung sind auch die kleinen Jungen in ihren sozialen Bezügen »ortlos«.

Für Pädagogen oder Psychologen hat dieses Verhalten weitreichende Folgen. Die Kinder nehmen sehr schnell Bindung auf, lösen sie aber ebenso rasch wieder auf. Wer etwa als Lehrer auf die Anforderungen des Lernstoffs besteht, wird von den Kindern ebenso schnell abgelehnt, wie er zuvor idealisiert wurde.

Dasselbe gilt für Psychologen, insbesondere für die unglücklichen Verhaltenstherapeuten, die mit den Jungen »Arbeitsabkommen«, Verträge abschließen. Begeistert stimmen die Jungen diesen Verträgen zu, insbesondere die überimpulsiven kleinen Jungen können gar nicht genug davon bekommen, diese und jene und noch eine Vereinbarung zu treffen und mit ihrem Namen zu unterschreiben. Sie befriedigen in diesem Moment eine tiefe Bedürftigkeit, die nach Verlässlichkeit. Aber sie können sie nicht leben. Kaum fällt die Tür der Praxis hinter ihnen ins Schloss, ist der Vertrag und sein Inhalt wie ausgelöscht, sie können sich buchstäblich kaum daran erinnern. Ja, sie wissen noch, dass sie mit einem schönen Gefühl und einem freudigen Blick auf den Therapeuten irgendetwas unterschrieben haben – aber was war es nur?

Pointiert könnte man so formulieren: Sie sind nie ganz allein, weil sie auch nie ganz mit anderen zusammen sind. Wenn alle Verbindungen vorübergehend zusammenbrechen, wenn das Handy nicht piepst und das Telefon nicht klingelt, wenn auch im Chat-Raum keiner anzutreffen ist und kein Termin in der Theatergruppe oder einem anderen Verein ansteht, dann verkriechen sie sich einfach in das kleine Viereck des Gameboys.

Empirische Jugendforscher erfassen davon meist nur, dass Kinder viel »kommunizieren«. Sie halten die Nachrichten von »einsamen Jugendlichen« für eine Mär, Zahlen widersprechen dem so offensichtlich: die Kinder sind ja immer irgendwie verdrahtet. Über die Tiefe der Kommunikation sagen Zahlen allerdings nichts aus. Insofern geht es diesen Forschern wie den kleinen Jungen selber. Sie treffen keine Qualitätsunterscheidungen, an dieser Stelle sind sie ganz hilflos. Sie sind schon zufrieden, wenn sie überall »dabei« sind.

## 2. Franz und seine Freunde, beinahe real

Franz berichtet von einem neuen Freund. Er schildert dessen Eigenschaften, seinen Körperbau, seine Geschicklichkeit, seine Fähigkeiten. Er tut es so ausdauernd und begeistert, dass man den Eindruck bekommt, er habe einen »richtig tollen Freund« gefunden. Und das ist auch so. Sein neuer Freund ist ihm regelrecht ans Herz gewachsen.

Allerdings fällt die Beschreibung fast ein wenig zu detailreich, zu präzise aus. Ein richtiger neuer Freund ist ja immer auch ein wenig fremd, zumindest anfangs. Wenn ich von einem neuen Freund spreche, dann ist ein Zögern in meiner Stimme, eine Suche in der Sprache, eine Widerständigkeit, die daher rührt, dass ein fremder Mensch sich einem nicht sofort ganz und gar erschließt. Dies ist bei Franz nicht der Fall.

Franz hat diesen Freund nur erfunden. Trotzdem »gibt« es ihn. Er ist real, er tritt in Erscheinung: Er ist eine Computerfigur. All die Eigenschaften, die Franz so aufgeregt schildert, hat er selber in den Computer eingegeben, genauer gesagt: Er hat aus einem Menü von Möglichkeiten, von potenziellen Charakteren und Verhaltensweisen jeweils eine ausgesucht. Er hat aus einem Menü von möglichen Körpereigenschaften jeweils eine gewählt. Er hat diesen Freund zusammengepuzzelt, er hat ihn montiert, er hat ihn in gewisser Weise auf der Grundlage der virtuellen Bandbreite, die vorgegeben war, erschaffen.

Deshalb ist dieser Freund so widerstandsleer. In Franz' Beschreibung gibt es kein Zögern. Deshalb ist dieser Freund fast wie Franz, Franz und sein Freund verschwimmen ganz und gar im Spiel, keine Widerständigkeiten zwischen beiden, keine Zwischenräume, keine Konflikte, keine Auseinandersetzungen. Würde so etwas eintreten, würde Franz' »neuer Freund« ja sofort verschwinden, eine Berührung der Taste würde ausreichen, um ihn ins Nichts zu stoßen. Franz weiß dies, es gibt ein Gefühl von Macht und Allmacht, aber auch von Hilflosigkeit.

Denn der neue Freund, wie gesagt, ist ihm ans Herz gewachsen. Würde Franz die Taste betätigen, ginge sein Freund verloren. Franz würde für Augenblicke das befremdliche Gefühl von Einsamkeit erleben. Davor scheut er zurück. Er wird mit seinem Freund zusammen bleiben, er wird ihn weiter ausschmücken, er wird ihn beinahe zu realem Leben verhelfen.

Richtig glücklich wäre Franz, wenn er in der Realität solch einen »Freund« fände, einen, mit dem eine Auseinandersetzung ganz und gar unmöglich wäre. Einer, die ganz mit dem Ich von Franz erfüllt ist, einer, der von Franz nicht zu unterscheiden ist. Und dennoch ein Gegenüber, dennoch ein Freund. Das wäre perfekt.

Franz sehnt sich immer und überall nach Perfektion, er achtet auf seine Kleidung, auf das richtige Gel im Haar, auf den Haarschnitt sowieso, sogar seine Noten in der Schule sind mittlerweile eine Art »Selbst-Styling«. Ein Versager ist er auf keinen Fall, ein Looser, einer mit vier Fünfen oder so. Das kommt für Franz nicht in Frage. Überall tritt er perfekt in Erscheinung. Franz wird jetzt 14, er beginnt sich für Mädchen zu interessieren. Eigentlich, wenn man genau hinschaut, sucht er auch gar nicht den »perfekten neuen Freund«, sondern die »perfekte neue Freundin«. Eine, die so ist wie er, oder beinahe so.

## 3. Große Jungen vor dem Bildschirm

Wie sie da nebeneinander hocken, vier 15- oder 16-jährige Jungen, jeder in den Bildschirm vertieft, fast ohne einen Blick für den anderen, jeder mit staunender Intensität auf das Monitorbild fixiert, sehen sie aus wie kleine Jungen, wie 6- oder 7-Jährige, die die Welt bestaunen.

Seltsame Zusammenrottungen von jungen Menschen sind das, die Abend für Abend und Nacht für Nacht in den Kinderzimmern stattfinden. Sie hocken eng beieinander und sind doch sehr weit voneinander entfernt. Manchmal schließen sie sich auch zusammen, spielen gemeinsam, nicht gegeneinander, sondern miteinander, oft über das Netz gegen imaginäre Feinde oder Konkurrenten. Ihr Kontakt ähnelt dem von Bauarbeitern in schwindelnder Höhe, die sich nur die allernötigsten Befehle zurufen, Kurzformen von Kommunikationssignalen. Alles wird verschlungen von der Intensität der Blicke auf den Bildschirm.

Diese Jugendlichen sind körperlich oft groß geraten, beinahe klobig. Unbeholfen hocken sie bleich mit schwitzenden Fingern vor der empfindlichen Tastatur, die auf den winzigsten Druck reagiert und ein Signal in die weltweiten Übertragungssysteme sendet. Ihr Verhalten wirkt schwerfällig, ihre Sprache ist grob und unstrukturiert. Aber zugleich sind die Aufgabenstellungen, die sie im Netz oder auf dem Bildschirm lösen, von hohem operationalen Anspruch.

Viele dieser Spiele fordern außerdem eine gewisse Intuitionskraft. In gewisser Weise muss man sich einfühlen in die Mentalität des Spieleerfinders, muss schon, bevor die nächste Aufgabe gestellt ist oder die nächste Gefahr auf dem Bildschirm erscheint, eine Antwort parat haben, eine Reaktion überlegt haben. *Die Jungen leisten dies*, mit diesem starren Blick, der so gar nichts Umfassendes hat, wenig differenzierende Intelligenz verrät, so wenig wie ihre Sprache.

Es fällt schwer, sich diese Jugendlichen, die fast noch Kinder sind, als Männer vorzustellen, erst recht fällt es schwer, sie sich in sozialen Strukturen vorzustellen, wo sie eine Rolle als Vater, als Vorgesetzter, ausfüllen sollen. Eher vermutet man in ihnen Befehlsempfänger, fleißige, oft unbeholfene Untergebene, die ihre Bürostunden absitzen.

Aber die Spiele, die sie spielen, sind intelligent, die Aufgabenstellung ästhetisch raffiniert. Es ist gerade so, als entstünde bei diesen Jungen eine neue Form der kognitiv-ästhetischen Intelligenz, die es in dieser Weise vorher nicht gegeben hat. Sie achten und reagieren gehorsam auf Befehle, wie es der autoritäre Charakter des willigen Fabrikarbeiters früher auch tat. Sie spielen so, wie früher in den Fabriken geschuftet wurde: pflichtbewusst und fast ohne eine Ahnung, ohne eine Vorstellung von einer anderen Welt. Diese Intelligenz hat gar keine utopische Kraft, zwar taucht das Wort »Vision« in der Medienwelt an allen Ecken und Enden auf, aber das Zukunftsweisende, das Visionen eigen ist, steht ihnen nicht zur Verfügung.

## 4. Computer und Spiele – von Mythen und Göttern und großen Städten

Wer die kindliche Entwicklung verstanden hat – vgl. dazu Kapitel IV dieses Buches – weiß, woher die narzisstischen Sehnsüchte rühren, die Ernest Jones so beschrieben hat: »Auf diesem Planeten leben, ohne Körper und ohne Wunsch, das ist der narzisstische Traum.« Warum ohne Wunsch? Weil jeder Wunsch enttäuscht werden kann. Warum ohne Körper? Weil mit dem bewussten Körpergefühl sogleich das umfassende Allgefühl, die Omnipotenz und Grenzenlosigkeit des Selbstempfindens, verloren geht.

Die Hexen und die Feen, auch die Zauberer wie Harry Potter, haben solche fließenden, potenten Körper. Sie sind beinahe unverwundbar. Ein Zauberer, der beispielsweise durch die nächtliche Straßen von London rast, entgeht jeder Gefahr dadurch, dass er seine Körperlichkeit urplötzlich aufgibt: schmal wie ein Hemd drängt er sich zwischen zwei Lastwagen hindurch; über die rote Ampel, die ihm Halt gebietet, saust er einfach hinweg – unsichtbar. Kurzum, die Dingwelt weicht angesichts der magischen Unverletzlichkeit, die ein Wunschtraum jedes kleinen Jungen ist, sozusagen erschrocken zurück. Raum und Zeit interessieren nicht mehr!

Die Zauberer und Hexen können das, die digitalen Bilder auch. Was ich eben skizzierte, ist eine der schönsten Szenen im dritten *Harry Potter*-Film. Sie zeigt eine rasende Busfahrt durch das nächtliche London, heftig, rauschähnlich, Zeit- und Raumbegrenzungen wild auflösend – kein Zweifel, dies ist ein auf die Leinwand gebannter narzisstischer Kindertraum.

Digitale Symbole sind frei wie der Flug des Narziss, sie sind an keine Vorlage und kein Modell des Realen gebunden. Haltepunkte in der Realität werden nur gesucht, um auf spannungsreiche Weise deren Überwindung zu verdeutlichen. Das Reale ist wie eine müde Erinnerung, die im triumphalen Flug überwunden wird. Dies sind die Träume des Harry Potter ebenso wie die der kleinen Jungen, rund um die Welt. Wir werden später sehen, dass die Entbindung von allen Realitätsbezügen auch destruktive Formen annehmen kann.

Die Zeit abendländischer Lesekultur geht mit diesen Traumbildern ihrem Ende entgegen. Lange Zeit trösten sich Deutschlehrerinnen und andere bildungsbeflissene Erwachsene damit, dass die Kinder ja eben doch dicke Bücher wie *Harry Potter* verschlingen, von einem Ende des Lesens könne nicht die Rede sein. Aber sie übersahen in ihrem Bewahrungseifer, dass die Motive dieser Lesebegeisterung direkt aus digitalen Techno-Träumen herrührten und an sie gebunden blieben. Aus *Harry Potter*-Fans wurden keine fleißigen Leser von Fontane oder Pilcher. Einige wagten sich vielleicht noch auf das ebenso fantastische, aber schwierigere Terrain des *Herr der Ringe*, die meisten legten mit dem fünften *Potter*-Band ihre Lesebereitschaft resigniert wieder ab. Die alte Lesekultur, die Geduld, Versenkung und viel Konzentration auf innere Bilder erfordert, ist zu langsam und zu wenig konsumierbar.

Die Wissenschaft hat lange gebraucht, bis sie den mystischen und narzisstischen Charakter der neuen Medien erkannte und die damit verbundene Faszination zu verstehen lernte. Über lange Zeit versuchte sie, Computer als erweitertes Schreib- und Malwerkzeug zu verstehen, das im Prinzip mit nur höherer Funktionstüchtigkeit die alten symbolerzeugenden Medien fortsetzte.

Insofern ähnelte diese Diskussion derjenigen, die nach der Erfindung des Automobils aufkam. Auch damals sprach man davon, dass diese merkwürdig selbstbewegten Fahrzeuge nichts anderes seien als die alten vertrauten Kutschen, die eben nur nicht mehr von Pferden, sondern von merkwürdigen Kräften unter der Blechhaube bewegt würden. Die Reduzierung auf das Vertraute überspielte die Angst vor den Veränderungen, die mit der Entwicklung der neuen Bewegungsmaschinen einherging. »Die Kutsche ohne Pferde« sollte, so lange es nur möglich war, darüber hinwegtäuschen, dass mit der Ausbreitung der Automobile eine tief greifende Veränderung in der Struktur der zivilisierten Landschaft, der Architektur, vor allem eine Umwälzung der Städte rund um den ganzen Planeten einhergehen würde.

So war und ist es auch mit dem Computer. Nein, er ist keine erweiterte Textmaschine, kein bessere Bilder erzeugender Apparat, er ist etwas prinzipiell Neues. Unsere Kinder haben eine Intuition dafür.

Das Neue ist die Nähe zu den Tagträumen. Oft wirken die digitalen Bilder wie Assoziationen aus dem Unbewussten. In manchen Computerspielen werden Realitätsbezüge restlos aufgelöst, der Spieler taucht ein in eine magische Landschaft, wie sie nur mit den großen surrealen Zeichnungen eines Delacroix oder Dalí vergleichbar ist. Wie in der modernen Kunst, so wird auch in diesen Spielen, Szenarien, Bildern eine kollektive Erfahrung der hektischen zerrissenen Lebensweisen der modernen Großstädte reflektiert. Was Engels im 19. Jahrhundert auf den Straßen von London und Baudelaire oder Balzac im bürgerlichen Paris beobachteten, hat längst die Lebenswelt der allermeisten Menschen der Moderne erreicht. Vor ihrer Haustür treffen sie auf eine Verwebung von Ereignissen, Begegnungen, auf eine unübersichtliche Gleichzeitigkeit, die offenkundig ein eigenartiges Gefühl von Gleichförmigkeit von allem und jedem hervorruft und insgesamt einen desorientierenden Charakter hat. Zugleich kann diese tiefe Gleichgültigkeit gegenüber dem eigenen und fremden Erleben, wie die Langeweile, eine Dimension des Träumerischen annehmen, Baudelaire hat es skizziert. Ich komme darauf zurück.

Die sinnleere Vielfalt, die auf den Bewohner der großen Städte eindringt – die Flut von Informationen ohne Ordnung –, findet sich unmittelbar in Computerspielen und beim Surfen im Internet wieder. Das Überqueren einer stark befahrenen Verkehrskreuzung verlangt, wie ein Computerspiel, den Einsatz hochgespannter, differierender Sinneswahrnehmungen, verbunden mit komplexen Reaktionen. Der Verstand gerät in eine Art Turbulenz, bei der in eigenartiger Weise ein funktionsgerechtes Verhalten gewahrt bleiben muss – wir alle haben das gelernt. Aber die Jungen der modernen Kultur haben es prägender in ihr Verhalten aufgenommen und setzen diese intuitiven Fähigkeiten lustvoll im Computerspiel fort.

Ein wirkliches Zuhause gibt es in den Ballungszentren nicht, allenfalls Wohnungen, die Rückzugsorten ähneln, in denen die meisten Menschen allerdings wiederum keinen Moment der Stille ertragen. Mit Fernsehapparat und Computer holen sie die wirbelnde Außenwelt in symbolhaft gebändigter Form in ihre Wohnzimmer. In den meisten Familien wirkt Stille nur noch bedrückend, wie eine Gefährdung.

Die Verbindung von der Unübersichtlichkeit der großen Städte, ihrem Verlust eines ordnenden Zentrums und insgesamt das Gefühl mangelnder Sinnhaftigkeit reizte schon immer die ästhetischen Sinne und versetzte sie in magisch-träumerische Empfindungen. Schon Sigmund Freud beschrieb sie 1934 bei seinem ersten Aufenthalt in Rom. Er fühlte sich in die magische Welt des Tagtraumes versetzt, was ihn zunächst faszinierte, dann aber, wie er in einem Brief an seine Lieblingstochter Anna notierte, in Panik versetzte. Erschrocken zog der alte Mann sich von dem Treiben auf den Straßen in sein Hotelzimmer zurück, um seine Sinne zu ordnen. Solche Rückzugsräume, wie gesagt, haben wir nicht mehr, weder in unseren Wohnungen noch in unserer Seele.

Die Computer knüpfen an diese Alltagswirklichkeiten an und intensivieren sie durch ihre artifizielle Technologie. Sie synthetisieren, bündeln den Charakter des modernen Erlebens. Zugleich befördern sie mit der Vereinzelung der Individuen vor den Monitoren die Flüchtigkeit und Oberflächlichkeit menschlicher Begegnungen.

Baudelaire hat diesen Charakter der Moderne frühzeitig gefühlt und in einer verdichteten Sprache reflektiert. Im Text *A une Passante* beschreibt er eine vorbeihuschende, vorbeigleitende Frau, die den Dichter, den Stadtbewohner, fast unbemerkt streift. Eben das Ahnungsvolle, weil Schwindende, lässt dessen Sinne aufmerken. Die »Passantin, die Passierende« gewinnt erst an Bedeutung, als sie dem Blick des Flaneurs schon beinahe entschwunden ist. Erst das sehnsuchtsvolle Schauen hinter der Entschwindenden her, das *uneinholbare* Schauen, bewirkt in ihm eine Eindringlichkeit, die die Begegnung von Mensch zu Mensch kaum noch zu entfachen vermag.

Das schnelle Gleiten der Bilder in den digitalen Medien scheint eine ähnliche Kraft zu besitzen. Immer skurriler, faszinierender und entlegener erscheinen die Bilderfindungen der modernen Spielekonstrukteure. Die Bilder tauchen wie aus dem Nichts auf und verschwinden wieder, sie streifen uns, sie wollen nicht fixiert, nicht verstanden werden. Gleichwohl fordern sie zur Interaktion ein. *Interaktion mit dem Sinnleer-Überwältigenden.*

So vermischt sich der Spieler auf eigenwillige Weise mit einem symbolischen Szenario, in dem zum einen auf assoziativ-unbewusste Weise narzisstische Gefühle (träumerische Omnipotenzen) wachgerufen werden, zum anderen aber auch entlang der Anforderungen auf funktionsgeregelte Weise, also kognitiv und hoch bewusst, agiert werden muss (wobei dieses schnelle Funktionieren wiederum narzisstische Gefühle wachruft). In den erfolgreichsten Spielen sind beide Motivebenen, das Magisch-Traumhafte und das Omnipotent-Handelnde, ineinander verwoben.

Die erfolgreichsten »kultigen« Computer-Heroen agieren körperlos. Der auf dem Monitor in Erscheinung tretende Körper ist nur *eine* mögliche Präsenz von reiner Energie – zum ersten Mal vorgeführt im *Terminator 2*. Der Körper ist unendlich veränderlich, seine Gestalt ist eine willkürliche. Zu jedem Anlass, jeder Aktion kann er verändert werden. Der Körper ist nur eine Emanation der Willensenergien. So sieht er auch aus: nichts Verletzliches ist an ihm, vielmehr ist er »eine Art Monstranz der Gefahrenabwehr«, Schutz gegen Feinde – und feindlich ist alles und jedes. Er zeigt kein Gesicht, ein Helm oder eine Maske ist darüber gesenkt. Die Computer-Heroen haben keine »Lebensgeschichte«, oft keine oder eine nur wenig artikulierte Sprache, sie sind ohne Erinnerung, also ohne Vergangenheit, also ohne Bindung.

Es fällt nicht schwer, diese Aufzählung von Motiven mit jenen Eigenarten in Beziehung zu setzen, die die schwierigen Jungen charakterisieren. Ein hohes Desinteresse an allem, was über dem Augenblick hinausreicht, kaum Erinnerung, kaum Bindung, eine unartikulierte, wenig sorgfältige Sprache und die Fantasie, überall von Feinden umringt zu sein mitsamt dem Gefühl der Omnipotenz, sie alle wegzuwischen, auszulöschen. Die nervösen, hyperaktiven Jungen, die sich realen Ordnungen nicht fügen und realen Anforderungen nicht folgen können, bewegen sich in den digitalen Symbol- und Möglichkeitsräumen sicher und geduldig und mit hoher Ausdauer, als seien sie seelisch endlich zu Hause.

In der fachlichen Diskussion über Computergebrauch und -spiele werden bislang nur die augenfälligsten Merkmale diskutiert. Wolfgang Fritz stellt, wie andere empirische Forscher, die Macht und die Kontrolle in den Mittelpunkt, die der Spieler während des Spieles über das Geschehen ausübt. Dies ist nicht falsch, gilt aber ganz allgemein für das gesamte kindliche Leben. Kleine Jungen sind immer und überall bemüht, Macht und Kontrolle auszuüben, in der Schule ebenso wie auf dem Schulweg, in der Familie und bei den Geschwistern ebenso wie im Fußballklub. Insofern reichen diese Erklärungen nicht aus, sie sind nicht spezifisch genug.

Die Macht, die der Spieler in den Computerszenarien erfährt, ist eben von ganz besonderer Art. Die digitale Technologie prägt diese Besonderheit. Auf dem Monitor erscheinen Lichtpunkte, die in Rechenvorgängen von enormer Geschwindigkeit zusammengefügt (computerisiert) werden. So entsteht ein *kontingenter Symbolraum*, der eine ganz eigene Abgeschlossenheit, eine eigene Folgerichtigkeit und Plausibilität hat – nicht anders, wie es bei den großen Werken der Literatur auch der Fall ist. Das stumme intensive Spielen am Computer ist insoweit der Versenkung in ein spannendes Buch ähnlich. Aber die Abenteuer, die ich beim Lesen eines Buches Zeile um Zeile verfolge, muss ich ja erst als Vorstellung in meinem Kopf erzeugen. Es sind *meine* Fantasien, sie gehen mit Ich-Bezügen intensivster Art einher. Die Fantasiebilder des kleinen Lesers aktualisieren seine Vorstellungskraft entlang lebensgeschichtlicher Motive. Insofern ist das Lesen eines Buches ein hochgradig individualisierter Vorgang, das Computerspiel ist genau das Gegenteil davon.

Die Konstruktionen der Bildszenarien mit den zu bewältigenden Aufgaben haben einen depersonalisierenden Charakter. Ich verknüpfe als Spieler die Handlungen und Funktionen nicht mit meiner persönlichen Lebensgeschichte, sondern versuche mich weitgehend von ihr zu lösen. Die Eindrucksmächtigkeit der Bilder, der in vielen Spielen dominierende Überraschungseffekt, der im Übrigen auch im modernen Kino vehement genutzt wird, wirkt dissoziativ, d. h. das Kognitive verbindet sich mit der befremdlichen Kälte der Bildtechnologie, doch es entbindet mich von allen Gefühlsassoziationen und damit letztlich von lebensgeschichtlichen Bezügen.

Der Reiz des Spieles liegt gerade in diesem Vorstoß ins Unbekannte, Ent-Personalisierte oder, narzisstisch gesprochen: ins Kalte, Weite, in die Leere, die immer Bindungsleere ist. Dies alles fordern und assoziieren diese Spiele.

Bei der Gattung der *Ego-Shootern* lauern verrückte und monströse Gefahren hinter jeder Ecke, dem Spieler bleibt gar nicht die Zeit, sich reflexiv in das Spiel einzubringen. Jedes Zögern, jedes Nachdenken würde ihn sofort zum »Abschuss« freigeben. Bei den Strategie- oder Aufbauspielen ist die Sache ein wenig komplexer. Hier gilt es Aufgaben zu bewältigen, die einen hohen Ordnungs- und Funktionscharakter haben – insofern gibt es eine gewisse Anbindung an die Lebensrealität. Aber der rein virtuelle, rein symbolhafte Charakter dominiert auch hier: die Lichttechnik bewirkt eine Leichtigkeit des Handelns, eine Schwerelosigkeit bei den Bewegungen des Spielers durch Zeit und Raum und kausale Objektbezüge, die zu den Realerfahrungen in einem lustvollen Gegensatz stehen.

Jedes Kind hat ja die ersten realen Begegnungen mit der materiellen Welt als schmerzlich erlebt, widerständig ist die Welt, man stolpert und fällt und weint, man schlägt mit dem Kopf gegen einen Stuhl oder gegen einen Türrahmen, kurzum, die Dinge dieser Welt unterscheiden sich auf schmerzliche Weise von dem symbiotisch-passiven Wohlgefühl, das das Kleinkind in der Umhüllung durch das Mütterliche erfahren hat.

Diese Widerständigkeit der materiellen Wirklichkeit wird in den virtuellen Symbolwelten aufgehoben. Leicht und frei gleitet das Kognitive durch die Bedeutungsstrukturen der Bildwelten. Über weite Strecken scheinen die kleinen Spieler zwischen fantastisch-frühkindlichen Empfindungen und einer hoch entwickelten Funktionsintelligenz hin und her zu changieren, insofern wird die Lust an narzisstischen Gefühlen verbunden mit der Freude an einem uneingeschränkten intelligenten Handeln; das eine potenziert das andere – eben dies macht die Suggestivkraft dieser Spiele aus.

In vielen Aufbau- und Simulationsspielen sind einerseits funktionale Aufgaben zu bewältigen, gleichzeitig bewegt man sich in einer mystisch-magischen Bildwelt. Der Spieler beherrscht beides, vernünftig baut er Städte oder Gemeinwesen auf, zugleich lauern urzeitliche Wesen und müssen vernichtet werden. In anderen Spielen wiederum können vom Spieler, dem »Schöpfer«, selber errichtete Szenarien mit einem einzigen Klick ausgelöscht und in katastrophische, destruktive Sequenzen verwandelt werden. Ich erschaffe, ich vernichte – zwischen beiden liegt eine kaum spürbare Unterscheidung. Dies ist nichts anderes als die Vervollkommnung eines omnipotenten Traumes.

In nahezu allen populären Spielen werden Zeit- und Raumordnungen gezielt aufgelöst, schon die ersten großen Spielerfolge wie *Super Mario* arbeiteten damit. Der Spieler verliert durch die Raumauflösung seine perspektivische Distanz zum Spielgeschehen, der Wirbel der Bilder ohne Ordnung hat rauschhaften Züge. In einer früheren Untersuchung über Computerspiele schrieb ich: »Alte Wünsche, längst zugeschüttet und unter Enttäuschung vergraben und verschoben, gewinnen neue Kraft, ihre Energien flammen wieder auf und verknüpfen sich mit dem spielenden Ich, so lange es sich in virtuellen Erlebnisräumen aufhält. Im Umgang mit diesen aus dem Geist der Mathematik geborenen Lichtobjekten enthüllt sich eine Sehnsucht, die uralt ist.«

## 5. Was bedeutet das Lesen im Buch und was das Spiel am Monitor?

Was ist anders an diesen Helden und diesen Spielen und diesen Jungenträumen, als es das Miterleben der Buch-Abenteuer des Tom Sawyer und des Huckleberry Finn gewesen ist? Welches andere Bild von Männlichkeit und Heroismus wird hier entworfen und von den Jungen spielerisch verinnerlicht? Wo ist der Unterschied zu den alten Männerbildern und -vorbildern? Schon die Herangehensweise ist anders: die Bewegung der Augen, die Organisation der Sinne, der Fokus der Aufmerksamkeiten – dies alles verläuft beim PC-Spielen anders als beim Lesen. Und das hat weitreichende Folgen.

Der kleine Junge, der sich mit Tom Sawyer unter Tante Pollys Tisch versteckt oder der sich im Labyrinth verirrt und Indianer-Joe ausgeliefert ist, der mit Huck den Missouri heraufdampft und die Welt herausfordern will, bewegt seine Augen langsam und sorgfältig von Zeile zu Zeile, von Wort zu Wort, von Buchstabe zu Buchstabe. Er erschafft aus der Enge der Schrift einen eigenen Kosmos, den seiner Fantasie. Umso mehr er eingebunden ist in die strenge Logik der Schriftsymbole, die sich ordentlich und in Reih und Glied vor seinen Augen auftun, umso heftiger gewinnt sein Innerstes eine neue Freiheit – gewissermaßen durch das Medium hindurch und zugleich in äußerster Spannung zu ihm und seiner verdichteten Form.

So ist das, oder sollte ich sagen: So war das? Denn diese Kinder-Lese-Kultur scheint langsam, aber sicher zu verschwinden. Wie betäubt waren wir, die kleinen Jungen in den 50er- und 60er-Jahren, wahrscheinlich die letzte Generation einer dominierenden Buchkultur, wenn wir von unseren Leseabenteuern aufstanden; wir lösten uns nur mühsam aus dem engen Raum der Buchseiten, die die enormen Weiten unserer Fantasien und Wünsche beherbergten.

Doch so maßlos die Wünsche auch waren und so hoch hinaus unsere Träume flogen, alles ereignete sich auf den Buchseiten und in unserem Inneren nach der strikten Folgerichtigkeit, einer alphabetischen Ordnung. Noch die verwegenste Fantasie hatte im Kontext der Handlung ihren sinnvollen Ort, sonst hätte sie die Stimmigkeit des Lesens und damit auch die der Fantasien zerstört. Wildtöter legte mit der Büchse an – und die Komantschen, die auf sein Floß zuschwammen, todeswütig und das Messer im Mund, wurden durch den Lauf der Büchse erst fixiert und dann abgeschossen. Wildtöter, das wusste jeder kleine Leser, zielte genau und traf immer und rettete dadurch sich selber und des französischen Oberst reizende Töchter *(Der letzte Mohikaner)*.

Fixieren und schießen – das ist ein Vorgang, der im Medium Buch, in der folgerichtigen Schrift, unmittelbar nachempfunden werden kann. Wie die Augen von Zeile zu Zeile glitten und nicht ein einziges Mal ausbrachen (was augenblicklich die Rückkehr der banalen Wirklichkeit zur Folge gehabt hätte), so glitten Wildtöters Augen den Schaft der Büchse entlang. So wie er stumm und geduldig auf den Feind wartete, um im exakt berechneten Moment die Büchse abzufeuern, das kostbare Schwarzpulver sparsam einsetzte, und so hockten wir über den Seiten, sorgsam und geduldig.

Wer Seiten übersprang, Kapitel ausließ, also die lineare Ordnung verließ, betrog sich um den Genuss der Leseträumereien. Denn die Erzählung braucht die innere Konsequenz, die in der Linearität der Schrift ihre Voraussetzung hat.

Im Rahmen solcher Erzählordnung handelte auch der Held planvoll. War immer charakterlich zuverlässig, zweifelnd vielleicht, schwach vielleicht, aber konsequent in die eine oder andere Richtung ausschreitend. Alles hatte seine innere Notwendigkeit: die Schrift, die Figuren, die Konstruktion der Geschichte, die Fantasien, die sich um sie rankten.

Eine Art immanente Bedeutungshierarchie war die Voraussetzung dafür, dass eine Geschichte plausibel erschien. Stand der »Charakter« eines Helden in krassem, also nicht bedeutungsvoll aufgelösten Widerspruch zu seinen Handlungen, dann erschien uns Lesern das Ganze unglaubwürdig. Unsere Fantasien hatten keinen Halt mehr, und wir verloren den Spaß an der Geschichte.

Im Computerspiel gibt es diese Ordnungen nicht. Das macht es uns so schwierig, angemessen mit ihnen umzugehen. In jeder noch so kleinen Kolumne jedes besseren Magazins finden wir den an Eltern gerichteten Rat, sie mögen mit ihren computerspielenden Kids über das Gespielte »diskutieren«. Leicht gesagt, kaum zu machen. Jedenfalls nicht bei den Kultspielen, nicht in den Spielen, die das Medium voll ausschöpfen. Über Bücher und Erzählungen kann man gut reden und diskutieren. Unsere Schrift ist eine phonetische, die Kunst des Erzählens schwingt in ihr mit und prägt ihre Logik. Die konsequente Abfolge der Schriftzeichen ist so etwas wie die äußere Form dieser Erzähl-Tradition. In derselben Form verständigen wir uns vernünftig, diskutieren »sinnvoll«.

Das Computerspiel hingegen enthält eine ganz andere Ordnung, die der Elektronik. Diese Ordnung ist nicht folgerichtig, sondern gleichzeitig. Im elektronischen Raum sind alle Motive von Anfang an da, sie werden nicht erst entwickelt. Sie haben keinen Verlauf, nur ihre Präsenz. Und die auftauchenden Figuren sind wie die simulierten Stars, von Madonna bis Lara Croft, nur oberflächliche Erscheinungen, einen Moment lang sind sie das und noch einen und noch einen. Aber sie verkörpern keine Dauer, sie verkörpern nichts. Sie stehen für nichts ein. Sie schwinden ja auch so rasch wie Geister.

Vielleicht wird man später einmal bei entwickelterer Ästhetik mit den Computeranimationen geistige Welten, Gedankenräume auf eine besondere Weise präsentieren, vielleicht erwächst hier ein besonderes Medium der Ideenwelten, das ist durchaus denkbar. Aber niemals werden im digitalen Spiel *Schicksale* erzählt werden. Die gehören in die Ordnung der Bücher und Schriftsätze, sie haben einen Anfang und ein Ende. Die Spiele nicht.

## IV. Psychologische Skizzen zur Verfassung der nervösen modernen Jungen

### 1. Die ichlose Art der Selbstbezogenheit

*Die Welt ist mehr als Objekte, sie ist eine Vision*
»Der Mensch sucht in adäquater Weise ein vereinfachtes und übersichtliches Bild der Welt zu gestalten und *so* die Welt des Lebens zu überwinden, indem er sie bis zu einem gewissen Grad ... zu ersetzen strebt.« So beschreibt Einstein das Entstehen des Weltbildes. Er fährt fort:»In dieses Bild und seine Gestaltung verlegt er (der Mensch) den Schwerpunkt seines Gefühlslebens, um so Ruhe und Festigkeit zu suchen, die er im allzu engen Kreis des wirbelnden und persönlichen Lebens nicht finden kann.« Eben solche Festigkeit im wirbelnden Erleben sucht bereits, nach Eriksons Auskunft, das 12 Monate alte oder eineinhalb Jahre alte Kind.

Ein Kind bewegt sich vom symbiotischen Verwobensein mit »Mama« hin zu einem »Ich«, das sich in Bezug zu den Objekten der Welt konstituiert. Innere und äußere Bilder, Imagination und Beherrschung des Realen spielen dabei ineinander. Zugleich setzt die Kohärenz dieser inneren Vorgänge eine gewisse Distanz zur Umgebung bereits in dieser Entwicklungsstufe voraus. Erikson schreibt über diese frühe Entwicklung: »Wenn es auch nicht unbedingt selbstverständlich ist, kommt *in der Betonung der Perspektive* bereits eine bestimmte Weltsicht zum Ausdruck.«

Weltsicht, was heißt das? Das Kind empfindet sich jetzt schon als ein Gegenüber zu seiner Umwelt, es entfaltet eine Art perspektivische Distanz, über die erst ein »Selbst«-Empfinden möglich sein kann. Und mehr: es erschafft im Zug dieser Selbst-Konstitution ein »Bild«, wie Einstein sagt, in dem es eine Übereinstimmung zwischen seiner inneren und der äußeren Welt anstrebt.

Es spiegelt sich selber und seine frühkindliche Besonderheit, seine Allmacht, sein Wohlgefühl usw. im Licht dieses Bildes, es errichtet, anders gesagt, im Reifen seiner Wahrnehmung nicht nur eine reale, sondern zugleich eine fantastisch-ästhetische Ordnung. Der Erwerb der Wahrnehmungsordnung ist von Anfang an so geartet, dass er die Banalitäten des Alltags überlagert. Ein Kind will die Welt nicht nur begreifen, es will sie mit dem Glanz seines Daseins überstrahlen. (Zu frühe Förderungen im Übrigen, die allein oder vorwiegend den Funktionscharakter der Dinge betonen, können dieses Fantastische in der Ordnungssuche des Kindes beschädigen).

### *Glanz und numinose Abenteuer – das Erleben der Welt beginnt*
Auf dem Arm des Vaters oder der Mutter streckt das Einjährige seine Ärmchen weit aus und deutet mit dem Zeigefinger in eine Welt, die es weder mit seinen sinnlichen noch mit seinen kognitiven Kompetenzen erfassen kann. »Da … da …«, krakeelt es und zappelt auf Papas Arm herum.

Es will in diese Welt, sie ist voller Verheißungen. Sinne und Trachten des Kindes sind zwar einerseits auf die wirklichen Dinge seiner Umwelt gerichtet, andererseits fungieren diese, da sie seiner Erfahrung noch gar nicht zugänglich sein können, wie imaginäre Zeichen seines erwartungsfrohen Strebens.

Die lebensgeschichtlichen Anfänge eines visionären, also über die Alltagsbedeutung hinausschauenden Drängens finden sich bereits in der frühesten Kindheit. Intensive, wenngleich unartikulierte Vorstellungsbilder schieben sich vor die Realitätsaneignung, sie spiegeln die gesamte innerpsychische Verfassung des Kindes.

Dann löst es sich aus Papas und Mamas Nähe, es stellt sich der Welt und unternimmt eine wahrhaft abenteuerliche Reise, die der des Gulliver ins Land der Riesen und Zwerge ähnelt. Die Welt der Dinge ist fremd und neu, sie muss erkannt und bezwungen werden. Also versucht das Kind, sich mittels seiner – zunehmenden – Geschicklichkeit in der Welt zu behaupten; zugleich entfaltet es mit Bauklötzen und Puppen kleine Fantasiewelten. Zwischen diesen Polen des Realen, das be-griffen werden soll, und des Fantastischen, das seelischen Ausgleich schafft und für die Sinne und den Verstand ein ungeheures Experimentierfeld darstellt – gleichsam in seelischen Zwischensphären also, in Vermittlungsräumen zwischen Realität und Fantasma – reift die Psyche.

Das Kind sucht sich als zentraler Bezugspunkt der Objektwelt zu konstituieren, es will, wie in der Mutter-Kind-Dyade, ganz im Mittelpunkt sein, gleichzeitig greift es sehnsuchtsvoll über die Objektwelt hinaus. Mal erscheint das Reale »einfach nur da« zu sein, man muss geschickt mit ihm umgehen. Dann wieder ist es fantastisch-faszinierend und lockend, dann nur noch bedrohlich.

»Hoch aufgerichtet im Schrank tritt ihm das Schicksal entgegen«, schreibt Rilke über einen erschrockenen kleinen Jungen. In solchen Imaginationen sind uralte kollektive Ängste (»in den Abgründen lag das Entsetzliche, noch satt von den Vätern«, heißt es in Rilkes Elegien) *und* erwartungsvolles individuelles Gespanntsein ineinander verflochten. Beides changiert ineinander. Die kindliche Psyche lässt sich nicht in Realerfahrung und Fantasietätigkeit aufteilen, sie ist immer beides in einem.

Es gibt in dieser frühen Phase überhaupt nichts Eindeutiges. Ein Kind erkundet (und er-»findet«) sich selbst, indem es probehalber Haltungen, Tätigkeiten und Gefühle einnimmt. Wie es anfangs bei der Mutter seine Gefühle zeigt, um dann gespannt auf Mamas Reaktion zu warten und schließlich wiederum als Antwort auf Mamas Lächeln oder ihre Stimme zu einem nunmehr dauerhaften Gefühl zu finden, so richten sich später seine Selbstentwürfe wie kleine seelische Experimente auf das verwirrende Ineinander von Imagination und Realität. Hoffnungsfreude und kräftiges Selbstgefühl und das Überwältigtwerden von Ängsten vermengen sich und hinterlassen Markierungen in der kindlichen Seele.

### *Vom ersten Angeschautwerden zur Hoffnung*
Bereits der Blick des Kleinkindes auf das Gesicht seiner Mutter ist von Erwartungshoffnungen durchzogen. Im Buch *Das Drama des modernen Kindes* schrieb ich: »Von der Mutter, ihrem Lächeln, kommt das erste – und danach unendlich viele weitere – kommunikative Zeichen, es entstammt bereits der Außenwelt, ist aber doch unendlich vertraut. Mamas Lächeln ist gleichbedeutend mit dem Versprechen des Lebens.« Gewiss, keine Mutter hat zu jeder Minute und Sekunde ein freudiges und dem Kind zugewendetes Gesicht, aber das ist auch gar nicht nötig.

Die *gesammelten Befriedigungen* eines Kindes fokussieren sich zu einer Erwartung, während es froh seine Augen auf Mama richtet. Die Regung von Unmut, die es vielleicht im Gesicht der Mutter entdeckt, wird durch seine Erwartungsgewissheit überspielt. Das Reale wird *momenthaft geleugnet* und an seine Stelle tritt die Sicherheit, dass sich Mamas Gesicht wieder liebevoll glätten werde.

Sind die selbstgewissen Erfahrungen verlässlich und regelhaft genug in der kindlichen Psyche verankert, dann wird diese Zwischenzeit mühelos überwunden. Nein, ich muss es anders sagen: eigentlich wird sie – diese nun besonders innig empfundene Zeit – durch diese Spannung hindurch erst zur *gewussten* Zeitstruktur, und als solche in die kognitive Entwicklung eingefügt.

Das heißt mit anderen Worten, dass es die Ausprägung eines Zeitempfindens nur dann ausreichend geben kann, wenn ein Kind genügend Erwartungsgewissheit in sich versammelt hat. Dass Zukunft sei, setzt Hoffnung voraus. Das Prinzip Hoffnung erwirbt ein kleiner Mensch aus nichts anderem als den frühkindlichen Erfahrungen eines gütigen Gesichtes, das sich ihm wieder und wieder verlässlich zugewendet hat – *jetzt* vielleicht nicht, nicht in diesem Augen-Blick, aber doch in einer noch gefühlten Spanne von Zeit: *gleich!*

Gleich schaut Mama mich an, gleich lächelt sie wieder, gleich empfängt das Kind wieder, wie Kohut formulierte, den »Glanz im Gesicht der Mutter«. So werden die ersten Konturen eines verinnerlichten Zeitgefühls gebildet.

Die »Zwischenzeit« wird mithilfe innerer Bildern überwunden; in den schon leicht verängstigten, aber von Hoffnung durchströmten Fantasien wirkt Mamas Gesicht, ihre Augen, ihr Haut, ihr Geruch, ihre Stimme nach. *Wird die Spanne unerträglich,* dann ändern sich die inneren Bilder, die Augen werden böse, die Stimme rückt ins Ferne, der besänftigende Körpergeruch geht verloren, *dann bricht die rudimentäre Zeitstruktur zusammen.*

Ich verweise darauf, dass die nervösen, impulsiven Jungen in der Regel ein unentwickeltes Zeitgefühl haben. Damit ist nicht gemeint, dass sie hin und wieder »zu spät« kommen, sondern dass sie sich »Zeiträume« buchstäblich nicht vorstellen können. Sie können Künftiges nicht in der Zeitfolge empfinden, die gesamte nahe und ferne Zukunft liegt vor ihnen wie eine große Ungewissheit.

An die Stelle der Realstrukturen aus Zeit und Raum setzen sie dann oft omnipotente Fantasma. Die wiederum werden besonders intensiv von den digitalen Bildern, Computerspielen etc. genährt, die ebenfalls keine Zeit kennen. Das Motiv der Zeitlosigkeit in den digitalen Medientechnologien spielt mühelos in den aus früher Bindungsarmut starr gewordenen Narzissmus der Kinder hinein.

### *Ich fühle mich nicht – dich nicht – gar nichts!*

Einen vergleichbaren »Lernvorgang« erkennen wir beim Hautgefühl. Die Haut wird mit der zunehmenden Körper-Bewusstheit als Scheidelinie zwischen Subjekt und Objekt empfunden. Entlang den Hautgefühlen erwächst eine frühe Unterscheidung von Innen und Außen. Das beginnende Körpergefühl entwickelt sich zunehmend auch durch die Unterscheidung des seelischen Innenraums von der umgebenden Objektwelt.

Die Grundlage – gleichsam die »Gewissheiten« – jener körperlichen Selbst-Erfahrungen stiftet die Mutter durch die zärtliche Berührung, das Streicheln, das Wärmen und Bergen des kindlichen Körpers mit ihrem eigenen. Wenn diese Bestätigung und Sicherung allzu häufig ausbleibt, bricht bei jeder kleinsten Irritation das »Hautgefühl als schützende Ich-Grenze« zusammen, sie wird durchlässig.

Dann stürzt das »Objektive« ungehemmt in den Innenraum. Was ich eben vom Zeitgefühl skizzierte, gilt hier wieder. Das entlang der Empfindsamkeit der Haut sich ab- und begrenzende Selbst verliert seine Konturen, damit seine Gewissheiten, seine innere und äußere Ordnung. Wo also das »Wahrnehmungsorgan« Haut nicht oft und innig genug berührt und bestätigt wurde, da hat der Körper bei geringsten Irritationen keinen Halt mehr an sich und in sich. Das innere Bild eines »heilen Körpers« bricht zusammen. Die Sinnesempfindungen der Haut werden reizbar und überempfindlich, als müssten sie sich permanent gegen eine diffus-feindliche Umwelt schützen. Zugleich sind die »inneren Körper-Bilder« von Fantasien bedroht, die angesichts solcher Ungewissheiten einen immer feindlicheren Charakter annehmen.

Werfen wir also noch einmal einen Blick auf unsere kleinen, nervösen Zappelphilippe. Sie haben alle ein unsicheres Körpergefühl. Empfindungslos rammen sie gegen Tische und Bänke, als fühlten sie gar keinen Schmerz. Ebenso setzen sie sich ungerührt den heftigsten Regengüssen aus und vergessen ihre Jacke überzuziehen, während sie in einem überhitzten Raum gern in ihre Anoraks gehüllt bleiben und keinerlei Überhitzung spüren. Das Hautgefühl ist unsicher, damit auch die Scheidelinie zwischen innen und außen.

Zu dieser körperlichen Verfassung gehört in gleicher Weise die Tatsache, dass diese Kinder sich fast immer distanzlos gegenüber anderen verhalten. Sie finden das Maß von Nähe und Distanz nicht, rücken anderen Jungen, die sie bewundern, vorbehaltlos »auf den Pelz« und verstehen nicht, warum sie zurückgestoßen werden. Für den intimen Raum, der zwischen Menschen intuitiv eingehalten wird, haben sie kein Gefühl. Sie bemerken ihn nicht und verletzen die Intimität anderer und ihre eigene fortwährend. Entsprechend häufig werden sie zurückgestoßen, abgewiesen, und sie wissen nicht, warum das so ist.

### Hast du mich gerufen?
Die mütterliche Stimme ruft das Selbst des Kindes wach, das sich daraufhin »berufen« fühlt. Ist ihre Stimme weich und liebevoll, dann erstrahlt das kleine Selbst im Glanz der stimmhaften Geborgenheit, zugleich wird das innere Selbst-Ideal gekräftigt und genährt (»Ich werde mit liebender Stimme gerufen, ich bin ein tolles einzigartiges Kind«).

Laut und Klang des Namens, in die Färbungen der mütterlichen Stimme eingewoben, sind Identitätsbezeugungen, die ein Leben lang nachhallen. Borderline-Patienten berichten von den Stimmen, die sie bedrängen, oft sind es vertraute Stimmen, oft die der Mütter. Aber sie haben keinen »rufenden«, sondern einen gleichgültigen oder einen anmaßend-fordernden Klang. Sie rufen das Selbst, aber sie meinen es nicht!

Bindungsarmut beschädigt auch die auditive Wahrnehmung und Ordnung. Diese Kinder »hören nicht zu«. Ja, hören können sie durchaus, aber verstehen nicht. Es gibt nichts, worauf sich die Sinne beim Hören intensiv genug richten. So wird das Hören ziellos. Sie hören alles, und deshalb nichts.

Während wir unseren Namen – oder irgendetwas anderes, das uns ganz unmittelbar betrifft – aus jedem Stimmengewirr heraushören, ist es bei solchen Kinder genau umgekehrt: Sie hören jeden einzelnen Laut im Raum, aber von dem, was sie betrifft oder betreffen sollte, nehmen sie keine Notiz. Die Ordnung, also das »Filtern« des Gehörten ist nicht verankert. Zum einen stürzt alles und jedes, jeder Ton, jedes Signal ungemindert in sie hinein, zum anderen passiert dies alles wie aus weiter, weicher Ferne.

Wir müssen uns diese Vorgänge, die ich hier grob skizziere, selbstverständlich im Zusammenhang vorstellen. Da ist das verarmte (»erwartungsleere«) Zeitgefühl, die Durchlässigkeit in der Unterscheidung von Innen und Außen, und in dieses verdichtete und diffuse Selbstgefühl hinein tönt die gleichgültige Stimme der Mutter, später alle Stimmen

»Ich habe dich bei deinem Namen gerufen...«, sagt der alttestamentarische Gott, aber, wie uns die jüdische Mystik verrät, ist er ein

»deus absconditus«, ein »abwesender Gott«. Dieses universelle Schicksal des Menschen – vom Talmud bis zu Luthers Bibelübersetzung beschrieben – ist an den nervösen Jungen der Moderne wieder beispielhaft zu beobachten.

Der Name hat magische Kraft. Auf nichts achtet das Ohr so genau wie auf diesen Klang. Dazu noch ein Beispiel: In einem überfüllten Raum filtern wir unsere auditiven Wahrnehmungen geregelter als die visuellen, wir hören buchstäblich nur, was uns das direkte Gegenüber sagt, schon das Stimmengewirr am Nebentisch erreicht uns nicht. Sollte aber dort, am Tisch nebenan oder sonstwo im Raum, unser Name fallen, zerreißt dieser Wahrnehmungsfilter, wir horchen auf. Wir sind gemeint!

Die schwierigen Jungen kennen diesen abgrenzenden Filter nicht. Sie hören alles und jedes mit derselben Intensität. Sie erfassen, nein, sie fühlen die Bedeutung des jeweils Gehörten nicht oder nicht ausreichend, und so verschmilzt und versinkt es in einem allgemeinen Getöse, das in ihrem Kopf herrscht. Alles ist ungeordnet und laut. Deshalb müssen sie selber so laut sein. Oft schreien sie los, nur um sich selber zu hören.

Mein Name ist mein Schutz, mein Name sagt, ich bin ausgewählt und unterscheide mich von anderen Menschen und Dingen, die einen *anderen* Namen haben. Wo die Gewissheit, »gemeint« zu sein, fehlt, dort fehlen der Sprache und dem sprachlichen Verstehen elementare Voraussetzungen.

Zurück zur mütterlichen Stimme. Ist sie einmal unwirsch oder ungeduldig, hektisch oder getrieben, hat das Selbst eine Möglichkeit, sich einfach zur Wehr zu setzen. Nicht das bedürftige, abhängige »Ich« hört in solchen Situationen Mamas Stimme, sondern das innere Ideal-Ich, das von stabilen, ja unerschütterlichen Fantasiebildern durchdrungen ist.

Schon der kleine Junge reagiert mit diesem »Trick« der seelischen Abwehr. Er hört Mamas Stimme, aber er folgt ihr nicht. Sein inneres Bild sperrt sich, ungerührt bleibt er bei seinem Spielzeug hocken, es ist, sagen die Mütter, als würde er mich zeitweise gar nicht richtig hören. Oh doch, er hat alles gehört, jedes Drängen und jedes Ermahnen oder Schimpfen, aber es betrifft ihn ja nicht!

Sein Ideal-Selbst, das liebevoll und mächtig im Mittelpunkt der Welt herrscht und spielt und fantasiert, kann die bedrängende Stimme und mit ihr die Not, die sie im »Ich« anrichten würde, wegdrängen.

Der Kleine verteidigt sein schwaches, unsicheres Ich mithilfe seiner Selbstidealisierungen. Daraus folgt ein seltsamer Entwicklungsvorgang: mit jeder Kritik, jedem »Meckern«, ja, sogar mit jeder Anforderung, die an das Kind gerichtet wird und die es zu überfordern droht, wird nunmehr das »Ich-Ideal« energisch aufgerufen und gekräftigt, während das bewusste Ich schwächer wird. Das mütterliche »Meckern und Mäkeln« oder die väterliche Kritik vermehrt die Macht des Idealisierungsstrebens, die Realitätseinsicht tritt dagegen zurück.

Bei vielen so genannten ADS-Kindern zerbricht in krisenhaften Situationen buchstäblich die ichgelenkte Realitätseinsicht und macht Idealfunktionen Platz. Je intensiver die inneren Spannungen der frühen Kindheit, desto mächtiger und egozentrischer wird das Ideal, nicht selten duckt sich das zu oft zurückgewiesene, zu oft allein gelassene Ich unter ihm. Dann will ein Kind von der Objektwelt *wie sie ist* immer weniger wissen. An ihrer statt wirkt die Selbstidealisierung (»Ich bin der Größte«) und sucht, wo immer es möglich wird, die Verknüpfung mit inneren Allmachts-Bildern. Ich kenne aus meiner Praxis nicht einen einzigen so genannten hyperaktiven Jungen, der nicht ein hybrides, übersteigertes Selbst-Ideal vor sich her trägt. Schon ihre ersten Worte bei der Begrüßung laufen oft auf eine Aufzählung all der realen und irrealen Dingen hinaus, die *sie mühelos beherrschen*. Die überprüfbare Realität wird dagegen, aggressiv oder eingeschüchtert, abgewehrt und geleugnet.

### Der Wille und die »Welt der Objekte«

So also konstituiert sich aus dem »Wirbel der Objekte«, wie Einstein schrieb, allmählich so etwas überaus Komplexes wie Selbstbewusstsein, gefährdet und umlagert von Energien, inneren Bildern und Dynamiken, die dieses jungenhafte Selbst zwar hervorgebracht hatten, aber auch immer wieder in Frage stellen. In spannungsreichem Wechselspiel konstituiert sich das Bewusstsein von zeitlicher und räumlicher Kontinuität, stabilisiert sich ein kohärentes Körper-Selbst inmitten der Objekte ringsum, Schritt um Schritt wird nun die Verfassung der Objekte und Objektzusammenhänge ergriffen und verstanden.

Der nächste Schritt ist die Einsicht in die so genannte »Objektpermanenz« (Piaget). Damit ist gemeint, dass der kleine Junge nun erkennt, dass die Dinge um ihn herum eine *fortwährende* Existenz haben. Sie sind »da«, auch wenn er sie gar nicht sieht. Sie existieren unabhängig von ihm und seinem Schauen, Fühlen und Willen. Ein ungeheurer Schritt, auf den wir noch mehrmals zurückkommen werden. Die Welt existiert »an sich«, und nur in Ausschnitten, winzigen Teileelementen ist sie auch »für mich«. So hat Hegel diesen Widerspruch zwischen sinnlichem Erfassen der Umwelt und dem vernünftigen Begreifen skizziert. Es ist die *Vernunft*, die das Kind damit vertraut macht, dass es seinen Sinnen nicht einfach trauen kann. Sie sind nicht vollständig.

Und was heißt das? Zunächst und zuallererst bedeutet es, dass ein kleiner Junge in diesem Entwicklungsschritt lernen muss, dass er nicht im Zentrum der Welt geborgen und behütet ist, wie es ihm im Einklang mit der mütterliche Existenz noch erschienen war.

Die Objekte sind Dinge im Raum, Raum beanspruchende Körper, so, wie der kindliche Körper auch. Jetzt erst wird das Selbstgefühl zum Selbst*bewusstsein*, dadurch, dass es sich seelisch und körperlich in seiner Beziehung zu anderen erkennt. Vorher war es Papas Arm, Mamas Umarmung, die das Kind trugen und es gewissermaßen durch und über die Welt schweben ließen, über allem erhoben – nun hingegen öffnet sich vor ihm die Unendlichkeit des Raumes, die Welt ist schier unbegrenzt, und in ihr enthalten sind zahllose Objekte, Dinge, Menschen, aufregende, verführerische, aber auch ängstigende Potenziale des Realen.

Das Kind erkennt – und das ist vielleicht die gewaltigste Kränkung –, dass es nur ein Objekte neben anderen Objekten, ein Körper neben anderen (gleich bedeutenden) Körpern ist. Es wird nun auch von außen betrachtet, bewertet, angeschaut. Dieser Blick von außen, das Angesehenwerden durch andere Menschen, formt sein Selbstgefühl und Selbstbewusstsein auf eine Weise, die eine ganz neue Abhängigkeit ins Leben ruft.

Dieser Blick von außen birgt keinerlei Gewissheit, man kann ihn nicht lenken, nicht kontrollieren – man ist ihm ausgesetzt. »*Was die anderen Kinder denken…*«, ob sie über den kleinen Jungen reden und was sie reden, all das wird jetzt, schon im Kindergartenalter, hoch bedeutsam. Kurzum, man muss sich diese Erfahrung, Körper neben anderen Körpern zu sein, als einen Sturz aus der infantilen Allmacht und als einen seelischen Wendepunkt enormen Ausmaßes vorstellen.

In seinem Jahrhundertwerk *Der Aufbau der Wirklichkeit beim Kinde* schreibt Piaget über das »permanente Objekt«, diesen gewaltigen Schritt aus der mütterlichen Symbiose hin zur kognitiven Eigenständigkeit: »Eine Welt, die aus permanenten Objekten besteht, konstituiert nicht nur eine räumliche Welt, sondern auch eine Welt, die der Kausalität gehorcht, ohne fortwährendes Verschwinden und wieder Entstehen. Dies ist also eine Welt, die gleichzeitig stabil und äußerlich ist, vergleichsweise unterschieden von der inneren Welt, in die sich das Subjekt hineinstellt als ein besonderes Wesen innerhalb der Gesamtheit der anderen.«

Ein komplexer Satz, eine verschachtelte Sprache, die für Piaget ganz untypisch ist. Er versucht in seinem komplexen Satzgefüge zu skizzieren, dass das Kind *als ein inneres Selbst* – also mit inneren Bildern, Fantasien und Ängsten und insgesamt einem, wie wir sahen, komplexen »Weltbild« – in die Welt der Objekte hineingestellt ist. Wie ist nun dieses Innen und das Außen vermittelt, wie korrespondiert das »Weltbild« mit der realen Verfassung der Objektwelt, obgleich es doch auch Elemente des Fantastischen, auch der Angstabwehr usw. enthält? Was ist Wahrnehmung, was ist Objekt? Was ist Wille, und was ist Welt?

Schopenhauer hat auf diese Fragen tiefere Antworten formuliert als die gesamte moderne Psychologie. Schopenhauer sagt, der Wille rennt gegen die Welt, er bäumt sich auf. Nicht zwischen Subjekt und Objekt, zwischen innen und außen verläuft, wie die Aufklärung annahm, der Riss, der uns die Welt so un-heimlich macht. Der Riss verläuft im Inneren des Menschen. Dort nämlich, wo der Wille seine Befriedigung sucht, aber sie nicht findet. In der Innenwelt nicht, in der Objektwelt nicht. Nirgends ist Glück. Warum nicht? Weil der Wille selber hervorgegangen ist aus dem Verlust des Paradieses, dem Verlust einer einigen imaginären Welt. So wird der Wille, der von innen nach außen drängt, durch die Kränkungen in der Außenwelt immer unruhiger, destruktiver. Das Wünschen ist böse geworden. Gierig wühlt es sich in die Objektwelt hinein und kommt nicht zur Ruhe, »hyperaktiv« stürzt es immer wieder zurück in seine eigene Konstitutionsgeschichte und findet schließlich in sich selber eine Immanenz der Verneinung. *Das Herz der Finsternis*, so hat Joseph Conrad diesen Zustand in seinem gleichnamigen Werk beschrieben, ähnlich E. A. Poe in *Im Wirbel des Malstroms*.

Mir kommt es seit langem so vor, als könnten wir Psychologen und andere Erziehungs-Profis durch die sorgfältige Lektüre dieser beiden Texte viel Neues erfahren über die wütende Ungeduld der kleinen Jungen, über ihre Verständnisarmut so vielen Anforderungen gegenüber, hinter der sich möglicherweise eine grundsätzliche Realitätsverneinung verbirgt. Der Wille ist starr und findet in der Welt nicht genügend Anlässe, von sich selber abzulassen. Also brüllt man und schreit, ist empört und verletzt und ist allen möglichen Einflüsterungen und Verführungen zugänglich – nur nicht denen der Vernunft, der Einsicht, der sozialen Kontrolle.

In allen Religionen und anderen kultischen Praktiken wird das »heilige Zentrum« der Dinge gesucht, das in ihrer Materialität verborgen ist oder diese Materialität transzendiert. Auch diese Suche erklärt sich aus dem genannten Verlust frühester Einheit. Deshalb geht Erikson von einer ontogenetischen Ausstattung zur Religiosität aus. Die Zentrierung des menschlichen Bewusstseins auf sich selber und die Objektwelt ist, so sagt er, ohne den Glauben kaum denkbar. Ohne Glauben würde das Bewusstsein zerfließen und die Welt gewänne keine Sinngestalt. Glaube ist der Hoffnung benachbart. Die Begabung zur Hoffnung entsteht aus dem Urvertrauen; aus der Tatsache, dass es zwar enttäuscht wird (weil der Mensch die mütterliche Bindung verlassen muss), aber dennoch stark genug ist, um nach der »Desillusionierung« fortgesetzt zu werden. Oder sagen wir es schlichter: Sie entsteht aus der »sicheren« Bindung zu Mama, deren Lächeln auch nach Kränkungen Ausgleich und Trost verspricht (und damit eine »zweite Ent-bindung« einleitet, die das Kind in ein bewusstes Dasein führt). *So* erwächst Hoffnung und geht nicht verloren, sie ist mit dem Glauben verschwistert. Und die Grundlage von Glaube und Hoffnung – Paulus wusste es! – ist die Liebe.

### *Narzissmus und Magie*
Bei Freud wird der »narzisstische Charakter« zuerst im Text *Hemmung, Symptom und Angst* erwähnt, wo von der »libidinösen Natur des Selbsterhaltungstriebes« die Rede ist. Die Triebkonzepte Freuds sollen hier nicht interessieren, schon gar nicht ihre unterschiedlichen Gestaltungen in den frühen und späteren Texten. Die *Verbindung von Libido und Selbsterhaltungstrieb* beim frühen Freud macht bereits deutlich, wie beeindruckt er von der Macht und der geradezu biotisch begründeten Unermesslichkeit der narzisstischen Gefühle war.

In *Abriss der Psychoanalyse* spricht Freud von einem »absoluten primären Narzissmus«, den er dem radikalen und uneinschränkbaren Charakter des Selbsterhaltungswillens zuordnet. Freud deutet an, dass diese Kraft sich aus frühesten biologischen Reifungsphasen speist, letztlich aus dem »erhebenden« und bewusstlosen Zustand im Leib der Mutter.

B. Lewin, B. Grunberger und andere heben hervor, dass »es zahlreiche Hinweise für das Fortwirken des Pränatalzustandes im Unbewussten und für Erinnerungen an ihn gibt«, sie verweisen dabei auf Urfantasien ebenso wie auf spätere Mythenbildung. Paul Vidain hat in *Ich-Psychologie und Psychosen* darauf hingewiesen, dass das körperliche und seelische Selbst auf eine unspezifische, aber eindringliche Art »narzisstisch besetzt« ist. Es ist *das Dasein selber,* das für das Kind eine unbefragbare emotionale Mächtigkeit aufweist, die alle Triebdynamiken und damit verbundenen Wunschbildungen durchdringt und sich allen Kränkungen mit enormer Selbstgewissheit entgegenstellt.

Im pränatalen Zustand befand sich der heranreifende Embryo in einem Zustand wie im Schlaraffenland. Erinnern wir uns, dass in der Legende vom Schlaraffenland – eine Parabel für Unbewusstes? – die Rede ist davon, dass die Bewohner mit offenem Mund schlafen, während ihnen Gebratenes und Trinkbares in den Rachen fließen. Sie werden sich ihrer Wünsche und ihrer Bedürftigkeit gar nicht bewusst, *vorher schon* tritt die Befriedigung ein. Dieser paradiesische Zustand wird mit der Geburt abrupt unterbrochen.

*Danach* gibt es erst die Empfindung der Bedürftigkeit, dann das wütende, tobende Empfinden der Abhängigkeit und Verletzlichkeit, bevor die Befriedigung eintritt. Der schreiende Säugling veranschaulicht (unüberhörbar) das menschliche Schicksal, dass das Schlaraffenland ebenso wie das Paradies verloren gegangen ist, und sich deshalb das Neugeborene[*] zum Zwecke des Überlebens der Realwelt zuwenden muss. Gleichwohl darf man die Vermutung äußern, dass jenes, sich in der Entwicklung immer deutlicher konturierende »Realitätsprinzip« weit weniger markant in die Psyche eingezeichnet ist, als unsere (an das

---

[*] Sogar die eigenen Organe und ihr Funktionieren werden von dem Neugeborenen zunächst als ein Fremdartiges, Störendes und »Unzugehöriges« empfunden. Sein aus dem pränatalen Zustand herübergerettetes halluzinatives Selbstgefühl ist noch ganz von allmächtiger Erhabenheit und also, wie Ernest Jones bemerkte, »ohne Körper und also ohne Selbst«. An anderer Stelle beschreibe ich, dass eine vergleichbare Konstitution des Objektes auch in den Computerspielen geleistet wird.
Die strampelnde, zappelnde Lebensfreude des Kindes ist störbar, sie wird irritiert vom Wirken der Organe, von der natürlichen Begrenzung der Bewegungsabläufe (durch eben diese Grenzen werden die *Konturen* des Körpers zum ersten Mal empfunden), vom Fluss der Nahrung, die den Körper durchzieht, und der kalten Feuchtigkeit der Ausscheidungen.

Reale gebundene) Vernunft uns weismachen will. Darüber geben nicht nur die Träume, sondern ebenso die Tagträume und zunehmend die Eigenarten der Medieninhalte Auskunft.

*Vor* der Hinwendung zum Realen (zur »Welt der Objekte«, Jacobson) steht immer zuerst der Abschied und der Verlust und insofern haftet jeder Bindung an das Reale (jeder kognitiven Entwicklung, jedem Funktionslernen usw.) auch die Trauer über den Abschied und das Begehren nach Rückkehr – »Rückkehr zu den Müttern«, wie Rilke schrieb – an. So ist es schon mit der allerfrühesten Wahrnehmung des Selbst.

Insofern wird deutlich, dass die »Mutter« von einzigartiger Bedeutung ist, entgegen der Meinung vieler »Experten« verfügt sie über eine uneinholbare Kompetenz im Umgang mit ihrem Kind. Die Vorstellung mancher Ämter und psychologischen Beratungsstellen, dass eine gut ausgebildete Pflegeperson die reale biologische Mutter ersetzen könne, ist angesichts dieser existenziellen Tatsache unsinnig. Nur eine ins hochtechnisierte und methodische Funktionieren verliebte Kultur kann auf diese Weise den Zusammenhang von Natürlichkeit und Empfinden auseinander reißen.

Mamas Blick, Mamas Augen und ihr Strahlen (»der Glanz der mütterlichen Augen«, so Kohut) gleicht die Versagungen aus und stellt die narzisstische Einheit weitgehend wieder her. Gleichwohl gelingt dieser Ausgleich immer nur vorübergehend, er ist sozusagen eine Reparaturmaßnahme der kindlichen Allmacht, die immer wieder an derselben vernarbten Stelle aufreißt. Insofern bleibt die Mutter nicht nur das erste und vollkommene Liebesobjekt, sondern auch das Objekt, das diese frühe narzisstische Wunde zufügte und mit ihrer Vernarbung verhaftet bleibt. Die hohen Ambivalenzen in der Auseinandersetzung des pubertierenden Jungen mit seiner Mutter haben hier ihren see-

---

Haut und andere Organe senden neben dem Wohlgefühl auch Kälte, Schocks, Unruhe in die erwachende infantile Bewusstheit des Selbst.
Aus all dem verändert sich der absolute (primäre) Narzissmus zu einem sekundären, in dem das Ich-Selbst vom Objekt-Selbst abgespalten wird und sich in späteren Reifungsvorgängen als eine eigenständige, vom Ich separierte seelische Instanz darstellt. Schon die Differenzierung zwischen Selbst und Objekt ist nur auf einer repräsentationalen Ebene des Bewusstseins vorstellbar. Bereits mit den allerersten Reaktionen auf die mütterliche Gestik, Mimik und ihre kommunikativen Signale nistet sich im Bewusstsein des Kindes eine zweite, gleichsam abstrakte Ebene ein, die mit markanten Identifikationsmerkmalen besetzt ist.

lischen Ursprung. Ein Leben lang wird der kleine Junge seiner Mutter nicht verzeihen, dass sie ihn nicht »erlösen« konnte.

Alles ist unvollkommen, die kindliche Bedürftigkeit stürzt das allmächtige Kind-Selbst in Abhängigkeitsgefühle, die einen kränkenden und frustrierenden Charakter haben. Das Wohlgefühl, das sich beim Anblick der mütterlichen Gestalt einstellt, wird irritiert von der Tatsache, dass sich diese erhöhte Gestalt auch wieder vom Bettchen entfernt, das Kind – und sei es nur für Minuten – sich selber überlässt und in furchtbares Alleinsein fällt. Kurzum, mit der Herausarbeitung der Einsicht, dass »Mama« nicht eines ist mit dem Kind-Selbst, sondern ein »Objekt« (oder anders gesagt: zugleich mit der Erkenntnis, dass es »eine Welt« gibt), tritt der Zorn in das kindliche Leben.

Ich vermute, dass die immer wieder erstaunliche Bereitschaft von Müttern, sich für alles und jedes in der Kind-Entwicklung die Schuld zu geben und sich ein »schlechtes Gewissen« zu machen, ebenfalls ihren Grund darin hat, dass die Versorgung des Kindes niemals optimal zu lösen gewesen ist und dass damit zugleich der narzisstische Stolz der Mutter als der großen »Nährerin« (wie Brecht schrieb), als allmächtige Versorgerin, in Frage gestellt wurde. Der Zusammenhang zwischen Gewissensängsten und der Allmacht des Narzissmus auch auf der Seite der Mutter wird hier erkennbar. Von dort aus ist auch die unaufhörliche Frage besonders der Mütter nach dem absolut »richtigen« Erziehungshandeln, der absolut richtigen Pflege und Fürsorge zu verstehen. Die enorme Beliebtheit von vorgeburtlichen Pflegekursen und später von Erziehungs- und Elternkursen (bis hin zum törichten Elternführerschein) haben hier ihre Ursache. Die mütterliche Liebe wird gehorsam, ihrer Beziehung zum Kind tut das nicht gut.

Die Spiegelungen in und mit der Mutter haben ihre seelische Ursache auch darin, dass der Säugling bis hin zum Kleinkind die Illusion der »Einheit mit Mama« lange und heftig verteidigt. Solange das Gefühl der Einheit währt, erscheint es dem Kleinkind, als kämen alle ihm von außen zugeführten Versorgungen und Wohltaten direkt aus seinem Körperinneren. Solange diese Täuschung währt, bleibt die infantile Allmacht gewahrt. Mama und Kind sind so sehr ineinander verwoben, dass ein »narzisstisch« kräftiges Selbstbild der Mutter auch das Selbstgefühl des Babys steigert. Leider sind ihre Selbstzweifel und Depressionen ebenso infizierend. EEG-Untersuchungen zeigen, dass dreimonatige Kinder während des Zusammenseins mit depressiven Müttern genau die linkshemisphärischen Übererregungen der Gehirnströme aufweisen, die für depressive Menschen typisch sind.

Die Beschädigungen der kindlichen Allmacht setzten also früh und gleichsam an mehreren »Angriffspunkten« gleichzeitig ein. Es ist das Reifen der körperlichen Kräfte ebenso wie der triebhaften Energien, die das Kind aus seiner idealen Welt heraustreiben. In demselben Entwicklungsschritt spalten sich die innerpsychischen Instanzen auf, die Triebdynamik nimmt einen eigenen seelischen Bezirk in Anspruch, die narzisstischen Gefühle in Form des »Ich-Ideals« einen anderen. Das, wie Freud sagte, »arme Ich« steht bereits nach den ersten Entwicklungsmonaten, spätestens aber zu Ende des ersten Lebensjahres, den beiden *in ihm und gegen es* mobilisierten Kräften (Triebdynamik; Selbstidealisierung) relativ kraftlos gegenüber.

In dem Maße, in dem das Selbst *Bewusstsein* gewinnt und – wie ich, Erikson zitierend, eingangs sagte – »perspektivische Distanz« einlegt, wird auch die Mutter zum »Objekt«, zugleich wird die »verinnerlichte« Mutter zum »Selbst-Objekt«. Wenn alles gut geht – an besonnten harmonischen Tagen – kann das verinnerlichte Mutterbild sich mit den Triebenergien liieren. Die reale Mutter, die begeistert in die Hände klatscht, wenn das Kleine die ersten Bauklötze aufeinander stapelt, verleiht dem inneren Mutter-Selbst-Objekt und der Triebreifung gleichzeitig kräftigende bestätigende Unterstützung, Mama stabilisiert dabei das Ich-Bewusstsein, ordnet die unruhigen Triebe und versöhnt durch ihre warme Nähe auch die primären narzisstischen Gefühle. Wenn es so ist, *dann greifen die seelischen Instanzen lustvoll ineinander*, ein Kind erlebt glücklich das Erwachen seiner Intelligenz und Geschicklichkeit in der geborgenen Nähe zur Mutter. Wenn freilich die Mutter sich gelangweilt abwendet, während der kleine Sohn sich in der Objektwelt zurechtzufinden sucht, dann übernehmen die triebhaften Dynamiken eine oft diffuse, ziellose Macht. Dann kommt es beispielsweise dazu, dass ein Kind, obwohl es seine Bauklötzchen sicher aufeinander gestapelt hat, plötzlich in einen heftigen Wutausbruch verfällt und das stolze Bauwerk – scheinbar ohne Grund – wütend gegen die Wand schleudert.

Ähnlich ist der häufige trotzige Zorn des kleinen Jungen zu interpretieren, dem sein Spielzeug partout nicht gehorchen will. Er ruft nach Mama, aber Mama hat keine Zeit. Sein Geschrei daraufhin ist eindringlich und klagend. Was ist geschehen? Das temperamentvolle, triebhafte Drängen hin zum Objekt scheiterte, zugleich hatte sein »inneres Mutterbild« ihn auf Versöhnung, Übereinstimmung, Harmonie mit der Objektwelt verpflichtet, beides fällt in empörender Weise auseinander – nun könnte nur die reale Mutter versöhnend eingreifen, aber sie hat ja Besseres zu tun. Die Klage dieses Jungen hat elementare Züge, entsprechend lautstark fällt sie aus.

Gefahren und Beschädigungen beeinträchtigen das kindliche Selbstgefühl von allen Seiten, von der Seite der narzisstischen Ansprüche ebenso wie von der Seite der unzureichend erfüllten Triebkräfte. Das Ich ist damit beschäftigt, seine geistigen Entwicklungen mit beidem auszugleichen. Man muss sich dies in der Tat, wie Einstein schrieb, als ein wirbelndes Durcheinander vorstellen.

**Versuch einer Verortung des Psychischen**
Freud versuchte bekanntlich, mithilfe topischer Modelle Ordnung in das Chaos zu bringen. So recht gelungen ist es ihm nicht. Er betrieb einen erheblichen intellektuellen Aufwand, um den Anteil der Triebhaftigkeit am Ich-Ideal ebenso wie die narzisstischen Potenziale und ihre wechselhafte Abhängigkeit von den Stufen der kognitive Reifung zu verorten. Dieses modellhafte Schema macht freilich – anders als die lernpsychologischen Theoreme – deutlich, dass dort, wo in diesem »Tableau« der wechselseitig wirksamen Strebungen, Gefühle und Dynamiken eines der genannten Teile oder Elemente gegenüber den anderen zu sehr zurückbleibt, die jeweilig nächste Entwicklungsstufe in der Reifung des Ich gründlich beschädigt sein *muss*.

Alles ist für die Entfaltung einer gesunden Psyche, wie wir sie in unserer Kultur erhoffen, notwendig: die Triebe ebenso wie das überschießende träumende narzisstische Gefühl. Beides nährt sich vom jeweils anderen und stiftet das Ich zu seinen abenteuerlichen kognitiven Reifungsprozessen an, treibt es in die Objektwelt, nötigt es, dort erste symbolische Ordnungen zu bilden und sich selber als Körperselbst zu konstituieren. Chaos, wie ich vorhin sagte, war also nicht das zutreffende Wort, es handelt sich um bewegliche, treibende Strukturen, die sich in großer Abhängigkeit zueinander verhalten.

In all den disparaten Kräften ist freilich *ein* »Zentrum« auszumachen, von dem aus die *ausgleichenden* Kräfte sich nähren. Dies ist die Bindung an die frühe Mutter-Kind-Einheit und die seelischen

Repräsentanzen, die als Gefühl innerer Beständigkeit im Kind verankert werden. Nur dort, um zu einer anschaulicheren Sprache zurückzukehren, wo die mütterliche Liebe umfangend und heil genug war, kann auch die kindliche Freude etwa an der Beherrschung der Bauklötze stark genug sein, um diffuse Triebansprüche zu bändigen, nur auf Grundlage solcher Bindungen können Wünsche hin zur Objektwelt so umfassend empfunden werden, dass sie über den Verlust des primären Narzissmus hinwegtrösten – kurzum, nur dann gelingt die Integration der psychischen Dynamiken und Instanzen.

Wo diese frühe Bindung jedoch unzureichend war und bleibt, wird sich eben diese Integration nicht in notwendiger Weise entfalten. Dann werden die narzisstischen Gefühle wütend gegen die triebhaften Wünsche rebellieren und beide sich gegen die immer nur teilweise befriedigenden Erfahrungen der Realwelt und damit gegen das »Ich« sperren. Dann wird das »Ich« narzisstisch erstarren und wird sich von den Objekterfahrungen nicht wirklich emotional einfangen, nicht wirklich sozialisieren lassen. Kurzum, dem bindungsschwachen Kind gelingt der Aufbau eines kohärenten Selbst nicht. Und schauen wir uns um: genau das ist es, was wir in den Kindergärten beobachten, wenn wir die Augen aufmachen.

Mangel an innerpsychischer Kohärenz führt unmittelbar zur Symbolisierungsschwäche. Dieses geschwächte Ich mit seinem unsicherem Körperempfinden kann sich im Umgang mit den Dingen nicht »spiegeln«, keine Ordnung in den Objekten finden und sie entsprechend nicht »verinnerlichen«, es kann also auch die Objektrepräsentanzen nicht innerlich verankern. Die Welt bleibt einem solchen Kind fremd, es bewegt sich unsicher in ihr. Es rennt, statt sich geschickt zu bewegen, greift hart und gefühlsarm nach den Dingen, spürt sie aber nicht in ihren Feinheiten, übersieht dementsprechend gerade die differenzierten Anteile am Objekt.

Es zeigt sich also, dass von den frühesten Bindungsstörungen hin zu einer teils triebhaften, teils emotionale Unruhe und von dort aus hin zur unzureichend geordneten Beziehung zur Objektwelt ein direkter Bogen zu schlagen ist. Vor diesem Hintergrund sind die Verhaltensweisen der 7- oder 8-jährigen Jungen nicht mehr so sehr überraschen, ihr überschießender realitätsverweigernder Narzissmus nicht, ihre hochdynamischen Wutausbrüche nicht, auch nicht ihr instabiles und kränkbares Selbstbewusstsein.

***Irgendwann schlägt einer auch mal zu***
Wir wissen, dass die verhaltensgestörten Kinder in der Grundschule in aller Regel bereits im Kindergarten als »aggressiv« aufgefallen sind. Diese Aggressivität ergibt sich aus der geschilderten Entwicklung fast zwangsläufig. Die Begründung lautet darum immer – ob als Schüler oder schon als 3-Jähriger: »Der hat mich gehauen«, oder: »Ich muss mich ja wehren.« Auf die Nachfrage, gegen was oder wen sich der 10-jährige Junge in meiner Praxis denn da unermüdlich zur Wehr setzen müsse, findet er oft keine Antwort. Oder er sucht Antworten, die ganz offensichtlich an den Haaren herbeigezogen sind. Er fantasiert von Kindern, die ihn permanent belästigen, doch befragt, worin denn deren Belästigung bestehe, weiß er keine Antwort.

Oder es ist eine ganze Welt von ominösen aggressiven Verfolgern, die ihn bedroht. Sie alle wollen ihn beleidigen, angreifen oder seinen Stolz kränken. Diese Fantasien erklären sich unmittelbar aus dem vorher Gesagten. Das Ich-Ideal sagte ich, löst sich von der Realität, es ist hybrid, weil ihm die verlässliche Zufuhr fehlt. Oft ist der Versuch, sich selber als liebenswertes Objekt den narzisstischen Gefühlen zur Verfügung zu stellen, daran gescheitert, dass es in der Umwelt dieser Kinder keine verlässliche Person gibt, die gleichsam die Stellvertreter-Position für das Ich-Ideal einnimmt. Das externalisierte Ideal-Ich, das am ehesten von dem Vater hätte erfüllt werden können, fehlte oder blieb blass. Die grundlegenden Sicherheiten, die den Umgang mit der Objektwelt narzisstisch einfärben und zukunftsfroh gestalten, blieben ebenso leer, daraufhin gelingt auch der Umgang mit der Objektwelt kaum. So drücken und peinigen die hochfliegenden Sehnsuchtsbilder. Am liebsten wäre es dem kleinen Jungen, wenn sich die ganze Welt seinem Willen unterordnen würde, wenn ihm die Erfüllung von allen Seiten zuflöge, wie von Zauberhand. Dann würden er endlich wieder frei und unbesorgt lachen können und sich zurechtfinden.

Da dies aber nicht so ist, sondern die Objekte auf die regelhafte Bedienung durch die kindlichen Hände, die kindlichen Sinne und dem kindlichen Verstand warten, bleiben sie, schwerfällig und beharrlich, dem kindlich narzisstischen Streben fremd, ja feindlich. Der Zorn, der sich nunmehr auf sie richtet, fällt immer auch auf das kindliche Ich zurück. Da ist er wieder, der »Schatten des verlorenen Objekts«. Er bedroht das Kind, die Welt ist böse.

Ein solches desaströses Gegeneinander-Wirken der inneren Kräfte muss »nach außen« entlastet werden. So, wie Anna Freud es schon beispielhaft als »Identifikation mit dem Angreifer« beschrieb, wird nun das »Ich-Ideal« selber zum Aggressor gegen das schwache Kind-Ich und muss entlastend aggressiv nach außen gewendet werden. Das sind die Kinder, die lauthals ihre omnipotente Angstfantasie herausbrüllen oder sie an einem Robo-Cop, mit dem sie statt mit dem weichen Teddy hingebungsvoll spielen, ausagieren. Ihre innere und äußere Welt besteht aus lauter Feinden, sie verfügen über die Omnipotenz, die dem Jungen so schmerzlich fehlt.

So schließt sich eine Spirale, besser gesagt: sie dreht sich, immer enger und schneller. Nun muss das Kind sich schon zur Wehr setzen, bevor es angegriffen worden ist; muss zuschlagen, bevor der andere zuschlägt (was er ganz gewiss tun wird!); muss nach dem Spielzeug oder Handy greifen, bevor die anderen es ihm entreißen. Kein Zweifel, sie sind ja immer auf dem Sprung! Und schließlich wird die furchtsame Feindseligkeit, mit der dieses Kind auf die Welt schaut, zur unumstößlichen sozialen Tatsache: es wird zum Außenseiter, es ist allein, kaum einer mag mit ihm spielen, obwohl ihn manche heimlich bewundern. Solange ein solcher Junge noch klein ist, im Kindergartenalter, ist er ungeschickter als die meisten anderen. Er reißt ein Spielzeug heftig an sich, weiß dann aber gar nicht, wie er damit umgehen soll: die anderen Kinder beginnen schon zu lachen, sie machen sich lustig oder sie wenden sich gelangweilt ab. Noch die letzten Hoffnungen, die er vielleicht auf das gemeinsame Spiel mit den anderen Kindern, mit der Gruppe, gehabt hatte, werden nun endgültig enttäuscht. Die kinderpsychiatrische Diagnostik spricht von hyperaktiven Kindern »mit oppositionellem Problemverhalten«.

### *Papa kommt ins Spiel, und manchmal stört er*

Ein weiterer Aspekt muss nun hinzugefügt werden: In der Entwicklungsgeschichte der schwierigen kleinen Jungen fällt die häufige Abwesenheit des Vaters auf. Überdurchschnittlich oft sind die Väter in den ersten drei Lebensjahren der Kinder aus der Familie verschwunden, manchmal werden Kontakte in unregelmäßiger Form aufrechterhalten, ebenso oft aber scheinen sie ganz abzubrechen.

Auf die Vaterlosigkeit moderner Kinder bin ich bereits eingegangen. In dem Zusammenhang der bis hierher skizzierten Gedanken ist

Folgendes von Bedeutung: Das 2- oder 3-jährige Kind, das sich nicht vollständig zu lieben gelernt hat, sucht unruhig in seiner Umgebung nach einer Stütze seiner »Ich-Liebe«. Seine innere Ausstattung zur Selbstliebe ist unzureichend geblieben. Das Verhältnis zu Mama ist inzwischen hoch ambivalent, ihr Bild ist ja mit Enttäuschungen geradezu vollgesogen. Also bleibt der Vater oder eine väterliche Bezugsperson, die die Selbstliebe des Kindes stützen soll.

Die Strebungen des inneren Ideals – in ihm sind alle ungestillten Sehnsüchte unbewusst versammelt –, werden auf diese väterliche Bezugsperson fixiert. Ihm eifert das Kind mit ungelenken Bewegungen nach, seine Stimme verspricht jenen Trost und das Beschütztsein, das bei der Mutter nur unzureichend erlebt wurden. Frühe Bindungsstörungen haben die Externalisierung des Ich-Ideals zur Folge, als »natürliches« Objekt bietet sich zunächst der Vater an.

Nun gehört es zur Tragödie des verletzten Kindes, dass es gerade jetzt vom idealisierten Vater im Stich gelassen wird. Sei es, wie ich eben skizzierte, dass der Vater tatsächlich die Familie verlässt, was einer seelischen Katastrophe gleichkommt; sei es auch nur, dass der Vater sich aus eigenem Antrieb an den Rand der Familie drängen lässt, vielleicht aus dem Grund, dass er von beruflichen Anforderungen ganz in Beschlag genommen wird, vielleicht auch aus dem Grund, dass die Mutter neben dem Sohn und sich selber die Präsenz des Mannes in der Familie und im Miteinander mit dem Kind reduzieren will. All dies, in unterschiedlicher Gewichtung, ist für das Kind katastrophal.

Der Vater ist gerade in einer schwierigen Entwicklungsphase eine große Chance. Er wertet die kindliche Ich-Liebe auf. Über die Identifikation mit ihm rafft auch ein gekränktes, beschädigtes Kind seinen Mut zusammen und wendet sich kühn der Objektwelt und ihren verschiedenen Funktionen zu. Der starke Vater und sein freundlicher Blick, die Bindung an ihn und die unbewusste narzisstische Stützung macht es dem Kind möglich, die Kränkungen, die die Begegnung mit der Objektwelt unvermeidlich nach sich zieht, auszuhalten. Da kann der innere und äußere Vater einspringen und seinem Kind beistehen. Er kann dem um seine Integrität kämpfenden Kind die unsicheren Kräfte der Selbstliebe hinzufügen. Er kann »trotz allem« eine Entwicklung einleiten, in der der kleine Sohn seine Selbstsicherheit über sein Agieren in der Objektwelt stabilisiert. Er kann der bewusste und unbewusste Bezugspunkt sein, von dem aus diese seelischen

Anstrengungen schließlich doch kraftvoll und intensiv aufgenommen werden.

Kinder wehren eine allzu mächtige Präsenz des Mütterlichen in dieser Phase oft ab. Mütter neigen dann dazu, vor allem die kleinen Jungen (Mädchen durchlaufen noch einmal ein anderes Familienschicksal) auf vielfältige Weise zu vereinnahmen. Eine davon besteht darin, dass sie den Kleinen jede minimale Handhabung der Objekte »korrekt« vorgeben und sie dadurch kontrollieren und ihnen den Spielraum der Selbstentfaltung nehmen. Die bei Müttern so beliebten intelligenzfördernden Spielzeuge beispielsweise verführen und legitimieren schon per beiliegender Handlungsanleitung zu solch dirigierendem mütterlichen Kontrollverhalten. Es ist sehr wohl möglich, dass der »Förder-Boom«, den wir allenthalben erleben, *auch* mit dem Kontrollverlangen der Mütter zu tun hat.

Oft ist es so, dass eine geheime Angst vor allzu früher Trennung von dem kleinen Sohn Mütter in eine Art Hektik und Ungeduld versetzt, die dem kindlichen Autonomiestreben unbewusst entgegenzuwirken versucht. Gegen dies alles sind 2- oder 3-jährige Kinder hochgradig hilflos. Wenn sie sich zur Wehr setzen, tun sie es auf eine diffuse und oft verzweifelt wirkende Weise. Sie haben ja keine Verlässlichkeit in sich selber, auf die sie sich bei einem Konflikt mit Mama zurückziehen könnten. Die Kränkung, die Mama ihnen zufügt, kann nicht durch eine tröstliche Rückbindung an Mama ausgeglichen werden, wie es in anderen schmerzlichen Konflikten der Fall ist. Dieser Weg ist jetzt versperrt und die innere Kraft der Selbstbehauptung ist noch unzureichend. Für die Kinder bricht eine Welt zusammen, sie schreien, plärren, wälzen sich auf dem Boden, kurzum, sie »trotzen«. Wenn Mütter in solchen konflikthaften Situationen nicht ihrer mütterlichen Intuition, sondern irgendwelchen Erziehungsprogrammen folgen, bahnt sich eine seelische Katastrophe an.

Ein genauer und geschulter Beobachter kann im Trotzanfall eines 2½-Jährigen sehr wohl unterscheiden, ob dies ein Kind ist, das die Begrenzung seines Willens erfährt und darüber zornig ist – also eine Erfahrung, die zur Kulturfähigkeit eines Menschen gehört und die die liebevollste Mutter ihrem Kind nicht ersparen kann –, oder ob es sich um das desaströse, in sich zerrissene Schreien eines Kindes handelt, das weder bei seiner Mutter noch bei sich selber Sicherheit findet und deswegen laut und verlangend, in diesem Verlangen aber ungezügelt, nach Zuwendung giert. Wenn dieser Zustand häufig, gar regelmäßig eintritt, dann werden diese kleinen Jungen in ihren Beziehungen zu anderen Kindern unruhig, ihre Beschäftigung mit Objekten wird unsicher, sie finden nirgends Halt.

Dies sind die Jungen, die jeden Tag mit einem neuen Spielzeug – oft mit sehr aggressiven omnipotenten Figuren aus dem Kino – im Kindergarten erscheinen, aber kaum in der Kindergruppe angekommen, nach anderem Spielzeug gieren, aggressiv zugreifen und schließlich, wenn sie ein Spielobjekt erwischt haben, nichts damit anzufangen wissen und es gelangweilt von sich werfen. Oft sind gerade diese Jungen modisch und meist teuer gekleidet, sie gehen aber mit ihren Kleidungsstücken so nachlässig um wie mit sich selber. Man soll bei psychischen Vorgängen die Metaphorik behutsam benutzen, aber hier drängt sie sich auf: Ihre Kleidung ist nach einem Spielnachmittag so zerrissen wie ihre Seele. Auf nichts können sie Acht geben, weil alles nichts ist! Die innerpsychische Folge liegt auf der Hand. Sie lässt sich in folgendem Grundgefühl umschreiben: *Ich will alles, und alles ist nicht genug.*

Der Vater ist weitgehend in der Lage, um es in einer anderen Formulierung zu sagen, die »narzisstische Wunde« (Grunberger) zwar nicht zu heilen, aber ihre Wirkung zu mindern. Und zwar so weit zu mindern, dass ein gewisser narzisstischer Bestätigungscharakter beim Aufbau der kognitiven Ordnungen und der Emotionalität aufrechterhalten bleibt. Insofern ist das Väterliche in der Entwicklungsphase des 2- bis 4-jährigen Kindes von umso zentralerer Bedeutung, wenn die Bindung zur Mutter nicht störungsfrei verlaufen ist. Wenn auch der Vater als unverlässlich erlebt wird, durchzieht ein Grundmuster depressiver Färbung die ohnehin anfällige Psyche eines Jungen. Ist er »hyperaktiv«? Ja, aber er ist es deshalb, weil er sich gegen eine überschwemmende, überflutende Traurigkeit zur Wehr setzen muss.

Ich will diesen Gedanken noch etwas weiter verfolgen. Typisch für eben diese kleinen, impulsiven, nervösen Jungen ist es – die Mütter berichten es in der psychologischen Praxis immer wieder –, dass sie abends kaum zur Ruhe und morgens nicht aus dem Bett finden.

Wir kennen das Bild des Melancholikers – und kennen aus unserem eigenen Leben ja auch Phasen der Melancholie mit Übergängen zur Depressivität –, der am frühen Morgen schwer aus den Federn kommt, den die Last des kommenden Tages in die Kissen zu drücken scheint.

So ergeht es auch diesen Kindern, die Mütter beklagen es wieder und wieder. Sie sind nicht aus dem Bett zu bekommen, trotten müde und widerwillig zum Frühstückstisch, sind dort nicht ansprechbar (und werden oft, so muss man hinzufügen, von eifrigen Eltern mit der Frage belästigt, ob die Mappe ordentlich geführt und die Schultasche korrekt gepackt sei). In diesen Familien entfalten sich die täglichen Konflikte oft schon vor dem Frühstück, das Kind verfällt in eine müde und gleichzeitig maßlose Wut, der die Mutter nichts als einige vernünftige Sätze entgegenzusetzen weiß, wobei sie ihrerseits oft den Überforderungen des Tages relativ hilflos gegenübersteht. Wechselseitige Überforderungen und Kränkungen zerstören den Tag bereits, bevor er richtig begonnen hat.

Niedergeschlagen geht der kleine Junge anschließend in die Schule, wo ihn erneut Ordnungen und Ansprüche erwarten, die die Kränkungen ins schier Unermessliche anzuhäufen scheinen. Wieder ist die Bedeutsamkeit eines »väterlichen« Mannes, der in dieses Desaster ordnend eingreifen könnte, nicht zu übersehen. An ihm, dem externalisierten Ich-Ideal, könnte der Kleine seine Zuversicht für den Tag aufrichten; der Teufelskreis aus Missmut, Versagen und (wütendem) Missmut könnte unterbrochen werden. Wir werden noch auf diesen Punkt zurückkommen, wenn wir uns die Frage stellen, wie den schwierigen kleinen Jungen geholfen werden kann.

Wir halten hier fest, dass in fataler Weise sich bereits in der Entwicklung der ersten Lebensjahre die Grundstrukturen zeigen, die sich im Verhalten der dann schulpflichtigen kleinen Jungen fortsetzen. Ich unterstreiche noch einmal, dass ihr jungenhaftes Trotzverhalten alle Anzeichen einer Depression aufweist.

Wir haben die Bindungsstörung erwähnt, den Verlust eines starken Vaters, die Unlust und Unfähigkeit, sich auf die Eigenarten und Verfeinerungen der Objektwelt einzulassen, ein damit verbundenes hybrides Ich-Ideal, das von depressiven Gegenkräften durchströmt ist. Wir haben angesichts dieser fatalen Konstellationen bei diesen Kindern insgesamt ein unausgeprägtes »schwaches« Kind-Ich festgestellt, dem sowohl die Tröstung eines uneingeschüchterten Selbstbewusstseins wie die Freude an der eigenen Geschicklichkeit, die immer auch Freude an der Bindung zu anderen Menschen ist, versagt bleiben. Wir haben das typische Bild der schwierigen kleinen Jungen gefunden, wie es Kindergärtnerinnen, Grundschullehrerinnen beschreiben und wie es Tag für Tag in den Beratungsstellen und psychologischen oder psychiatrischen Praxen anzutreffen ist.

## 2. Bindungsstile

Der Psychoanalytiker namens John Bowlby hat in einem wunderschönen Buch mit dem deutschen Titel *Das Glück der Tränen* versucht, die Beziehung des Kleinkindes zur Mutter auch experimentell zu erkunden. Er knüpfte damit an einige Voraussetzungen des Freud'schen Denkens an. Auf der anderen Seite verstieß er gegen einige Grundannahmen der großen psychoanalytischen Gesellschaften, weil er das Schwergewicht seiner Überlegungen auf die *Beziehung* zwischen Mutter und Kind legte. Bis dahin hatte die psychoanalytische Forschung sich eher um die inneren Bilder, inneren Vorstellungen, Ängste gekümmert. Bowlby wurde ganz allmählich, dann immer energischer aus dem maßgeblichen Verband der Psychoanalytiker herausgedrängt – heute gilt er als der Pionier der Bindungsforschung, die immer mehr an Bedeutung gewinnt.

An seine Überlegungen schloss sich vor allem die kanadische Psychologin Mary D. Ainsworth an. Sie versuchte Bowlbys Überlegungen und Beobachtungen ein höheres Maß an so genannter empirischer Genauigkeit zu verleihen.

Mary D. Ainsworth entwickelte eine Versuchsanordnung, die als überaus einfallsreich in die Psychologiegeschichte eingehen sollte. Aufregend an ihren Beobachtungen, die allesamt aufgezeichnet wurden, sind aber weniger die empirischen Ergebnisse und die theoretischen Schlussfolgerungen als vielmehr die Details. Sie bringen feinste Nuancen in der Beziehung zwischen Mutter und Kind zum Vorschein, die man bis dahin noch nicht so interpretiert hatte.

Ainsworth entwickelte eine Versuchsanordnung, die unter dem Namen »Fremde Situation« berühmt geworden ist. Sie verläuft so: Ein Kind im Alter zwischen 18 Monaten bis 2½ Jahren wird mit seiner Mutter in ein Spielzimmer gebracht, die Situation wird von Videokameras aufgezeichnet. Nun verlässt die Mutter mitten im Spiel den Raum, nach wenigen Minuten kommt eine fremde Person herein, sie verhält sich abwartend. Die Kameras nehmen nun auf, wie sich das Kind mit dem Erscheinen der fremden Person auseinander setzt, anschließend wird aufgezeigt, wie das Kind auf die Rückkehr der Mutter reagiert. Ainsworth und ihre Mitarbeiter unterschieden bei der Beziehung von Mutter und Kind zwischen drei großen Kategorien: den »sicher gebundenen«, den »unsicher gebundenen« und den »ambivalent gebundenen« Kindern. (Später kam noch eine weitere Gruppe hinzu.)

Was bedeutet »sicher gebunden«? Diese Kinder nahmen das Fortgehen von Mama missbilligend zur Kenntnis, manche unterbrachen das Spiel, schauten Mama vorwurfsvoll nach, nahmen dann aber ihr Spiel beruhigt wieder auf. Mama würde schon wieder kommen!

Davon waren sie offenkundig zutiefst überzeugt. Entsprechend fiel ihre Reaktion auf das Erscheinen der fremden Person aus. Zunächst betrachteten sie sie neugierig, wendeten sich dann aber wieder konzentriert ihrem Spiel zu. Sobald die fremde Person, oft eine Frau, sich ihnen näherte, hielten die Kinder zunächst Distanz ein, fassten dann aber vorsichtig Vertrauen. Manche ließen die fremde Frau sogar mitspielen. Sobald Mama zurückkehrte, wendeten die Kinder ihr die vollkommene Aufmerksamkeit zu. Mama wurde mit allen Anzeichen von Freude begrüßt. Die Erleichterung der Kinder war spürbar. »Gott sei Dank, Mama ist wieder da!«

Mama wurde sofort in das Spiel mit aufgenommen, die Fremde wurde jetzt entweder weniger beachtet oder sogar in das Spiel integriert. Kurzum, diese Kinder hatten keinerlei Mühe, eine gewisse Zeit der Abwesenheit von Mama zu ertragen, sie konnten trotzdem ihre Aufmerksamkeit für die Welt um sie herum und für ihre eigene Tätigkeit aufrechterhalten. Ihr Vertrauen dazu, dass Mama schon verlässlich zurückkehren werde, war groß genug, dass sie auch »etwas Fremdes« integrieren konnten.

Ganz anders verhielten sich die »unsicher gebundenen« Kinder. Manche von ihnen zeigten heftige abwehrende Reaktionen, wenn Mama den Raum verließ. Sie blieben verwirrt und oft hilflos vor ihrem Spielzeug hocken, nahmen es dann nach längerer Zeit wieder auf, manche zeigten aggressive Gesten, warfen das Spielzeug gegen die Wand usw. Die Fremde wurde in der Regel überhaupt nicht beachtet, es schien, als würden diese Kinder sie aus ihrem Wahrnehmungskreis verbannen.

Wenn Mama zurückkam, reagierten die Kinder immer noch unruhig, manche weinten, manche liefen Mama mit weit ausgestreckten Armen entgegen. Das Spiel war über das Wechselbad ihrer Gefühle längst nebensächlich geworden. Offenkundig waren sie nicht in der Lage, die Bindung an Mama nach ihrem Weggehen innerlich aufrechtzuerhalten, damit waren sie auch nicht in der Lage, ein konzentriertes Spiel unabhängig von der Mutter fortzuführen.

Die »ambivalent gebundenen« Kinder reagierten so: Sie zeigten, wenn Mama fortging, überhaupt keine Reaktion. Wie erstarrt blieben sie auf dem Boden vor dem Spielzeug, es schien, als würden sie das Fortgehen kaum bemerken oder als würde es sie nicht interessieren. Messungen des Blutdrucks, der Geschwindigkeit der Herzschläge und teilweise EEGs zeigten aber, dass sie sich in einem hohen Anspannungszustand befanden. Sie hatten Mamas Verschwinden sehr wohl wahrgenommen, ihnen stand nur keine Reaktion zur Verfügung. Sie hatten für ihre Gefühle keinen angemessenen Ausdruck. Vor allem aber fehlte ihnen das Zutrauen. Einfach zu Mama zu laufen, bevor sie durch die Tür verschwand, und sie festzuhalten oder zurückzuzerren – das trauten sie sich nicht. Sie waren wie gefangen in ihrer Unsicherheit, zogen deshalb ihre Unruhe und ihren Schmerz »nach innen«, dort wühlte und bohrte er. Er überforderte ihre Seele und ließ diese Kinder wie erstarrt zurück.

Der weitere Verlauf war dann leicht vorauszusehen. Als die fremde Person eintrat, nahmen diese Kinder sie entweder gar nicht zur Kenntnis oder *sie wendeten sich ihr distanzlos zu*. (Diese Distanzlosigkeit, dieses sich offen und frei jedermann zuzuwenden, ist typisch für hyperaktive Kinder. »Kinder mit hyperaktiven Aufmerksamkeitsstörungen« neigen dazu, sich ohne innere und äußere Distanz wildfremden Menschen zu öffnen. Freilich ist es so, dass sie mit der Nähe, die sie herzustellen bemüht sind, gar nichts anzufangen wissen.)

Im Spiel wirkten sie dann sehr unkonzentriert. Sie hatten nicht die innere Ruhe, um sich einem Spielzeug länger zuzuwenden, um seine Funktion zu prüfen, um ganz zu erfassen, was man mit einem Bauklötzchen oder einer Modelleisenbahn alles anfangen kann. Ihre unruhige Seele fand gar nicht genügend Zeit, um die Freude zu empfinden, die der Anblick eines Spielzeugs für ein Kind bereithält. Also griffen sie nach diesem oder jenem, nach dem Bauklötzchen und der Eisenbahn, hielten sie kurz in der Hand und warfen sie enttäuscht oder gelangweilt in die Ecke. Sie rutschten unruhig und Hilfe suchend um das Spielzeug herum, und wenn sich die fremde Person schließlich in die Spielsituation einmischte, dann wendeten sich die Kinder ihr zunächst vertrauensvoll zu, dann aber wieder schnell gelangweilt ab.

Sobald Mama zurückkehrte, trat wiederum das ein, was sich bei ihrem Weggehen schon gezeigt hatte. Die Kinder reagierten nicht oder kaum. Mamas Rückkehr wurde mit derselben Gleichgültigkeit beobachtet, wie ihr Weggehen. Aber in beiden Fällen, ich habe es erwähnt, handelt es sich um eine Schein-Gleichgültigkeit. Um ein Schauspiel, das das Kind vor Mama oder vor sich selber inszenierte. Darunter tobten und wüteten Empfindungen, die nicht zum Ausdruck kommen durften. Das Kind wirkte wie erstarrt oder desinteressiert, zugleich benötigte es Mamas Nähe dringlicher, als es das »sicher gebundene« Kind tat.

Zu dieser ablehnenden und scheinbar gleichgültigen »unsicheren« Reaktion gibt es eine hochinteressante Variante. Sie veranlasste die Bindungsforscherin dazu, der Kategorie »unsicher gebundene« Kinder eine weitere hinzuzufügen. Sie nannte sie »dissozial gebunden«. Manche dieser »unsicheren« Kinder klammerten sich an Mama, umfassten ihr Bein oder ihren Rock und wollten sie nicht wieder loslassen. *Zugleich* aber griffen sie nach dem einen und dann dem anderen Spielzeug und wussten mit beiden nichts Rechtes anzufangen. Sie wollten sich festhalten und fanden offenbar an Mama keinen wirklichen Halt. Sie wollten von ihr fort, aber auch die Welt der Spielzeuge konnte sie nicht »binden«. Weder fanden sie beim Klammern an »Mama« Ruhe und Trost, noch konnten sie sich mit der Welt um sie herum tatsächlich befassen. Sie blieben gewissermaßen in einem spannungsreichen Zwischenzustand hängen. Ein hoch erregter Zustand, der sich in keiner Weise zu einem Ende hin bewegte, der sich nicht »auflöste«.

Auch dieses Verhalten wird bei den so genannten hyperaktiven oder aufmerksamkeitsgestörten Kindern beobachtet. Sie bewegen sich immer in Zwischenzuständen, sie rasen und hetzen von einem zum anderen und kommen nirgends an. Insbesondere an die Mütter klammern sie sich wie Kleinkinder, noch im Alter von acht, zehn oder zwölf Jahren. Eine junge Mutter hatte mir einmal gesagt: »Ich kann ja nicht einmal allein aufs Klo gehen«, ihre kleine Tochter wollte sie nicht loslassen, aber zugleich war sie unfähig, eine entspannte Bindung zu Mama aufzubauen und aufrechtzuerhalten. Ihr Klammern war nur

Ausdruck hilfloser Unruhe, weder das Kind noch Mama fanden darin Bestätigung oder gar »Stillung«.

Es zeigt sich, dass mindestens ein großer Teil jener Störungen, die wir an den modernen nervösen Kindern beobachten, unmittelbar auf frühe Bindungsstörungen zurückzuführen sind. Auch andere beobachtende Forschungen bestätigten dies. Peter Hobson hat an der berühmten Travistock-Kinderklinik bei London vergleichbare Untersuchungen angestellt. In Deutschland ist das Forscher-Ehepaar Grossmann mit beeindruckenden Experimenten bekannt geworden. Die Ergebnisse sind jeweils dieselben. Bindungen zwischen Mama und Kind sind im europäischen Kulturkreis identisch, von Nationalität und nationaler Kultur unabhängig. Auf Dauer wird jede Politik, jede Gesellschaftsform, jede Art von Gemeinschaft und Familie scheitern, die wesentliche Teile dieser Bindungen außer Kraft zu setzen versucht. Solches Scheitern geht freilich jedes Mal zuerst auf Kosten der Kinder.

### *Rudolf oder: Die Gleichgültigkeit eines 6-Jährigen – zweimal Bindungslosigkeit*

Die Verfassung der Familien führt zu einem paradoxen Ergebnis: Ihr weiches Innenleben bindet die Jungen intensiv, sie finden in diesen Familien zu wenig »Stoff« für eine abgrenzende Autonomie, zugleich lässt sich in vielen der jungen Familien ein merkwürdig hastiges und damit zutiefst bindungsarmes Nebeneinander erkennen. Die Jungen mit ihrer suchenden Sensibilität antworten darauf ebenso paradox: sie binden sich an diese Familienstruktur, benutzen sie aber – nein, bedienen sich ihrer – mit hoher Egozentrik. So sind sie eingebunden in ein Lebensfeld, in dem eilige Leere mit gleichzeitiger Überversorgung den Alltag prägt. Niemand will das so, die Mütter nicht, die Väter nicht, die kleinen Jungen erst recht nicht. Aber keiner weiß sich zu helfen.

Rudolf ist sechs, im nächsten Monat wird er sieben Jahre. Er ist etwas zu früh eingeschult worden, ein mageres Kerlchen, ein geschulter Blick kann eine leichte Entwicklungsstörung bemerken. Er kommt in die 2. Klasse, viel zu früh. Die Mutter ist unglücklich, was soll denn aus dem Jungen werden? »Er macht nur, was er machen will«, sagt sie. Die Hausaufgaben führen jeden Nachmittag zur familiären Katastrophe oder werden erst gar nicht erledigt. Manchmal, sagt die Mutter, ist man einfach zu erschöpft. Da mag man ihn zu den Hausaufgaben nicht mehr zwingen. Dann rafft sie sich wieder auf, zwingt ihn doch, das ganze Drama, wenn man ihr glauben mag, dauert oft drei Stunden oder länger.

Der kleine Rudolf ist tatsächlich schwer zu erreichen. Er weicht dem Blick nicht aus, er ist zwar unruhig vibrierend, aber nicht hyperaktiv. Er kann sich durchaus auf die eine oder andere Sache konzentrieren, nur die Voraussetzungen müssen für ihn stimmen. Sie stimmen fast nie.

Was Rudolf benötigt, um arbeiten zu können und sich konzentriert zu verhalten, trifft er in seinem familiären Umfeld so gut wie nie an. Zwei Voraussetzungen benötigt er für seine Aufmerksamkeit: Entweder er entwickelt aus eigenem Willen Gefallen an einer Sache, einer Lego-Bastelei oder einer Konstruktion mit Holz und Papier, dann zeigt er sich sehr geschickt. Oder er findet einen Erwachsenen, der ihn seelisch an die Hand nimmt und an eine Aufgabe heranführt. Rudolfs Aufmerksamkeit gleitet dann zwar immer noch schnell weg, aber ein freundlicher und entschiedener Blick kann sie lenken.

Rudolf lacht gerne, er lässt sich also auch gern für eine Sache begeistern, aber die Erwachsenen müssen schon »authentisch« fasziniert von einer Aufgabe sein, künstliche Motivation, oft aus der Ängstlichkeit der Eltern entstanden (»was wird bloß aus dem Jungen?«), verführt ihn zu gar nichts, vermehrt allenfalls seine lustlose Indifferenz.

»Rudolf, Alter«, sage ich, »das kriegen wir schon hin!« Er schaut mich an und gibt zu erkennen, dass er mich nicht verstanden hat. Was soll er denn hinkriegen? Für ihn ist die Welt so weit in Ordnung. Mindestens für sein bewusstes Leben gilt dies, für sein unbewusstes vermutlich nicht.

Denn Rudolf ist einsam, das sickert ganz allmählich nach einigen bohrenden Fragen durch. Die Frage nach seinem »allerbesten Freund« kann er nicht beantworten, er gibt die stereotype Antwort, die ich von vielen egozentrischen Kindern gehört habe: »Ich habe viele Freunde.« Das ist eine Ausrede, es bedeutet, dass er in Wahrheit nicht einen einzigen hat, zumindest keinen verlässlichen. Es bedeutet aber außerdem – ein aufmerksames Ohr hört es –, dass er sich unter Freundschaft nichts Rechtes vorstellen kann.

Ein Freund ist für ihn jemand, mit dem er gemeinsam das tun will, was er allein auch täte. In diesem Punkt ist Rudolf ein typischer Vertreter seiner Generation. Freundschaften auf immer und ewig, Freundschaften unabhängig von seinen jeweiligen Launen und Bedürftigkeiten gibt es kaum noch. Dies haben erziehungswissenschaftliche Studien bereits in den 80er-Jahren festgestellt. Was früher Blutsbrüderschaften und Jungengemeinschaften waren, die auf Biegen und Brechen zusammenhielten, das sind heute lose gefügte Interessen- und Bedürfnisgruppen.

Insofern ähneln die Freundschaftsgruppen der Jungen den modernen Familien. Sie folgen keiner übergeordneten Idee vom »besten Freund« – wie ihn Freddy Quinn in einem Schlager der 50er-Jahre innig besang: »Du brauchst doch immer wieder einen Freund« –, sie haben nicht einen einzigen Freund auf der Welt. Alles wird nach individueller und nahezu zufälliger Befindlichkeit geregelt. Bei Rudolf ist diese Art der Sozialität unübersehbar. Insofern ist seine Bemerkung, dass er viele Freunde habe, gar nicht falsch. Er hat sozusagen, wie ein 3-Jähriger, jeden Tag einen anderen Freund.

Mit vielen allerdings, so berichtet die Mutter hastig, zerstreitet er sich. Das liegt ja auf der Hand. Nichts in Rudolfs Welt ist darauf vorbereitet, dass er sich auf die Wünsche eines anderen Kindes einstellen könnte, nichts kann ihn dazu veranlassen, seine »Überfokussierung« auf einen einmal gefundenen interessanten Gegenstand aufzugeben und zu Gunsten eines anderen Kindes zur Seite zu legen, nichts hat ihn gelehrt, was ein »Freund« sein könnte. Nein, er hat keine Freunde, er vermisst sie auch nicht. Ich sagte es schon, seine kleine Welt ist in Ordnung. Zumindest für sein Bewusstsein, sein Unbewusstes spricht eine andere Sprache. Aber die ist leise, fast verstummt.

Ich will mit dem Jungen allein sein, ich bitte die Mutter, für eine Weile das Zimmer zu verlassen. Rudolf spielt indes mit einem Magneten, der bei mir auf dem Schreibtisch steht und das Entzücken fast aller kleinen Jungen hervorruft. Die Mutter will gehen, sie wendet sich ihrem Sohn zu: »Ich geh dann jetzt«, sagt sie. Rudolf gibt nicht die geringste Reaktion zu erkennen. Er ist mit Händen und Augen ganz auf den Magneten konzentriert.

Die Mutter bewegt sich leicht um ihn herum, sie stupst ihn an der Schulter, »ich geh dann mal, in einer Stunde bin ich zurück«, sagt sie. Rudolf schaut wieder nicht auf, er schaut mich an, aber auch dies tut er nicht als Reaktion auf die Ansprache der Mutter, sondern weil er endlich das gemeinsame Spiel mit dem Magneten wieder aufnehmen will. Die Mutter zieht sich schließlich resigniert zurück. Sie hat ihren

Sohn nicht erreicht, weder mit Worten noch mit ihrer Berührung. An ihrer Reaktion ist abzulesen, dass sie diese Antwortlosigkeit gewohnt ist.

Als ich zu dem Magnetspielzeug greife und dabei eine kleine Bemerkung mache, lässt Rudolf ein breites frohes Lachen erkennen. Die Bemühung seiner Mutter hat er tatsächlich nicht zur Kenntnis genommen. Er fühlt sich weder belästigt von ihr, noch ist ihm eine abgewehrte Trennungsangst, wie Psychologen gern interpretieren, anzumerken. Es ist ihm einfach schnurzegal!

Aber auch dieses Kind wird ohne Bindung an die Mutter – von dem Vater, der jeden Abend von der Arbeit nach Hause kommt, war während des gesamten Gesprächs nur einmal kurz die Rede – in kein soziales, kommunikatives und geregeltes Leben hineinfinden. Ohne Mama hat er keine Chance, aber Mama ist nicht »da«. Es ist gerade so, als ob das kleinkindhafte »Fort- und Da-Spiel« zwischen den beiden zu einem erstarrt-unglücklichen Ende gekommen und seither nicht wieder aufgehört habe. Sicher hat auch dieser Junge einmal sein Gesicht versteckt und unbeholfen »foooooort« gestammelt, um danach, Mama erblickend, zu einem strahlenden »da…« zurückzukehren; aber dieses »da…« trat in seinem Leben nicht verlässlich genug ein, nicht mit jener seelischen Intensität, die notwendig ist, um die Ängstlichkeit des vorausgegangenen »fort…« wieder aufzuwiegen. Rudolf ist nur »fort…« und sonst gar nichts.

Dabei fällt mir eine weitere Beobachtung ein. Während des Gespräches korrigierte die Mutter ihren Sohn fortwährend. Erst schob sie seine Beine, die er angezogen hatte, vom Stuhl herunter, damit er »ordentlich saß«, dann korrigierte sie seine Sprache, fiel ihm oft ins Wort, hatte wenig Geduld. Vielleicht ist dies bei dem hochgradig unruhigen Kind verständlich, aber für mich stellte sich die Frage: Was stand am Ursprung dieser unseligen Verkettung? Die Unruhe des Sohnes, und die Mutter, die darüber ihre Geduld verlor? Oder doch die permanente Kontrolle und Korrektur einer Mutter, die ihren Sohn dabei fast aus den Augen verlor?

Nun hatte er nicht einmal mehr Ungeduld für sie übrig, nicht einmal Abwehr, sondern nur Desinteresse. Sein freundlicher Blick, den er vom Magnetspielzeug gehoben und mir zugewendet hat, während die Mutter beim Abschiednehmen hilflos an ihm herumzupfte, prägte sich mir ein. Wenn es wenigstens ein kalter Blick gewesen wäre, aus dem, wie ein Widerhall, eine frühkindliche Enttäuschung abzulesen gewesen wäre. Aber hier gab sich keine Enttäuschung zu erkennen, hier herrschte eine seltsame Bindungsleere zwischen Mutter und Kind.

Es wundert mich jetzt nicht mehr, dass Rudolf sich im weiteren Spiel bei einigen standardisierten Übungen als ein überaus kluges Kerlchen erwies. Er war höchst geschickt im Umgang mit Objekten, konnte Funktionen zusammenbasteln, konnte sie auch logisch nachvollziehen und in einigen Grundelementen aufs Papier zeichnen. Keine einfache Sache für einen 7-Jährigen. Auch Computerspiele machten ihm Spaß, ich hätte gar nicht zu fragen brauchen. Alles was mit seinem Willen in Übereinstimmung war, entzückte ihn. Wenn man eine andere psychologische Unterscheidung zu Rate ziehen will, könnte man formulieren, dass Rudolf die »sekundär narzisstische«, also die instrumentelle Handhabung und Wahrnehmung von Welt gelernt und dabei alle »primären« Bindungen verloren hatte. Seine Intelligenz rotierte mit hoher Geschwindigkeit, aber wenn sie kein funktional zu bedienendes Objekt fand, dann rotierte sie ins Leere.

Das waren die Momente, in denen Rudolf entweder zu dösen begann, teilnahmslos aus dem Fenster schaute, wenn ihm, wie im Schulunterricht, keine Ausflucht zur Verfügung stand. Oder er wurde, wie es die Kindergärtnerinnen schon berichteten, aggressiv, nervös, ungehemmt schubste er dann ein Kind zur Seite. Aber seine Aggressivität richtete sich gar nicht gegen ein Kind, sie war lediglich Ausdruck einer hastigen Suche nach einem Gegenstand, der funktionierte und ihn so in seiner technischen, kognitiven Intelligenz bestätigte.

Rudolf war ein kleiner 7-jähriger »homo faber«, einer, der beim Anblick der Sterne an astrophysische Berechnungen denkt. Doch wo der homo faber, den Max Frisch in den 50er-Jahren in seinem Roman beschrieben hatte, sein Interesse auf das Funktionieren von mächtigen raumgreifenden Maschinen richtete, die die Welt umwälzen, da interessiert sich Rudolf für Funktion *pur*, für die logischen Operationen, die in digitalisierten Bildern blitzartig erkennbar werden. Gewiss sind frühe Bindungsstörungen zwischen Mutter und Sohn unübersehbar, aber ebenso erkennbar wird, dass Rudolf ein Kind des digitalen Zeitalters ist. Seine Seele bleibt dahinter auf eine Weise zurück, dass möglicherweise die Unterscheidung zwischen bewussten und unbewussten Motiven kaum noch Sinn macht, zumindest keinen, der für die therapeutische Behandlung praktisch wirksam werden könnte.

Dann die Frage nach Rudolfs Vater. »Er ist selbstständig«, sagt die Mutter. Was heißt das? Es heißt aller Wahrscheinlichkeit nach – und der Verlauf des Gesprächs bestätigte es –, dass der Vater in Rudolfs Leben keine Rolle spielt. Ein kleiner Selbstständiger, ich frage nach der Zahl der Angestellten, eine Sekretärin und eine Halbtagskraft beschäftigt er. Das heißt weiter, dass Rudolfs Vater Tag und Nacht um das pure Überleben kämpft. Allein käme er wahrscheinlich gut durch, das wird er sich gelegentlich heimlich vorrechnen und seiner Familie auch. Ohne euch käme ich zurecht, mit euch ist es fast nicht möglich. Das heißt, dass ihm – anders als den großen Unternehmen – die Ordnungsbehörde ebenso wie das Finanzamt hartnäckig auf den Fersen sitzen und keine Sekunde Ruhe geben, dass er jedem Auftrag hinterherläuft und dabei die Erfahrung macht, dass das soziale Klima kalt geworden ist.

Rudolfs Vater hat Angst, wie alle Familienväter, die Angestellten ebenso wie die Selbstständigen. Wenn er abends nach Hause kommt (falls er nach Hause kommt), ist er abgehetzt. Er ist gereizt, müde. Jedes Problem in der Schule, jede Krise am Nachmittag, von der die Frau berichtet, ist wie ein Vorwurf. Er hat nicht genug geackert, nicht genug rotiert, er war wieder nicht schnell genug – wenn er allein wäre, käme er ganz bestimmt gut zurecht!

Von heute auf morgen kann einer wie Rudolfs Vater zum Untergang gezwungen werden, ein Brief vom Finanzamt, das überraschende Steuernachzahlungen einklagt, begründet in einem juristischen Jargon, den weder der Steuerberater noch Rudolf Vaters versteht und oft der Finanzbeamte selber nicht, kann seinen kleinen Betrieb zum Aufgeben zwingen. Rudolf Vater weiß das alles, es gibt keine Sicherheit, nirgends.

Die Orientierungen, die er selber vielleicht noch bei Vater und Mutter lernte, sind längst zerfallen. Bindungen an übergeordnete gesellschaftliche Organisationen, die zugleich, wie früher Gewerkschaften oder Kirchen oder sogar die Betriebszugehörigkeit, in moralischer Weise Sinn stifteten, sind zerbrochen. Nichts ist übrig geblieben, nur die unmittelbarsten aktuelle Kontakte zählen noch und bringen einen Auftrag und dann wieder einen ins Haus. Da ist Rudolfs Vater ähnlich wie sein Sohn, auch er springt von einer Befindlichkeit zur nächsten, von einer Aktion zu einer weiteren. Er kommt nicht zur Ruhe. Abends, wenn er erschöpft vor dem Fernsehapparat ausharrt, würde er vielleicht gern einmal mit seinem Sohn sprechen, aber der hat sich in sein Zimmer verkrochen und bastelt an irgendetwas herum, sein Sohn will nicht gestört werden, und eigentlich wüsste Rudolfs Vater auch gar nicht, was er mit ihm bereden sollte.

Ein Machtwort sprechen? Wie es die hilflosen Kindergärtnerinnen erst der Mutter und die Mutter dann dem Vater vorgeschlagen hatte? Was sollte das schon nutzen, Rudolf würde ja nicht zuhören. Und zwingen? Strenge und Härte? Ja, wie sollte das denn praktisch aussehen? Soll Rudolfs Vater seinen Sohn verprügeln? Das würden die Nachbarn hören, vielleicht würden sie das Jugendamt anrufen. Im Hintergrund droht schon wieder eine Bürokratie, jedenfalls droht die Angst vor ihr. Rudolfs Vater hat in der BILD und sonstwo von Jugendämtern gelesen, die die Kinder aus der Schule holten, gegen ihren Willen in ein Heim zerrten und langfristige juristische Auseinandersetzungen in Gang setzten, die bei den Kindern ein Trauma und bei den Eltern ein tiefes Gefühl von Hilflosigkeit und Sinnlosigkeit hinterließen. Rudolfs Vaters weiß auch in diesem Punkt Bescheid.

Außerdem mag er keine Gewalt. Das hat er gelernt. Das ist Commonsense. Jetzt aus der Reihe zu fallen, das hätte ihm gerade noch gefehlt. Der »Commonsense« ist mächtig, er reguliert das Verhalten der Eltern zu ihren Kindern, eine andere »verinnerlichte« Regulation gibt es kaum. Der Commonsense wird aus Angst befolgt, so, wie es früher bei der Autorität der schlagenden Väter auch schon war.

Nein, Rudolfs Vater sieht seinen Sohn kaum, allenfalls kriecht Rudolf mal zu ihm aufs Sofa, dann starren sie gemeinsam in den Fernsehapparat und der Vater versucht vergeblich, Worte zu finden für erschossene Kinder in Tschetschenien oder für verhungernde schwarze Babys in Zentralafrika. Erklär' mir die Welt? Das war einmal ein Privileg der Väter. Das schuf Bindung, der gemeinsame Spaziergang, der Blick in die Sterne, das Erklären naturwissenschaftlicher Prinzipien und Sinnfragen, eines ging Hand in Hand. So etwas hat es früher gegeben, der Blick in den Fernsehapparat erlaubt solche Fragen und Antworten nicht.

Es ist nicht so, dass Rudolfs Vater nicht gern seinem Sohn die Welt erklären wollte, aber zum einen versteht er sie selber nicht und zum anderen ist Rudolf das Kind einer zynischen Kultur, er weiß, dass alles keinen Sinn macht, fühlt es jedenfalls. Es gibt nur das Funktionieren und eine unendliche Fülle von Funktionsmerkmalen, wie die

Informationsdaten in den Computersystemen. In ihnen gibt es keine Sinnfragen, in ihnen gibt es kaum fassbare Gegenstandsbereiche. Rudolfs Vater und sein Sohn – manchmal schauen sie sich an, aber dann sind des Vaters Augen ebenso leer und gleichgültig wie die des Kindes. In gewisser Weise hat Rudolf doch viel von ihm gelernt.

# V. Zerfall des Sozialen und desorientierte Jungen – Versuch einer Antwort

## 1. Nie ganz hier und woanders auch nicht

Manche dieser schwierigen Jungen wirken seltsam emotionslos, zugleich stellen sie sich fortwährend in den Vordergrund, machen einen Riesenradau um jedes kleinste Gefühl, wollen irgendetwas unbedingt »haben« und können in wildes Trotzgeschrei verfallen, wenn sie es nicht bekommen. Sie schlagen mit enormer Wildheit um sich, wenn sie sich angegriffen fühlen, oder wirken niedergeschlagen bis zur tiefsten Depressivität, wenn sie wieder einmal einen Test oder eine Klassenarbeit »verhauen« haben. Ewig dreht sich alles um sie, und sie selber drehen sich mit.

Doch ihr Gesicht, ihre Augen bleiben dabei seltsam gefühllos, oder kommt es einem nur so vor? Vielleicht ist es ja auch so, dass einfach ihre Egozentrik dazu führt, dass man sie gar nicht richtig wahrnimmt. Dass man in den ganzen Turbulenzen das reale Kind mit seiner psychischen Anfälligkeit übersieht. Man hört buchstäblich nur den Lärm und nicht die leisen Anklänge der Psyche, die es auch gibt.

Vielleicht ist es so, aber der Eindruck bleibt, dass immer etwas Scheinhaftes, etwas Aufgedrehtes und Künstliches in der Existenz dieser Kinder vorherrscht. Wenn beispielsweise ein 10-jähriger Junge mit großer Hartnäckigkeit danach verlangt, irgend einen beliebigen Kugelschreiber unbedingt »geschenkt« zu bekommen und dann, nachdem man ihm den Kuli in die Hand drückt, sein Geschenk einfach achtlos liegen lässt – was soll man von der Innigkeit seines Wunsches halten? Und wie reagiert man das nächste Mal, wenn er wieder mit großer Intensität irgendeinen Wunsch vorbringt?

Sie scheinen immer sehr offen, distanzlos kommen sie auf einen zu, aber mit Nähe können sie nicht wirklich etwas anfangen. Man kann sie nicht »festhalten«, körperlich kaum und seelisch erst recht nicht. Schon ihre Augen gleiten ständig nach rechts oder links, weichen aus, wollen einem nicht begegnen, jedenfalls nicht für längere Zeit…

Und dann gibt es doch Momente, in denen ihr Blick standhält. Diese Augenblicke wirken dann im Kontrast zu ihrem sonstigen Verhalten besonders wertvoll. Sie haben eine eigene Intensität. Plötzlich *schaut* dieses Kind, schaut einen Psychologen oder Lehrer oder Betreuer urplötzlich lange und intensiv an und mag seinen Blick gar nicht mehr abwenden. Dann heißt es auch für den Erwachsenen standzuhalten. Es ist wirklich, glaube ich, von äußerster Bedeutung, dass man in solchen Momenten, aus welchen Gründen sie auch immer entstanden sein mögen, nicht ausweicht. Manche dieser schwierigen kleinen Jungen haben eine Art, einen anzublicken, als sei ihnen mit einem Mal etwas eingefallen und als suchten nun danach – aber wonach?

Sie suchen nicht unbedingt Nähe, ich glaube nicht. Zur Nähe sind sie wenig begabt. Sie suchen auch keine unmittelbare Zuwendung, Zuneigung. Sie wissen zu wenig damit anzufangen. Nein, ich denke, es ist anders.

Sie suchen – zunächst – die Konfrontation. Ihr Blick hat etwas Provozierendes, Herausforderndes, aber nicht Aggressives. Sie wollen, denke ich, die Stärke des Erwachsenen spüren, seine Stabilität, sie wollen bezwungen werden. In ihrer eigenen Psyche, in ihrer oberflächlichen Geschichte, ihrer unruhigen Herkunft können sie zu wenig von sich selber – zu wenig »Ich selbst« – finden. Also muss es ihnen über »den Anderen«, ihr Gegenüber, aufgetragen werden. Sie warten darauf.

Sie entwickeln, sobald sie ein wenig Vertrauen gefasst haben, offenkundig ein Gefühl von Bedürftigkeit, das sie weder erklären noch stillen können. Dazu brauchen sie den Erwachsenen, seine Macht, seine Übermacht. So wie sie sich gern mit allmächtigen, omnipotenten Figuren im Computer oder anderswo identifizieren, so wie sie in der Realität gern hinter lauten und dummen Schlägern her rennen und sich alles Mögliche von ihnen gefallen lassen, so wollen sie auch in diesen Momenten, in denen sie den Blick des Erwachsenen suchen, ganz und gar in Beschlag genommen werden. Jede kleinste Unsicherheit im Blick des Erwachsenen, alles Ungefähre, lässt den Begegnungswunsch, die Berührungsnähe in Sekunden wieder erlöschen. Dann sind ihre Augen wieder unruhig, ihre Mimik ist wieder überanstrengt und nervös. Dann sind sie wieder auf dem Sprung, nirgendwo hin. Dann hat man sie verloren.

Aber wenn es gelingt, ihrem Blick standzuhalten, nein mehr: ihn zu lenken, einzufangen, ihn danach mit einer Anforderung an sie, eine Anstrengung für sie, zu verbinden, sie damit zu konfrontieren und diese Konfrontation zu bestehen – dann, endlich, löst sich etwas in ihnen. Dann ist plötzlich eine Nachgiebigkeit in dem sonst so trotzig verhärteten Körper zu spüren, eine Nachdenklichkeit in dem sonst nervösen, impulsiven und fortwährend von sich selber ablenkenden Gesicht. Dann ist etwas anderes da! Es ist wichtig, kostbar. Man muss es festhalten.

Es ist merkwürdig – in gewisser Weise auch faszinierend –, wie sehr diese Kinder wie in einem »inneren Gefängnis« neben der Realität gefangen sind. So wie sie ständig körperlich gegen alle möglichen Gegenstände anrempeln und sie kaum spüren, so scheinen sie sich auch mit ihren Gefühlen nicht in der Wirklichkeit zurechtzufinden. An diesen Jungen ist alles unpassend. Ungehörig. Sie gehören nirgendwo hin. Daher vielleicht auch der Eindruck, dass sie ständig auf der Flucht seien … weg von allem, aber wohin?

Und dennoch beschleicht mich auch wieder die Furcht, dass selbst diese »authentischen« Momente nicht mehr waren als Einbildung. Eine ganz ähnliche Intensität spüre ich bei diesen Jungen nämlich auch dann, wenn sie den Bezug zur Realität ganz eindeutig verlassen. Dies geschieht relativ oft. Eine ernsthafte Konfliktsituation reicht aus, dass sie die Realität mit einer Intensität, einer Rückhaltlosigkeit leugnen, als wären sie sehr kleine Kinder.

Ein 10-Jähriger schmeißt mit Kieselsteinen nach Autos, beschädigt den Lack, freut sich an dem heftigen Aufschlag der Steine. Als die Mutter ihn zur Rede stellt, ihn darauf hinweist, dass die Beschädigungen dem familiären Geldbeutel schwer zu schaffen machen werden, kann derselbe Junge urplötzlich in ein wildes Geschrei ausbrechen oder buchstäblich unter Tränen flehen: »Ich habe das nicht getan, ich war das nicht. Ich würde so etwas nie tun.« Er weint, er sucht nach Zustimmung und Tröstung, hält dabei aber die Kiesel noch in der Hand.

Ich habe mehrfach erlebt, dass man gerade dann, wenn man das Vertrauen dieser Kinder gewinnt, von ihnen bestohlen wird. Es reicht, einen kleinen Geldschein in der Jackentasche zu lassen, sie finden ihn mit erstaunlicher Regelmäßigkeit. Sie greifen zu, sie denken keine Sekunde nach, ein Zögern scheint es nicht zu geben. Zögern wäre Realitätseinsicht, aber das Reale wird einfach übersprungen. Dann stecken sie den Schein ein, sie geben sich nicht einmal besonders viel Mühe, dabei nicht aufzufallen.

Wenn man sie schließlich zur Rede stellt, geschieht dasselbe, wie bei dem eben erwähnten Beispiel eines 10-Jährigen: Sie weinen haltlos, sie beschwören den guten Kontakt, den man doch miteinander gewonnen habe, sie machen deutlich, wie sehr sie Vertrauen gewonnen hätten und nun angesichts der ungerechtfertigten Vorwürfe alles zusammenbreche, buchstäblich ihre ganze Welt, erklären sie, wimmernd und unter Tränen. Ja, sie hätten oft gestohlen, sie würden vielleicht jeden bestehlen, »aber dich doch nicht, du bist doch viel zu wichtig für mich« – und wundern sich, warum man ihnen nicht glaubt.

Selbst erfahrene Pädagogen und Psychologen sind auf diesen Trick hereingefallen, es wirkt alles so ungeheuer suggestiv, so ungeheuer überzeugend. Aber handelt es sich um einen »Trick«? Ich habe nicht den geringsten Zweifel daran, dass diese Jungen in diesen Momenten vollständig von der Wahrheit ihrer Gefühle und ihrer Worte überzeugt sind. Nein, sie haben diesen Stein nicht geworfen, nein, sie haben diesen Geldschein nicht an sich genommen, und wenn sie es hundert Mal getan haben. Wer das Gegenteil behauptet, ist ein Verräter, einer, der ihnen Böses will – auch wenn er hundert Mal Recht hat.

Die ganze gewaltige Emotion freilich stürzt in sich zusammen wie ein Kartenhaus, wenn man dem Kind den gestohlenen Geldschein aus der Tasche zieht. Die Tränen ersticken, das Gesicht wird leer, beinahe kalt, jedenfalls ungerührt. Nicht berührbar. Es ist eine Verwandlung wie von Dr. Jekyll, dem Guten, zu Mr. Hyde, dem Bösen. Es ist auch eine Art Zusammenbruch, man sieht es. Die Selbstsuggestion beansprucht so viel seelische Kraft, dass das Kind grenzenlos überfordert ist. Vermutlich leben diese Kinder nie ganz in der Realität und schon gar nicht in ihrer eigenen Realität. Sie leben dazwischen, in Zwischenräumen, in denen das Psychische keinen Boden findet, nicht gedeiht, sondern stürzt und fällt und sich aufrappelt und wieder stürzt. Immerzu, immerzu.

## 2. Die Jungen von Hildesheim oder: Das Ende des Gewissens

Hildesheim, Werner-von-Siemens-Berufsschule, 2003. Durch die Medien geistern wieder einmal Schockmeldungen: Schüler haben einen 16-jährigen Außenseiter der Berufsbildenden Schule über Monate gedemütigt, geschlagen, sie haben ihm einen Eimer über den Kopf gestülpt und auf das dröhnende Blech gedroschen – dies alles passierte in den unteren Räumen der Schule, während in Hörweite ein Lehrer über das Klassenbuch gebeugt saß und nichts mitbekam.

Das war die erste Auffälligkeit: die Gleichgültigkeit der Lehrer. Die zweite war, dass mehr als die Hälfte der Klassenkameraden an den Misshandlungen zeitweise beteiligt waren, alle wussten Bescheid. Niemand hat etwas gesagt, nicht einer hat trotz schlechten Gewissens einen Lehrer ins Vertrauen gezogen. Die dritte Auffälligkeit: Die Hauptschläger hatten den Plan, Videoaufnahmen, die die Gruppe von den Prügeleien getätigt hatte, über das Internet zu verkaufen. Konkretere Vorstellungen hatte man offensichtlich nicht, es war auch ein seltsam unsinniger Plan. Aber zeittypisch ist er trotzdem.

Dass Gewalt und digitale Medien zusammengehen, das haben diese Kinder tief verinnerlicht. Ebenso, dass spektakulär amoralisches Handeln gut verkäuflich ist, wenn es nur laut genug dröhnt und poltert, wenn die Bilder hart genug rüberkommen. Sie haben es ja oft genug gesehen, im Kino oder auf MTV, seit neuestem auf RTL und relativ seriösen Sendern.

Verständnislosigkeit war, nach dem Bericht des Hildesheimer Staatsanwalts, ihre Reaktion auf die Vorwürfe, die man ihnen schließlich machte, als das Ganze aufgeflogen war. Mit leerem Blick saßen sie vor dem staatsanwaltlichen Ankläger, dieser notierte verblüfft: »Es dämmert ihnen erst ganz allmählich, dass sie etwas Falsches gemacht hatten.«

Dazu kann es nur kommen, wenn Jugendliche und mit ihnen hunderttausend andere jede Spur von Mitgefühl verloren haben. Denn es gab ja nicht nur stille und verschwiegene Demütigung, es gab Lärm und Tränen, es gab Schreie. Das alles hat sie überhaupt nicht berührt. Dass etwas daran falsch sein muss, wenn ein Mensch leidet, hatten sie einfach nicht gelernt und verstanden es noch immer nicht, als vor Gericht die Anklage verlesen wurde.

Das radikalisierte Ego kennt kein Gut und kein Böse, es kennt nur Bestätigung oder Verweigerung von Bestätigung. So ist es kein Wunder, dass diese Jugendlichen mit leeren Augen und nahezu erstaunt den Zorn des Staatsanwaltes zur Kenntnis nahmen – »Worüber regt der sich eigentlich so auf?« Erst als ihnen drastische Strafen drohten, wurden sie kleinlaut.

Und ihre »Klassenkameraden«? Sie befolgten ein ganz ähnliches Prinzip, nur passiver, verstohlener – »Geht mich nichts an.« Wo mein Ego nicht berührt ist, betrifft mich nichts. Meine Wahrnehmungen sind so ungeschärft, mein Gefühl so auf mein Selbst begrenzt, dass die Schreie aus dem Nebenzimmer oder den Kellerräumen mir am Ohr vorbei gleiten. Ich höre das zwar – einer der Schüler sagte aus, man konnte das Gerumpel deutlich vernehmen, auch der Lehrer habe es gehört –, aber zu Reaktionen gibt es gar keinen Anlass. So wenig, wie sich die Fußgänger in der Innenstadt der Kleinstadt Heide zu Reaktionen verpflichtet glaubten, als in einem Hauseingang ein 16-jähriges Mädchen vergewaltigt wurde und um Hilfe schrie. So wenig wie in Hannover in der Vorhalle einer Sparkasse sich Menschen zur Hilfe verpflichtet fühlten, als dort ein älterer Mann mit einem Herzinfarkt zusammenbrach und starb. So wenig wie auf der Fußgängerzone vor meiner Haustür, als mein Kind von einem rasenden Radfahrer umgefahren und verletzt worden war, Passanten auf die dringliche Bitte der Mutter, einen Krankenwagen zu verständigen, reagierten. Sie hatten alle keine Zeit, es interessierte sie einfach nicht. (Nebenbei bemerkt verriet auch ein Schreiben des Oberbürgermeisters der Stadt Hannover, mit dem er auf meinen offenen Brief antwortete, nicht die geringste Spur von Interesse.)

Nein, sie haben nicht nur das Schweigen gelernt, so wie es die natürliche Feigheit von Menschen in schweren Zeiten immer schon ausmachte, sie haben viel Tiefgreifenderes gelernt: das Nicht-mehr-Hören, wenn einer laut und vernehmlich aus dem Nebenzimmer schreit. Sie hören gleichsam nur organisch. Ein Organ für das Mitgefühl fehlt ihnen.

Polemiken gegen Lehrer machen es sich meist zu leicht. Oft wurde bei den Hildesheimer Ereignissen die Frage gestellt, ob die Lehrer denn nicht etwas gehört haben müssten. Nun, für sie gilt nichts anderes als das, was für ihre Schüler gilt. Auch sie haben gehört, aber nicht hingehört. Es hat sie nicht wirklich interessiert. Hier eine Eintragung von fehlenden Schulstunden, dort ein penibles Aufzeichnen von irgendwelchen schwachsinnigen Benotungen, das ist Schulalltag. Aber wenn einer im Nebenzimmer schreit, dann weiß man nicht, wie man sich zu verhalten hat. Besser weghören!

Ich bin sicher, dass diese Schläger sich als kleine Stars fühlten, als sie im Gericht vorgeführt wurden, die Fernsehkameras surrten und die Blitzlichter zuckten. Ich bin sicher, dass sich für einen Moment ihr innigster Traum erfüllte, einmal ganz im Rampenlicht zu stehen. Erst während der Verhandlung, so berichtete mir der Reporter einer großen Tageszeitung, der den Prozess beobachtete, dämmerte ihnen, dass sie Strafe zu erwarten hatten. Auch das verstanden sie jetzt erst – ahnungsweise. Jetzt endlich. Aber als die Anwälte das Wort ergriffen, als sie ihnen auf die Schulter klopften und einige großspurige Sprüche von sich gaben, da wuchsen diese jungen Männer, die nie Männer im Sinne eines verantwortungsvollen Erwachsenwerdens sein werden, schon wieder zu ihrer alten omnipotent-fantastischen Größe heran, da reckten sie schon wieder den Kopf und die Hälse, da grienten sie einander einvernehmlich zu. »Hast du die Kameras gesehen? RTL war auch da!«

Sie wurden verurteilt, nebenbei bemerkt zu lächerlichen Strafen, wie immer, wenn in Deutschland ein Mensch verletzt oder getötet wird. Die Justiz hat Mühe, sich dafür überhaupt zu interessieren. Ja, wenn sie die American Express-Card des getretenen und gedemütigten Schülers gefälscht hätten, das hätte die Justiz in Wallung gebracht. Aber Schläge, Demütigungen, in anderen Fällen die Billigung von Totschlag? Da hat man Mühe, einen Staatsanwalt zu finden, der ein Verfahren einleitet. Ich kenne eine Reihe von Beispielen, wo man verletzte oder gar getötete Kinder als Bagatelle abtun wollte.

Dies alles hat sich ihnen eingeprägt, sie recken den Kopf, keiner hemmt ihre omnipotenten Gefühle, zu denen ihnen keine anderen Fantasiebilder als die des Zuschlagens und Tretens, allenfalls die einer ungeschickten Geschäftstüchtigkeit zur Verfügung stehen. Der Lehrer, der im Nebenraum saß und das »Gerumpel« hörte und desinteressiert im Klassenbuch blätterte, ist nur eine paradigmatische Figur, selber kaum zu verantwortlicher Individualität fähig.

Der Kultusminister, eine ebenso klägliche Figur, eilt in den folgenden Tagen herbei, wiederum von klickenden Fotoapparaten und Kameras begleitet, er versucht ein betroffenes Gesicht zu zeigen, aber man sah ihm an, dass er keine Ahnung hatte, worüber er betroffen sein sollte. Jenes ethisch motivierte Mitgefühl, das sich unwillkürlich (absichtslos) zeigt, stand ihm nicht zur Verfügung. Er unterbreitete stattdessen alberne Vorschläge. Überwachungskameras sind jetzt an der Berufsbildenden Schule aufgebaut, die Jugendlichen werden kontrolliert. Diese Kameras sind der verschwiegene Triumph der Gewalt.

Ein Klima der Überwachung, ja des totalitären Geistes liegt über diesem Schulhof, dabei gibt es immer noch verborgene Winkel und Kellerräume, in die keiner hineinschaut und keiner hineinhorcht. Dort kann man weiter schlagen, morgen vielleicht noch nicht, aber übermorgen. Übermorgen sind auch die Täter wieder frei, man kann wetten: ohne Einsicht.

## 3. Frank oder: Der Junge, der in der Kälte blieb

Ich sprach eingangs von der »Suche nach Autorität«, dies ist eine Geschichte, die diese und die in ihr wirkende verlorene Egozentrik der Jungen noch einmal deutlich zum Ausdruck bringt. Ausgerechnet die egoistischen Jungen, die so heftig auf ihrem Willen bestehen (und wenn man genau hinschaut, bemerkt man, dass sie gar nicht wissen, was sie wollen – sie fühlen es auch nicht!), ausgerechnet sie haben eine seltsame Schwäche für selbstgerechte, laute und aggressive Gleichaltrige. Dort, urplötzlich, sind sie dienstbeflissen, unterwürfig bis zur Selbstaufgabe. Letztlich kann dies nicht überraschen: sie hatten ja nie ein Selbst, das sie aufgeben müssten ...

Als Erstes fiel auf, dass Frank leicht lenkbar war. Dieser Junge reagierte auf feinste Signale der Erwachsenen mit hohem Feingefühl. Kleinste Missstimmungen oder Zeichen von Verärgerung versuchte er sofort auszugleichen, er suchte eine Art harmonischer, störungsfreier Nähe, in der er sich geborgen fühlte.

Dieser Beobachtung entsprachen auch die Berichte der Pflegeeltern, die ihn in seinem zweiten Lebensjahr aufgenommen hatten. Frank, sagten sie, verstehe sich vor allem mit kleineren Kindern hervorragend. Freilich war ihnen schon bald aufgefallen, dass er sich ihnen gegenüber eigentlich gar nicht wie ein Älterer verhielt, sondern sie wie Gleichaltrige und willkommene Spielgefährten behandelte.

Eines Tages, so berichtet der Vater, war Franks kleine Schwester zu einer Kinder-Geburtstagsparty eingeladen, darauf reagierte der »Große« verstört. Warum er nicht eingeladen werde ... Die Eltern gaben nach, die Schwester stimmte großmütig zu. So verbrachte der 13-jährige Junge einen ganzen Nachmittag mit 5- und 6-jährigen Kindern, fand sich hervorragend bei ihnen zurecht, spielte ihre Spiele und verfügte urplötzlich über Verhaltensweisen, die ihm sonst nicht zur Verfügung standen.

Beim Spiel mit den Kleineren konnte er endlich einmal verlieren, ohne sofort massiv in Wut zu geraten. Bei weiteren Spielen zeigte er sich geduldig, nachsichtig gegenüber Regelverletzungen. Für einen Nachmittag war er der Junge, den die Eltern sich immer erhofft hatten. Ein vielleicht nicht übermäßig intelligenter, aber gutmütiger, spontaner und lebensfroher Knabe. Für einen Nachmittag war er geradezu »störungsfrei«.

Ähnlich »integrierte Verhaltensweisen« zeigte er, als er auf eine Schule für verhaltensschwierige Kinder kam. Dort hatte ein autoritärer Lehrer das Reglement, er lenkte und dirigierte alle Kinder mit barscher Stimme und harten Strafen, wirkte aber gelöst und den Kindern zugewandt. Damit kam dieser 13-Jährige hervorragend zurecht. Sein eruptiv asoziales Verhalten änderte sich von einer Woche zur nächsten. Er erinnerte sich plötzlich an seine Hausaufgaben und führte sie aus, er ging regelmäßig zur Schule und verhielt sich im Unterricht so, wie der Lehrer es verlangte. Er identifizierte sich mit dem mächtig wirkenden Erwachsenen. Es tat ihm gut.

Wieder zeigten sich Grundzüge eines infantilen Verhaltens, wie man es von einem 4- oder 5-Jährigen erwarten konnte. Aber er war kein »zurückgebliebenes«, kein retardiertes Kind. Er hatte zwar intellektuelle Grenzen, die eng gesteckt waren, war aber in der Erfüllung kognitiver Aufgaben durchaus altersgemäß entwickelt. Mit anderen Worten: Zwischen seiner kognitiven und sozial-emotionalen Entwicklung klaffte eine Alterslücke von mindestens sechs Jahren. Kognition und Emotionen gingen nicht Hand in Hand, seine Gefühle waren die eines 6-Jährigen, sein Körper der eines gut entwickelten 13-Jährigen, sein Intellekt der eines Jungen in der Vorpubertät mit begrenzten Fähigkeiten.

Insofern war die Psyche dieses Jungen relativ einfach einzuschätzen, wenn man eine gewisse Ungleichzeitigkeit seiner Entwicklung berücksichtigte. Aber ein weiteres Element kam, einige Monate nach dem Beginn des Besuches der »Schule für verhaltensgestörte Kinder« hinzu, nämlich seine Bereitschaft, hochgradig aggressiven Jugendlichen bedingungslos zu folgen. Nachdem sich zunächst eine positive Entwicklung eingestellt hatte, wurde diese schlagartig beendet, als ein hoch destruktiver, hyperaktiver Jugendlicher in die Klasse kam. Zu ihm entwickelte der Junge augenblicklich eine intensive Bindung, er ging dabei so weit, dem bewunderten Jugendlichen nicht nur zu folgen, sondern hinter ihm buchstäblich unterwürfig herzulaufen. Was immer dieser Jugendliche anordnete, wurde von dem 13-Jährigen erfüllt.

Eines Tages beobachtete die Mutter, dass er seine von den Eltern gut gepflegte Kleidung an einer Straßenecke austauschte gegen heruntergekommene, verschmutzte Kleidung, in der er »seinem Führer« ähnlich sah. Kurzum, er schien sich fast vollständig aufzugeben und wurde dabei immer aggressiver. Seine »kindliche« Seite und die damit verbundenen Spiele und andere Arten sozialen Verhaltens gingen dabei fast ganz verloren.

Offenkundig gab es in seiner gesamten Entwicklung keinen ausreichend positiven Anker, keinen »Haltpunkt«, der der Identifikation mit dem aggressiven Jugendlichen etwas hätte entgegensetzen können. Diese massiv rücksichtslose und vorbehaltlose Bewunderung und Identifikation mit dem »Aggressiven« machte deutlich, dass sich seit langem eine seelische Leere in ihm ausgebreitet hatte, von der sich weder die Eltern noch die pädagogischen Betreuer ein ausreichend klares Bild gemacht hatten.

Wir haben Mühe, uns solche seelische Bindungsleere in ihrem ganzen Ausmaß zu vergegenwärtigen. Wir sind so sehr daran gewöhnt, dass jede geringste sinnliche oder emotionale Erfahrung mit einer Fülle von früheren Erfahrungen und Eindrücken korrespondiert, dass sie dadurch überhaupt erst erlebbar wird, erinnerungsloses »leeres« Erleben hingegen ist kaum vorstellbar.

Aber so muss es bei diesem Jungen gewesen sein. Er hatte sich sozusagen von einer momentanen Befindlichkeit in die nächste gerettet, kein Wunder, dass ihm dies mit erheblich kleineren Kindern besser gelang als dort, wo er seinem Alter entsprechend »ganz« gefordert worden wäre.

Es gibt dafür nur eine Erklärung, nämlich die, dass eine erste traumatisierende Trennung eine Apathie hinterlassen hatte, die alle späteren Eindrücke, Begegnungen, Bemühungen gleichsam auslöschte. Als die Pflegeeltern ihn mit 14 Monaten in ihr Haus nahmen, war schon alles entschieden. Er hatte das Organ des Sozialen, das aus frühesten Bindungserfahrungen hervorgeht, nicht ausgebildet. Er empfand freudige oder schmerzliche Gefühle, wie andere Kinder auch, aber jene innere Instanz, die ihn dazu befähigte, sie festzuhalten und aus den Verankerungen solcher Erfahrungen ein Selbst zu bilden, indem er sich seelisch »zu Hause fühlte«, war ihm nicht möglich.

Deshalb liefen auch alle Bemühungen der Pflegeeltern ins Leere. Sie schufen Momente, aber keine Dauer. *Sie erzeugten Gefühlsreaktionen, aber keine Bindungen.* So war es den Eltern auch nicht möglich, dem Jungen langfristige Werte zu vermitteln, Verhaltensweisen zu lehren, kurz, an ihrem Beispiel, in ihrem Vorbild und in der Spiegelung ihres Verhaltens dem Jungen zu ermöglichen, ein kohärentes Selbstverständnis zu entfalten. Dies war ihnen ganz und gar misslungen, der Knabe litt darunter, ohne es zu wissen.

Was anfangs wie eine Ungleichzeitigkeit zwischen emotionaler und kognitiver Entwicklung erschien, war Ausdruck einer unermesslichen seelischen Leere. Was Frank ein Leben lang versäumt hatte, das suchte er nun bei diesem dissozialen Jungen, der mit seiner Rücksichtslosigkeit, seiner asozialen Dynamik, seiner Kälte und Bindungsleere so etwas verkörperte wie eine seelische Kontinuität.

Nein, Frank wollte keine Bindung an irgendjemanden oder irgendeine Gruppe mehr, nein, er wollte keine Gefühle, auch nicht solche, die er mit den kleinen Kindern auf Geburtstagspartys oder sonst wo erlebt hatte, nein, er wollte nicht geringste Beeinträchtigung seines Willens, die in jeder menschlichen Kommunikation unvermeidlich ist – dies alles wollte er nicht mehr. Er wollte vielmehr aus der Kälte eine innere Stimmigkeit bilden, die ihn dann doch zu einem menschlichen Wesen werden ließ, das mit sich selber in Übereinkunft war. Eine verdrehte, verrückte, aber letztlich konsequente Kohärenz, die auf dem beruhte, das nicht da war und immer gefehlt hatte.

In der Nähe des aggressiven Älteren gab es überhaupt keine Bewusstheit mehr, also auch keine »Verdrängung«, keine Erinnerung, nicht einmal eine heimliche, die nachts in Träumen oder in plötzlichen traurigen Stimmungen aufsteigen kann. Nichts von dem, was ihm gefehlt hatte, musste jetzt noch gespürt und möglicherweise geleugnet werden – so wie früher die Kinderspiele mit den Kleinsten wie von fern Vertrautheiten in ihm wachriefen, freundliche, halb vergessene, versunkene Gefühle. Wenn er nun in geradezu triebhaftem

Eifer die Dissozialität, die Kälte und rücksichtslose Einsamkeit seines Vorbildes nachahmte, war alles erloschen. Es beunruhigte ihn nicht mehr. Nichts musste mehr vergessen werden: Wenn er nur so war wie sein Vorbild, dann war er mit sich selber versöhnt. Eine Versöhnung in der Kälte. Die Eltern standen hilflos davor, die zu Rate gezogenen Psychologen auch. Wie hilft man einem jungen Menschen, der endlich zu sich selber gefunden hat? Wohin führt man ihn, wenn man den Versuch unternimmt, ihn von sich selber wegzuzerren, und was kann man für ihn tun, wenn dieses »Selbst« ein großer kalter Irrtum ist?

## 4. Anspannung und dann kein Ende mehr

Moritz ist intelligent. Das sind sie ja fast alle. Seine Bewegungen sind in sich unruhig, aber nicht wirklich unkonzentriert. Irgendwie hat er etwas Gebändigtes, als stieße er mit seiner heftigen Körperlichkeit (und wohl auch seiner seelischen Kraft) immer wieder an unsichtbare Grenzen und pralle von ihnen zurück. So ist auch sein Blick, den er auf mich richtet. Suchend und lebhaft, aber nicht fahrig.

Seine Intelligenz beeindruckt mich, aber es ist eine rein intuitive Intelligenz, keine, die das Lernen betrifft. Lernprozesse, wie alles übermäßig Geregelte, sind ihm unerträglich. Dann wird er tatsächlich »hyperaktiv«, zappelt mit den Beinen, schiebt den Körper nach vorn und zurück. Nein, Regeln mag er nicht. So zumindest hat es den Anschein.

Plötzlich fängt er an, von seinem Handwerk zu erzählen. Genau das will er werden: Handwerker, Tischler vielleicht oder Modellbauer. Früher, sagt er, wollte er Pilot sein. Einer, der hoch fliegt, weg von der Erde. Einer, der im Freien schwebt und gleichzeitig über schwere Maschinen gebietet, die Motoren lenkt und in den Horizont hinaufsteigt. Das war früher. Jetzt, sagt er, sei er reifer geworden, realistischer.

Jetzt will er Handwerker werden, Modellbauer, wie gesagt. Das ist kein Traum, das hat er ausprobiert, er kennt die Beweglichkeit seiner Hände, aber auch die Grenzen seiner Geschicklichkeit. Er hat sie akzeptiert.

Wie es zu diesem seelischen Schritt kam, will sich mir in den ersten Gesprächen nicht erschließen. Irgendetwas ist bewundernswert an diesem Jungen. Wenn er einen anschaut, dann tut er es mit einer Art unabsichtlicher Anstrengung. Irgendwie steht man auf dem Prüfstand, es ist ein seltsames Gefühl. Moritz hat alle Sinne und Wahrnehmungen ins Äußerste gespannt, daher rührt dieser Eindruck von Intelligenz, er ist immer auf dem Sprung hin zum anderen und wieder zurück zu sich selber.

Er ist jetzt auf einer Schule für verhaltensschwierige Kinder, die Lehrer kamen nicht mit ihm zurecht. Das wundert mich nicht. Er mag die Lehrer nicht, auch die Erzieher im benachbarten »therapeutischen Heim« erzeugen bei ihm ein Gefühl von Geringschätzung. Warum, frage ich, sind sie autoritär? Er zuckt mit den Schultern. Sie tun nur so, sagt er. Sie sind, sagt er, »als-ob-autoritär«.

Ganz anders die Pfleger in der Psychiatrie, in der er auch einige Monate zugebracht hat. Diese Pfleger imponierten ihm. Nicht die Psychiater, die erreichten ihn nicht, bei denen hat er sich gelangweilt. Aber die Pfleger, kompakte Kerle, die einen hart anfassten, konnte er respektieren.

Er respektiert Erwachsene gern. Strenge mag er, Härte auch. Doch damit gerät er in eine seelische Falle, die er nicht aufzulösen vermag. Er erklärt sie mir. Die Eltern zu Hause dürfen nicht »hart« sein, sagt er. Warum nicht?, frage ich. Für eine Antwort fehlen ihm die Worte. Aber ich habe schon verstanden, was er ausdrücken will und wofür er bei aller Reflexionskraft dann doch keine Sprache hat. »Härte« zu Hause bedeutet den Abbruch von Bindungen. Das versetzt ihn in panische Abwehr, dann in Trotz, dann in eine Not, denn er möchte die Bindung, er möchte die Nähe, die Geborgenheit, er hat eine unendliche Sehnsucht danach. Die leiseste Störung im Strom dieser Sehnsucht verwirrt ihn. Wo er die Sehnsucht nicht hat, ist Strenge in Ordnung, Härte auch. Wo die Sehnsucht überwiegt, darf dies alles nicht Platz greifen. Ich sagte schon: Alles an ihm ist hoch gespannt.

Eigentlich sucht er die Erlösung aus dieser permanenten Spannung. Irgendjemand müsste mit Härte, ja Strenge, wie sie die Pfleger hatten, in seine spannungsverhärtete Psyche einbrechen, das spürt er, das wünscht er sich. *Zugleich* aber müsste diese Härte den Charakter von Bindung haben, sie müsste ein *Angebot* sein und kein Zwang. Das ist die Paradoxie, die seine Eltern nicht zu lösen wissen.

Ja, gewiss, den äußeren Symptomen seiner Verhaltensstörungen nach fällt Moritz unter »ADS«. Für solche Kinder haben Psychologen ein Standardprogramm: enge Lenkung, permanente Belobigung, Kontrolle. Aber das alles würde an ihm abgleiten, ja, würde seinen intelligenten Trotz hervorrufen. Dies alles würde seine inneren Spannungen ins Unerträgliche steigern, würde familiären Katastrophen geradezu heraufbeschwören.

Was rät man solchen Eltern? Was sagt man solch einem Jungen? In gewisser Weise bringt er die Härte sich selbst gegenüber auf, das war so, als er vom Piloten-Traum Abschied nahm. Er zwang sich selber auf die Realitätsebene zurück. Und dann ist es ihm gelungen, die dabei erzeugte innere Anspannung zu bündeln und auf eine Aufgabe zu richten, zumindest soweit es um Modellbau geht.

Da wird er ganz penibel, genau berechnet er feinste Maßeinheiten, kalkuliert Spannungsverhältnisse, geht mit dem dünn geschnittenen Pergament sorgfältig um, bastelt tatsächlich funktionierende kleine Flugzeuge, 70 oder 80 cm lang und ein 50 cm breit. Die stehen dann da, trotzig und sich selber behauptend inmitten der Realität. Diese handwerkliche Geschicklichkeit ist ein enormer Anpassungsvorgang, den er sich selber abringt.

Er benötigt seine ganze Kraft dafür. Manchmal, sagt er, wenn allzu viele feine Details sich anhäufen, verliert er die Geduld. Dann bohrt er sich in die Arbeit hinein, dann gibt er sich selber keinen Millimeter nach, dann treibt er sich an, bis er wieder zu den größeren Berechnungen, den freieren Bewegungen in der Konstruktion des Modellflugzeuges vordringt, bis er wieder die Gesamtgestalt vor Augen hat und Atem schöpfen kann, bis er ein vernünftiges, vollständiges, also ein von ihm erschaffenes Gebilde vor Augen hat. Das tröstet ihn, daran baut er ein Selbstbewusstsein auf, das ihm sonst vom Realen verweigert wird, darin »spiegelt« er sich. Ja, es ist ein durchaus zutreffendes Wort, wenn ich von »seelischer Härte« spreche. Die will er jetzt auch bei solchen Erwachsenen finden, denen er vertraut. Sie sollen auch die Kraft haben, sich durchzubeißen, durchzubrechen – *auch gegen ihn und in ihn hinein*. Wenn er solch einen Erwachsenen fände, einen Mann, dann wäre er befreit.

## 5. Mit kleinen und großen Jungen im Wirbel des Malstroms

Alles, was ich weiß, lerne ich von diesen Kindern. Daher wühle ich mich auch durch verschiedene Theorien durch, manche wirken so banal, dass sie angesichts der Komplexität dieser Kinder nicht in Betrachtung kommen. Hilfreich ist immer noch die Psychoanalyse, sie gibt viele Impulse des Verstehens. Sie stößt mich an, so wie ich versuche, im Leben der Kinder und der Familien Impulse und Anstöße auszusenden. Die Kinder mit ihrer Kompliziertheit haben mich, der zum Müßiggang neigt, fleißig gemacht. Sie bestätigen und widerlegen immer wieder das Gelesene, Angeeignete und beschwören das Vergessene, voreilig Verworfene, wieder herbei; sie tun es mit ihren Eigenarten, die mich immer wieder faszinieren und hin und her zerren: ihrer Spontaneität, ihrer Unmittelbarkeit bei all ihrer Desorientierung, zugleich diese enorme Differenziertheit, die sich hinter ihrer Härte und Kälte und ihrem Zutrauen und ihrer Sentimentalität verbirgt. Sie sind in Not, das ist wohl wahr. Aber sie sind auch offen auf eine radikale Weise, sie zeigen eine unruhige, aber neuartige Welt-Perspektive, über die mein Wissen und Verstehen nicht verfügt. Ihre Lebensgeschichten sind nicht von großen klaren Linien durchzogen, die man nur nachzeichnen müsste, vielmehr sind es Brüche, Ruptionen, Ungleichzeitigkeiten, die kreuz und quer durch ihre Entwicklung laufen, Einheitliches durchkreuzen und insofern etwas zu Tage fördern, das mit den alten Persönlichkeitsmodellen, wie sie etwa im bürgerlichen Entwicklungsroman dargestellt werden, vollständig bricht. Anton Reiser war auch schon ein Zerrissener, aber er hatte eine »Lebensgeschichte«. Woyzeck hatte keine, ihn riss es einfach hierhin und dorthin, letztlich ins Extreme. Ins Moor, aus dem die Geister aufstiegen, die ihn quälten, und in dem er, um sie zu verjagen, Marie, die er liebte, ermordete. Vielleicht war Büchner der erste Biograph jener psychischen Zustände, wie sie in den hyperaktiven Jungen heute zum Ausdruck kommen. Keine Entwicklung, keine großen Linien, sondern extreme *Zustände*. Sie drehen und winden sich in sich selber, sie taumeln hier- und dorthin, sie erzeugen in der Heftigkeit ihrer Bewegung etwas Kompliziertes, das uns herausfordert. Wir müssen noch lernen, dem standzuhalten. Sie spiegln eine Entwicklung, die unsere Kultur heute insgesamt kennzeichnet.

Auch sie überfordert uns. Ihre Bewegung in reine Symbolräume, die sich in sich selber konnotieren, in sich selber spiegeln und kommunizieren, die nur das sind, was sie sind und nichts darüber hinaus, weil sie aus ihrer Leere einen eigenen Sinn stiften, eigene Kommunikationen, eigene Zeichen. Was ich in den digitalen Medien aufspüre, finde ich bei diesen Jungen wieder. Sie haben kaum Vergangenheit und kaum Zukunft, aber viel Gegenwart, turbulente Präsenz. Hierhin, in diesen Sog (den Sog des Malstroms, wie Poe schrieb), muss man ihnen folgen. Dann nehmen sie einen wunderbarerweise auch an.

# VI. Was tun? Stark machen, Halt geben, Mitgefühl zeigen

Wir wissen uns nicht zu helfen, sagen mir Eltern, und ich schaue auf ihren 11-jährigen Sohn, er wirkt ein wenig neugierig und ein wenig desinteressiert, offen für alles und gleichgültig gegenüber allem. Er lächelt freundlich, man lächelt zurück. Die Eltern berichten von Schulproblemen, zögernd kommen später – als mehr Vertrauen besteht – einige persönlichere Schwierigkeiten hinzu. Die Schulprobleme, die eigentlich immer eine zentrale Rolle spielen, erreichen den »schwierigen« Jungen entweder mit ungehemmter Wucht, Angst und Panik – oder überhaupt nicht. Die eine Haltung kann jederzeit in die andere wechseln, es ist schwer zu prognostizieren.

Sind die Eltern aus dem Raum, bleiben manche Kinder misstrauisch, verstockt oder verängstigt, manche trotzig (»was soll ich hier überhaupt«). Die meisten beginnen aber vorbehaltlos zu reden, sie entspannen sich in ihrem großen, bequemen Stuhl, der vor meinem Schreibtisch steht, manchmal hocken wir uns für ein Spiel auf den Fußboden oder sitzen an einem kleineren Tischchen im Nebenraum voreinander. Alle Kinder suchen Nähe, ausnahmslos alle. Alle zeigen Versorgungswünsche – eine simple Tasse Pfefferminztee freut sie, ein harmloser Keks beglückt sie geradezu. Sie lächeln, beginnen zu erzählen. Und damit fangen die Schwierigkeiten an.

### *Zum Beispiel Fußball, alles ist anders geworden*
Die Welt, von der die Jungen berichten, ist mir aus der eigenen Kindheit vertraut, so scheint es jedenfalls. Aber wenn man genauer hinschaut, zeigt sich eine tief greifende Fremdheit. Ich frage mich dann oft: Wie viel begreife ich eigentlich von dem Erleben dieses Jungen, das ich mir so geduldig anhöre und zu verstehen versuche?

Zum Beispiel Fußball. Vertraut ist mir der Wunsch, ein toller Fußballspieler zu sein – obwohl das Spiel selber den nervösen Kindern der Moderne schon ein wenig umständlich, ein wenig schwerfällig vorkommt – eigentlich liegen ihnen die hastigeren Spiele wie Basketball oder die ganz rüden wie Football mehr. Fußball kennen sie vor allem aus dem Fernsehen, sie spielen nach, was sie dort gesehen haben. Aber ihr »Fußball« ist ein anderer geworden. Mit unserem Spiel auf dem Sportplatz am Waldrand nicht vergleichbar.

Mit ihren Spielaktionen verbinden sie weit weniger als Jungen in meiner Kindheit ein Gemeinschafts-, ein »Mannschaftsgefühl«. Vielmehr sind es personalisierte, individuelle Vorbilder, »Stars«, denen sie es gleichtun möchten. Es geht nicht mehr oder immer weniger um Schalke 04 oder den kleinen Ortsverein, es geht viel mehr um »Lehmann oder Kahn«, Gesichter aus dem Fernsehen und aus der Zeitung. Der kleine Fußballbegeisterte, der vor mir hockt und vom letzten Wettkampf erzählt, redet nicht mehr von »11 Freunden und ein(em) Ball« – so lautete ein enorm populäres Jungenbuch meiner Kindheit. Die Idealbilder, die er mit seinem Spiel verbindet, haben vielmehr den Charakter von Geschäftstüchtigkeit rund um den Globus. Sein Sportheld ist ein Weltreisender, einer, der wie Lehmann von Borussia Dortmund zu Arsenal London oder Celtic Glasgow wechselt und Erfolge sammelt. Ein einsames Ego zwischen zwei Pfosten, heute beschimpft und morgen hochgelobt. Auch die sentimentale Liebe zu den Fußballheroen, die jede Niederlage überdauerte, gibt es nicht mehr. Was Fritz Walter erleben durfte und eine Generation nach ihm noch Uwe Seeler ist verschwunden – Loyalität der Gefühle, Dankbarkeit für frühere Siege. Alles vorbei. Erfolge von gestern zählen nicht, das sagt Trainer Hitzfeld in die Kameras und auch Oliver Kahn.

Welchen Zielen träumen diese Spieler und mit ihnen die kleinen Jungen auf dem Fußballfeld nach? – Dem Moment, dem Augenblick, dem rauschhaften Jetzt-Zustand des Triumphes und dem Geld als Ausweis dafür, dass man es geschafft hat. Beides ist in die Erzählungen des kleinen Jungen vor mir, der von seinem letzten Wettbewerb, von seiner cleveren Ballabgabe im exakt richtigen Moment, seiner ungemein fixen Reaktion auf den Ball ins untere Eck berichtet, eingeflossen. Der triumphale Moment – das ist es. Wie im Computerspiel: Jetzt bin ich ganz oben, jetzt bin ich wie mein Ideal-Ich. Ich, der King! Jetzt, während ich meinen Triumph herausbrülle, lasse ich die beschwerliche Realität hinter mir zurück. Jetzt bin ich versöhnt. *Das* wollen sie, davon erzählen sie, sie mögen gar nicht wieder aufhören.

Achten wir auf die Details, dann werden die Unterschiede zu früheren Jungenträumen deutlich. Dann wird erkennbar, wie unvergleichlich dynamischer, heftiger, auch kompromissloser die Wunschvorstellungen der modernen Kinder sind. Auf die Details achten – dann neigt man ein klein bisschen weniger dazu, auf neue Fragen alte Antworten zu geben.

Auch der Jubel der Spieler nach einem gelungen Torschuss gilt nicht mehr dem übergeordneten Erfolg der Mannschaft, des Vereins, des Vereinsnamens. Das war noch vor 30 Jahren so, das ist vorbei. Der Jubel ist der von 11 »Ich-AGs«, die ihre Interessen für eine kurze Zeitspanne auf dem Fußballplatz zusammengeworfen haben und sich selber und ihre verbesserten Karrierechancen bejubeln, wenn sie den Torschützen umarmen. Lauter Egos in ein und demselben Mannschaftstrikot.

*Davon* erzählt er also, der kleine Junge vor mir, mit leuchtenden oder desinteressierten Augen. Das freundliche Anfangsgefühl – alles wie bei uns früher, ich habe diesen Jungen genau verstanden, irgendwie sind wir uns ja doch immer noch sehr ähnlich – ist gewichen. Der harte Konkurrenzkampf, den gab es früher auch. Daran erinnert der Kleine mich jetzt. Wie ein Rivale mir, dem damals 12-Jährigen, in der Schülermannschaft den Platz im Tor streitig machte, wie in einem zentralen Spiel dann alles auf der Kippe stand – *der oder ich!* –, wie ich dann doch ins Tor gestellt wurde und, noch ganz befangen in meiner Freude, den ersten leichten Ball verpatzte. Wie alles einzubrechen drohte und ich mich daraufhin, gerade so, wie alberne Mental-Coaches dies heute mittleren Führungskräften der Wirtschaft empfehlen, aus einer Art Wettbewerbsinstinkt, den bohrenden Blick des Rivalen im Nacken, nur noch von einer Situation auf die nächste konzentrierte, von einem Ball, der auf mich zuraste, zum anderen – ganz konzentriert und egozentrisch.

Mit diesem totalen Egogefühl waren der Junge mit seinen Erlebnissen und ich mit meinen Erinnerungen uns plötzlich tatsächlich ganz nah, einig. Jetzt hatte ich etwas von ihm erfasst! Aber was mir nur als *eine ausschnitthafte* Szene aus fußballseliger Vergangenheit in Erinnerung geblieben war, neben der es das viel wichtigere Gefühl von Gemeinschaft, Geborgenheit, *geteilter* Wut und *geteiltem* Stolz gab, war in der Schilderung des Jungen das dominierende Gefühl. Er träumte sich als Fußballspieler in einen Ego-Traum, in dem dauerhafte Bindungen an Vereinsnamen, an Zugehörigkeit zu dieser oder jener Gruppierung zurücktraten hinter dem hochgespannten Spielmoment, in dem er sich bestätigt oder versagt. Ein Moment nach dem nächsten – und dann der ersehnte oder versäumte Erfolg. *Ein durch nichts zu relativierender Erfolg oder Misserfolg.* So total, dass es nur das restlose Triumphgefühl oder das bodenlose Versagen gibt. Und immer nur »jetzt«, morgen gilt es nicht mehr. Keine lange Zugehörigkeit zum Verein und keine gemeinsamen frühere Siege mindern das Gefühl des Versagens, wenn ein Spiel verpatzt wurde.

In der Kultur des Freizeitsports, in der dieser kleine Junge aufwächst, sind andere, radikalere Bilder am Werk, Vorbilder, die von allgemeinen kulturellen Maßstäben geprägt sind, an denen kein besonnener Trainer etwas ändern kann. Dies sollte ein Berater/Psychologe im Kopf haben, wenn er Eltern beispielsweise rät, ihren hyperaktiven Sohn in einen Sportverein zu geben, damit er dort »Rücksicht und Regeln« und sportlich-soziales Verhalten lernt. Was lernt er dort wirklich? Unsere Ratschläge sind oft realitätsfremd. Ebenso sollte man die veränderte Wirklichkeit im Kopf haben, wenn man einem 12-Jährigen zuhört, während er von einem Triumph nach dem anderen erzählt und die Niederlagen verschweigt. So, wie er Misserfolge erlebte, *sind sie in seiner Psyche zu Fremdkörpern geworden*, kaum sinnvoll zu integrieren. Jeder wohlmeinende Versuch, mit ihm über den »Sinn« von Niederlagen zu sprechen, um etwa sein übersteigertes Idealbild zu mindern, läuft ins Leere oder prallt auf einen heftigen Widerstand, der schließlich ganz im Verstummen endet. Seine Kultur des Sportes ist wie die der Computerspiele: Man ist drinnen oder draußen, ex und hopp, dazwischen ist nichts.

Dieser kleine Junge macht dieselbe Erfahrung nicht nur beim Sport, sondern in nahezu allen Erlebensbereichen, er wird sie in zehn Jahren oder weniger wieder durchleben, wenn er sich in die wirtschaftlichen Realitäten der modernen Gesellschaft einzuordnen versucht.

### *Viva oder: Wie Kinder die Welt sehen*

Mit 11 oder 12 Jahren hat jedes zweite Kind einen Fernseher neben seinem Bett im Kinderzimmer stehen, über 70 Prozent schauen auch die Abendsendungen, besonders beliebt sind unter Kindern und Jugendlichen die Reality-Shows. Während sich die Öffentlichkeit noch über das *Dschungel-Camp* den Kopf zerbricht, sind in die Kinderzimmer »Doku-Shows« ganz anderen Zuschnitts eingezogen.

*Scary Tricks* zum Beispiel, eine Reality-Show auf MTV, in der nach dem Vorbild von *Vorsicht-Kamera* junge Leute überrascht werden, aber nicht mir harmlosen Autos ohne Tank und anderen Pennälerscherzen, sondern mit imitiertem Totschlag, mit 6-jährigen Kindern, die einem Show-Star mit Wucht zwischen die Beine treten und dabei viel Spaß haben und Ähnlichem ... das schauen sie sich an, auf MTV oder VIVA; die Programme wechseln, die inzwischen auch abgesetzte forsche Kult-Talkerin auf VIVA und PRO 7, Charlotte Roche, beschrieb das Klima in den Chefetagen mit viel Wortwitz so: »Die sitzen mit blanken Gesichtern und verstummter Seele vor dir und haben alle Angst.«

Ein schwieriger Junge mit 11 oder 12 oder 14 hat alle diese Botschaften zigmal in sich aufgenommen, sein Bild einer befriedigenden Freizeit ist geprägt von obszönen Spektakeln, die sich in seinem Kopf festgesetzt haben. Er würde da auch gern mitmachen, sieht aber keine Chance. Er hat gelernt, dass die wirklich nennenswerten Erlebnisse in seinem Leben nicht auftauchen werden, es sei denn, er hat enormes Glück – einen der immer mal möglichen Erfolge in den angesagten Casting- oder *Big-Brother*-Shows! Für ihn werden sie wahrscheinlich immer ausbleiben. Daran gemessen, erscheint seine Zukunft eben eher uninteressant.

Der kleine Junge vor mir hat gelernt, sich mit seiner Unvollkommenheit abzufinden. Dieses Schicksal teilt er mit fast allen Altersgenossen. Das wirkliche Leben ist immer woanders, im Fernsehen vorwiegend. Dort kommt er aber nie hin. Es ist ein Grundzug von Resignation bei vielen Kindern schon in der frühen Pubertät. Sie wirken viel welterfahrener als Gleichaltrige vor zwei, drei Generationen, aber auch abwesender die kindliche Zuversicht auf Zukunft ist ihnen weitgehend verloren gegangen. *Sie wissen schon alles über ein »richtiges« Leben, und sie wissen, dass es nicht eintreten wird.* In diesem Alter beginnen die meisten Kinder mit Alkohol, Rauchen und Haschisch-Konsum.

### Gehorsam und infantil, aber immer allmächtig

Diese kleinen Jungen sind, ganz entgegen den gängigen Klagen, sehr gehorsam. Nur, sie gehorchen den Instanzen, die in ihrem Leben etwas bedeuten – und das sind fast nie die Lehrer, immer seltener die Eltern, andere erwachsene Autoritäten auch nicht. Sie gehorchen dem Modus des Fernsehens, dem Konkurrenzkampf auf dem Sportplatz, der noch Leben verspricht, wenn man ganz nach oben kommt, zunehmend dem Computerspiel.

Sie gehorchen. Was heißt das?

Schauen wir genau hin. Der kleine faszinierte Computerspieler, der stundenlang, tagelang vor dem Monitor hockt, folgt keineswegs – wie eine Medienpädagogik, die sich gern »postmodern« gibt, hofft – einer individualisierten Fantasiewelt, er folgt vielmehr einer konformen. Er agiert, vor dem Bildschirm sitzend, über Räume hinweg, die er mit seinen Sinnen nicht umfassen kann. Er handelt in einer Symbolwelt, in der alle Arten der infantilen Omnipotenz agiert werden. Er vermag dies aber nur insofern er einem übergeordneten Willen, der sich in der Konstruktion des Spieles und der Gesamtheit der Spielverläufe im Internet durchsetzt, präzise folgt. Er agiert entlang der konstruierten Vorgaben, die eine andere, für ihn letztlich nicht erschließbare Intelligenz als Spielmöglichkeit eingerichtet hat – er agiert mit seiner Intelligenz entlang dem Willen des allumfassenden Spielsystems, er passt sich mit fortwährend omnipotenten Fantasien an.

Es ist eine Art abhängiger, funktionstüchtiger und gehorsamswilliger Intelligenz, die der kleine Spieler in das Spiel eingibt und mit ihr agiert. Er fühlt sich zwar allmächtig von einer Aktion zur anderen, ist aber nur angeschlossen an gewaltige Szenarien aus Lichtobjekten, die sich jenseits seiner Verfügungs- und Verstehenskraft ereignen.

Sie haben alle diesen cleveren, selbstsüchtigen und eifrigen Gehorsam, die kleinen Computerspieler, die mit der Schule wenig anzufangen wissen, die in den Kindergruppen schnell zu Außenseitern werden oder sich langweilen und letztlich ihren Fantasien mehr zutrauen als der Wirklichkeit. Wenn sie im Realen (etwa bei Schultests) scheitern, dann wirken sie teilweise betroffen und verunsichert, gleichzeitig aber merkwürdig desinteressiert und fast schon gelangweilt. Was wollt ihr alle von mir? Jeder Kinderpsychologe ist oft genug auf diese schwer erklärbare, schwer erträgliche Verhaltensweise gestoßen. Sie meinen es nicht böse, diese Kinder, sie suchen sogar den Schutz der Erwachsenen, sie können aber gleichzeitig von ihrer nach innen gewendeten seelischen Abwesenheit nicht lassen, sie können ihre tief verankerte Gleichgültigkeit kaum verbergen.

Die Eltern warten im Nebenraum. Sie hoffen auf Veränderungen, Resultate. Sie sind doch der Fachmann, ich habe doch von Ihnen gehört! Können Sie unserem Kind helfen? Der Glaube an die Expertenmacht ist so in das öffentliche Bewusstsein unserer Zivilisation eingesenkt wie der Geisterglaube in afrikanische Stammeskulturen. Dieser Elternglaube macht hilflos. Er überfordert. Bereits der erste Blick auf den 11- oder 12-jährigen Jungen zeigt, dass mächtige zivilisatorische, mediale, artifizielle, die Sinnlichkeit steuernde Kräfte in diesem Kind wirksam sind, Tag für Tag, und sich in seine Tagträume eingeschrieben haben – und was habe ich, der Psychologe, der Berater, dagegenzusetzen? Was kann ich diesem Jungen anbieten?

### *Auch Familien werden zweitrangig*

Alle Kinderpsychologen wissen um das Beharrungsvermögen der Familienstrukturen. Nie zuvor war das familiäre Schicksal so überlagert von allgemeinen Faktoren, die unmittelbar in das innigste Veränderungspotenzial, nämlich die Selbstliebe eines Kindes und seine Zukunftshoffnungen, hineinwirken. Mit welchen Impulsen kann ein Psychologe noch arbeiten, damit nicht alles beim Alten bleibt? Wenn sich das Allgemeine in einem hochartifiziellen Sinn so in das Besondere, die Familie, das individuelle Erleben, eingeschrieben hat, wo ist dann der Möglichkeitsraum, den ein Betreuer mit dem Kind erobern und in Besitz nehmen kann?

Angesichts dieser Hilflosigkeit neigt die Kinderpsychologie zur Selbsttäuschung. Sie ist professionelles Allgemeingut geworden. Wer glaubt denn allen Ernstes, dass man der Wirkungsmacht der medialen Tagträume verhaltenslenkende Therapieprogramme entgegensetzen kann? Wer kann den ernsthaft meinen, dass man den kleinen Jungen, die nicht von einer Stunde zur anderen denken mögen, die ängstlich vor jeder Bewährungsprobe zappeln und sich nicht dazu aufraffen können, für diese Probe (sei es ein Schultest oder sonst was) zu lernen oder zu üben, sondern sich in die näher liegenden omnipotenten Träume der immer schon bewältigten digitalen Realitäten begeben, die sich müde mit Alkohol und Haschisch trösten und gleichgültig und enttäuscht auf die Anforderungen des Realen reagieren – wer glaubt denn, denen mit kognitiven Lenkungsübungen Realitätsgefühl und -bewusstheit nahe bringen zu können?

Alle Bindungssicherheiten sind diesen Jungen abhanden gekommen. Aber was war zuerst da? Erst die Bindungsarmut in der modernen Familie, von der in diesem Buch ja wiederholt die Rede war, auf die sich die Fixationen an hybride Selbstbilder aufbauten? Oder war es umgekehrt, zerbrach unter der Mächtigkeit der idealisierenden Angebote die Bindung zu den realitätsverhafteten Eltern? Nicht einmal dies wissen wir. Es ist wohl so, dass beide Prozesse Hand in Hand gehen.

### Und welche Hilfe ist realistisch?

Die praktische Frage bleibt dabei ungelöst. Was hilft es, den bindungsschwachen Jungen Hilfestellungen anzubieten, die sie zurück zu den inneren Bildern der guten Mutter und des guten Vaters leiten sollen, wenn zugleich destruktive Omnipotenzszenarien alle »inneren« Bilder überlagert und entwertet haben? In einer sozialen Wirklichkeit, in der das omnipotente Wünschen eine enorme Präsenz, eine bildhafte und sprachliche Realität erlangt hat wie nie zuvor in der Menschheitsgeschichte, bleiben Hilfestellungen hin zum Realen wirkungsschwach. Deswegen noch einmal: Wer glaubt denn ernsthaft, dass das in der Gruppentherapie angelernte soziale Mitgefühl dem Abzocken auf dem Schulhof am nächsten Morgen Einhalt gebieten kann (wenn ein Junge das neueste Handy braucht und sich mit der billigen Altvariante, die die Eltern ihm finanziert haben, nicht abfinden will)? Er hat gelernt, dass zur perfekten Kommunikation, zum selbstbestätigenden Kontakt, das perfekte Kommunikationsgerät gehört, er hat verinnerlicht, dass er das attraktive Mädchen nur mit den aktuellsten, skurrilen SMS-Witzelein erobern kann, und eine andere Art der Kontaktaufnahme beherrscht er nicht. Was hilft ihm da einfühlendes soziales Empfinden? Nichts hilft es, und er weiß das.

### Denkvorschläge

Die Bindungsforschung lehrt uns, dass es kein Ich ohne ein Du gibt, dass kein Kind sein Selbst aus sich schöpft, sondern in der Symbiose und Dyade, aus der es sich herausarbeitet, empfängt, zuerst vom Mütterlichen, später von anderen umgebenden bedeutungsvollen Menschen und Ereignissen. Abhängig vom Erkannt- und Angeschautwerden, wächst ein kleiner Mensch von Beginn als soziales Wesen heran, außerhalb seiner Bedingtheiten durch seine Umwelt existiert er nicht. Diese Umwelt war bis vor wenigen Generationen durch den Charakter der Familie, die in ein soziales Milieu stabil eingefügt war, festgeschrieben. Jede Familie hatte ihre allgemein moralischen, sozialen Beständigkeiten, in deren Rahmen sich die korrespondierenden

Bindungen von Vater-Mutter-Kind und Geschwister entfalteten. Diese Beständigkeit hatte eine in sich relativ stabile Lebensgeschichte der Mutter, des Vaters, des familiären Großverbandes, der umliegenden Institutionen von Schule bis Arbeitswelt zur Voraussetzung. Alle diese Voraussetzungen sind heute weitgehend oder ganz zerfallen.

Was wir Psychologen und Pädagogen zögernd mit der Familientherapie analytischen oder systemischen Zuschnitts gelernt haben, müssen wir erweitern. Wir verstehen die Kinder nicht, wenn wir die elektronischen Bilder und Klänge, die ihre Sinne prägen und ihre Träume begründen, nicht verstanden haben. Diese werden in unverlässlichen oft dissozialen Gruppierungen im kindlichen Alltag weitergelebt. Die Unverlässlichkeit, das wenig Beständige relativiert die Bedeutung der Peer-Groups nicht, sondern intensiviert sie. Weitgehend orientierungslos binden sich die Kinder freilich nicht an eine oder zwei, sondern an verschiedenartige Bezugsgruppen. Diese können durchaus unvereinbare Wertesysteme und Verhaltensweisen haben. Die Jungen passen sich mal hier und mal dort an, jeweils mit derselben Adaptionsbereitschaft und -intensität. Auch dabei lernen sie den eingangs skizzierten leeren Gehorsam, der die moderne Kindheit in hohem Maße prägt.

Familien geraten oft – nicht immer! – gegenüber dieser impulsiven Suche nach Gruppenzugehörigkeit ins Hintertreffen. Vater und Mutter spielen bei der Auswahl der »richtigen« Gruppierung nur noch eine marginale Rolle. Dies wiederum verstärkt die ohnehin hohe Unsicherheit der Kinder und schafft Konfliktpotenziale in den Familien, die in aller Regel die Auflösung der familiären Bindung noch einmal beschleunigen. So trifft man dann auf eben diese 11- oder 12-jährigen Jungen, die unsicher und ohne stützenden Halt sich von einer Gruppe zur anderen bewegen, sich in jeder behaupten wollen, perfekte Selbstbilder im Kopf haben und ein ums andere Mal vor sich selber und vor anderen versagen. Sie reagieren resigniert und aggressiv, unruhig und verschlossen, immer auf der Suche nach neuen Kontakten bei geringer eigener Kontaktfähigkeit und fast ohne stabiles Selbstbewusstsein.

Die unlösbaren Konflikte tragen sie in die Familien zurück, der Kreis schließt sich oder besser gesagt: er öffnet sich wie eine Spirale zu immer geschwinderen, fatalen Wendungen.

### Drei Prinzipien

Die Einsicht, dass die modernen Kinder durch die einflussreichen Medienrealitäten in einer ganz neuartigen Weise in Gruppenprozesse realer, vor allem aber virtueller Art eingesponnen sind, muss sehr viel nachhaltiger verstanden und beachtet werden als bisher. Ein Lehrer, ebenso ein Psychologe, der sich den dichten Gruppenbindungen nicht stellt, hat geringe Chancen zur Einflussnahme. Für Schulklassen ebenso wie für Gruppen in der Freizeitpädagogik, aber in nicht geringerem Maße für therapeutisch betreute Gruppen von Problemkindern gelten drei Grundsätze:
A. *Die Starken stärken;*
B. *Den Gewalttätigen widerstehen;*
C. *Die Schwachen trösten.*

Die fundamentale Desorientierung der jeweiligen einzelnen Kinder zwingt, sagte ich, vor allem die männlichen Kinder in Gruppenloyalitäten, die je nach »Image« und »Stil« der jeweiligen Gruppe unterschiedliche Inhalte haben. Das Gruppengeschehen selber besteht – je nach Geschlechtern in unterschiedlicher Weise – weitgehend aus medial vermittelten Symbolen, Inhalten, Erfahrungsgegenständen und Wertigkeiten. Das war bei den Pokémon-Karten ebenso wie bei den LAN-Gruppen, die heute für Jungen ab 12 Jahren eine zentrale Bedeutung haben, ebenso, wie skizziert, bei Sportgruppen und so auch in Klassenverbänden. Der Zugang zu diesem informellen Austausch von Symbolen und Deutungen ist für einen Erwachsenen nur begrenzt möglich. Diese modernen Kindergruppen sind weitgehend hierarchisch orientiert, ähnlich wie eine Fußballmannschaft hoch individualisierter und hoch bezahlter Fußballprofis. Es ist offenbar so, dass, sobald ein bestimmter Grad der Individualisierung der einzelnen Schicksale im Gruppenzusammenhang überschritten ist, nur ein streng autoritärer Konsens die Gruppe noch zusammenhalten kann.

In jeder Jungengruppierung ist dies zu beobachten, auf dem Pausenhof ebenso wie in den Orten der Freizeit. Dieser autoritäre Charakter moderner Art kann durch sozialpädagogische Interventionen, psychologische Trainingsprogramme usw. nicht wesentlich verändert werden. Die Wirkungsfaktoren innerhalb dieser Gruppen sind festgeschrieben, sie sind nicht oder kaum veränderlich. Wenn der Erwachsene gleichwohl eine wirksame Bedeutung für einen einzelnen Jungen in dieser Gruppe oder für die Gruppe als Ganze behalten will, muss er sich in die Hierachisierung einfügen, und zwar als Leitfigur. Jede andere – partnerschaftliche! – Position macht ihn in den Augen der Kinder bedeutungslos.

Diese Bedeutung muss der Erwachsene von Anfang an beanspruchen, und mit eben diesem Anspruch Kontakt zu den »Stärksten«, den Angesehenen der jeweiligen Gruppe aufnehmen.

Kleine (und größere) Jungen suchen als Einzelne, wie ich dargestellt habe, fast immer eine intensive Bindung zum Erwachsenen, soweit dieser als »stark« wahrgenommen wird. Die Bindung zerreißt aber sofort, wenn sie mit den Gruppenvorgängen, in die ein Junge eingebunden ist, im Widerspruch steht. Die prägenden, besonders begabten oder sonstwie bedeutungsvollen Mitglieder einer Gruppe benötigen Bindung ebenso wie alle anderen Kinder. Wenn es nun gelingt, sie mit ihren Fähigkeiten, ihren Kompetenzen und ihrem Ansehen positiv an einen erwachsenen Betreuer zu binden, wird nicht nur »der Starke gestärkt«, sondern es kann auch Einfluss genommen werden auf die hochkomplexe Struktur des modernen Gruppengeschehens.

Autoritäre Gruppen gab es unter Jungen immer schon, neuartig ist der fließende virtuelle Charakter der Hierachie, der auf komplex-symbolische Weise mit Zeichen und Bedeutungen behaftet ist, die global über Medien gestiftet werden. Die Herausforderung moderner Erziehungs- oder Therapiekunst besteht darin, diese symbolischen Bedeutungen bewusster und unbewusster Art in aktuellen Beziehungen von Kindergruppen umzusetzen. Dies kann durch die intensive Förderung und Bindung der jeweiligen »Stärksten« gelingen: eine Art Elite entsteht, die die innere Struktur einer Gruppe festigt und damit den »Halt gebenden« sinnhaften Charakter der Gruppe – etwa einer Schulklasse – für jedes oder die meisten Mitglieder stabilisiert. Diese Überlegung berücksichtigt, dass die individuellen Beziehungen zwischen Menschen, also auch die zwischen erwachsenem Betreuer/Lehrer/Psychologen und Kind, vielfach überlagert sind und aus sich heraus allein keine Stabilität herzustellen vermögen. Dazu zählt ebenso die Tatsache, dass die meisten schwierigen Jungen vor einem familiären Hintergrund handeln, der ihnen kaum oder keine Bindung ermöglicht. Diese sehr problematischen Kinder korrespondieren mit ihrem Verhalten aber mit einer tendenziellen Bindungsarmut nahezu aller

Kinder, sie infizieren mit ihrer inneren Leere, Unruhe und Dissozialität alle anderen auf eine früher so nicht gekannte Weise.

Jede Grundschullehrerin weiß, dass zwei hyperaktive Jungen in jeder Stunde den Unterricht mindestens einmal »kippen«, die anderen Kinder schließen sich nahezu ebenso ungehemmt wie die kleinen »Hypies« ihrem Verhalten an. Ebenso verhält es sich mit den schon genannten »Bullies«, die mit ihrer hoch dissozialen Rücksichtslosigkeit sofort und unvermittelt ganze Gruppen auf ihre Seiten ziehen und sich als »Kings des Pausenhof« oder des Kaufhauses gerieren können. Der Unterschied zu Kindergruppierungen früherer Generationen besteht darin, dass es in diesen »Vernetzungen« kaum Möglichkeiten der Intervention gibt, sie passieren einfach sehr schnell auf der Ebene eines unbewussten, symbolisch-medial vorbereiteten Austausches. Dieser wiederum ist für erwachsene Betreuer in aller Regel unverständlich, zugleich ist die Rasanz und Dramatik solcher Gruppenprozesse abrupt und plötzlich, auf den Erwachsenen wirkt sie meist unvorhersehbar – von solchen »heimlichen« Dynamiken berichten Kindergärtnerinnen ebenso wie Lehrerinnen der Grund- und Hauptschulen wie auch Sozialarbeiter in Freizeitbereichen.

Manche (guten) Grund- und Hauptschulen sind für Kinder nicht nur soziale Abschiebeplätze –, sie sind auch ein verlässlicher Ort, ein Stück soziale Heimat für Kinder, vor allem wiederum für die Jungen, die keine andere Heimat haben. Die Kinder suchen diese Orte auf, wenn sie dort Erwachsene antreffen, die ihnen »cool« und hilfreich erscheinen. Dies ist eine immer noch zu wenig genutzte Chance, die wie alle sozialen und psychologischen Hilfestellungen in ihrer Langzeitwirkung über die Möglichkeiten einer Kinderpsychotherapie hinausreicht.

Schule als verlässlicher Ort, das klingt angesichts der Noten- und Vergleichsbesessenheit der deutschen Schulpolitik und angesichts des subalternen Charakters mancher Schulen wie eine kleine Utopie, aber es gibt sie. Dies sind Orte eines befriedigenden pädagogischen Berufslebens für solche Lehrer und Sozialpädagogen oder Schulpsychologen, die sich nicht hinter Akten und Schreibtische verkriechen, sondern sich der Realität der modernen Jungen stellen. Aber auch hier, nein: besonders hier, an solchen zukunftsweisenden sozialen Orten der psycho-pädagogischen Einflussnahme gilt es, die Verinnerlichung medialer Zeichen, Selbstzuschreibungen einzubeziehen. Der Erwachsene hat eine Chance als Teil und gleichzeitig als Gegenüber dieser rasanten, bilderzeugenden Medienkultur. Er muss ihr gewachsen sein und er muss »in« sein und mit seiner Souveränität die medialen Botschaften relativieren, ohne sie abschaffen zu wollen.

Die modernen Medienkinder leben in virtuellen Zeichenrealitäten, und haben zugleich eine Sehnsucht nach *mehr*. Innerhalb dieser Kultur kann man ihnen Gegenbilder verschaffen, die zum einen auf einer guten Bindung zum Vaterersatz Lehrer oder Psychologe und zum Mutterersatz Psychologin, Sozialpädagogin beruht und in gleicher Weise auf einer Spiegelung der infantilen Ich-Idealisierungen in der erwachsenen Person wie ebenso im Charakter der sozialen Gruppe/Einrichtung. In diesem Spannungsgeflecht befindet sich jeder Betreuer, die Frage ist, ob er es weiß oder nicht. Keine Gruppe und keinen Menschen, auch keinen kleinen, kann man gegen sein verinnerlichtes Wertesystem beeinflussen, das moderne Geflecht der Wertempfindungen unserer Kinder ist grundsätzlich anders vermittelt, als es die alte »Gewissensinstanz« in früheren Kindergenerationen war. Ich betone diesen Gedanken so vielfältig und umständlich, weil er essenziell ist und gleichwohl den Überzeugungen vieler Pädagogen und Psychologen widerspricht.

Nicht minder wichtig ist mein Punkt *B*. Die Balance kann nicht gelingen, wenn auf den Erwachsenen nicht im Ernstfall Verlass ist. Der Ernstfall tritt in allen Jungengruppen, gleich welchen Alters, ein. Er lautet *Gewalt*. Auf dem Pausenhof, dem Schulweg, im Freizeitheim, manchmal und immer öfter auch in den Familien selber – wo halbwüchsige Jungen sich wie betäubt vor Wut, weil ihr Wünschen nicht erfüllt wird, körperlich gegen die Mütter richten. Wichtig ist für jeden Betreuer, dass er begreift, dass es längst nicht mehr die Außenseiter, die Chancenlosen allein sind, die Gewalt ausüben. Vielmehr sind es meist die anerkannten, lauten, kräftigen Jungen, die den Pausenhof und die Spielplätze beherrschen und die von den anderen Kindern keineswegs ausgegrenzt, sondern bewundert werden. »Bullies« nennen die Amerikaner diesen Typus – in den Vereinigten Staaten ist das Phänomen wissenschaftlich schon lange erkannt, während die Erziehungswissenschaft hierzulande, wie meist, entweder Statistiken wälzt oder moralisierend hinter der Realität zurückbleibt.

Bullies zerstören jede Organisation einer Gruppe, alles was mithilfe des Erwachsenen in der Jungengruppe gefügte Struktur werden kann, wird von ihnen buchstäblich zerlegt, wenn man ihnen nicht Einhalt gebietet. Das geht weder mit Argumenten, die eine verinnerlichte Moral aller Beteiligten zur Voraussetzung hat, noch mit verständnisvoller Kumpanei, die von den Bullies verachtet wird. Es geht im ersten Schritt nur mit einem klaren, kräftigen, kompromisslosen »Halt«, das der Erwachsene sozusagen auf eigenes Risiko, aus eigener Kraft deutlich macht und durchsetzt. Wer prügelt, abzockt oder »mobbt« wird bestraft, wo das nicht möglich ist, ausgegrenzt. Er gehört nicht dazu! Das muss glasklar und unwiderruflich in der sozialen Erfahrung verankert werden, sonst ist jede Betreuung chancenlos.

Aus dem oben Gesagten wird deutlich, wie wichtig den allermeisten Jungen Zugehörigkeit ist, obwohl sie selber zu verlässlichen Bindungen an stabile Gruppen kaum in der Lage sind. Aber sie sehnen sich danach! Der Erwachsene verkörpert diese Erwartungshoffnung, er ist Bestand und Dauer der Gruppe, er ist Verhaltensangebot ohne Unsicherheiten. Falls er aber vor gewalttätigen Jugendlichen zurückschreckt oder auf eine für die anderen Jungen nicht verständliche Weise nachsichtig reagiert, ist sein Angebot nichts mehr wert. Dann bleibt alles so, wie es ohne den Betreuer immer schon war. Dass der Stärkere bevorzugt wird, dass der Rücksichtslose Recht behält, das kennen die Kinder schon. Die Chance, dass eine Gruppe, eine Klasse, ein Sportverein oder sonst etwas ein *Gegen*angebot ist, ist dann vergeben. Gerade angesichts der Gewalt auf Pausenhöfen muss deutlich gesagt werden: Wer als Lehrer oder Betreuer wegsieht, wer den Konflikt scheut, hat die Basis seiner Arbeit eingebüßt.

Eine weitere Beobachtung muss gleich hinzugefügt werden: die Erfahrung vieler Betreuer – die sich, weil sie wiederum dem pädagogischen common sense widerstrebt, nur langsam herumspricht – zeigt, dass auch die aggressiven Jungen selber nach einer kompromisslosen Reaktion verlangen, oft sind sie danach zu einem veränderten Verhalten (manchmal dauerhaft) bereit. Das ist gar nicht so schwer zu verstehen! Wir haben in der Pädagogik immer noch Schwierigkeiten damit, die Reaktionsweisen von männlichen Kindern zu begreifen, die weitgehend ohne Angst vor erwachsenen Autoritäten aufgewachsen sind. Ihr Verhalten unterscheidet sich in vielen Bereichen grundsätzlich von dem einer Kindergeneration, deren soziales und moralisches

Verhalten mit einer autoritativen Unterdrückung potenter Impulse verbunden war und entsprechend geängstigte und trotzige Reaktionen provozierte.

Bei vielen der jungen Aggressionsbereiten sind vergleichbare Vorerfahrungen kaum oder gar nicht vorhanden. Sie stellen sozusagen überrascht fest, dass es Widerstand gegen ihre Asozialität gibt und realisieren erst auf diese Weise, dass es eine beständige, verlässliche und durchsetzungsfähige Moral von Gruppen und erwachsenen Menschen überhaupt geben kann – sie haben das vorher nie in Erfahrung gebracht und deshalb schlicht nicht gewusst. Jetzt sind sie bereit, sich darauf einzustellen.

Nein, es sind meist nicht die geschlagenen Kinder, die selber schlagen. In Niedersachsen hat die Sozialforschung sich lange Zeit um einen Nachweis dafür bemüht, dass gerade die türkischen Jugendlichen aus niedrigem sozialen Milieu deshalb gewaltbereit seien, weil Gewalt zu ihrem familiären Alltag gehört. Die statistischen Zahlen schienen dieser Interpretation auch Recht zu geben. Bei genauerem Hinsehen freilich zeigt sich ein anderes Bild: Die lautstarke und selbstgefällige Dissozialität vieler türkischer Jungen entstammt, wie die der deutschen auch, nicht der Unterdrückung, sondern einer familiären Verwöhnung. Acht oder zehn Jahre und manchmal länger haben diese Kinder die Erfahrung gemacht, dass sie bei allem, was sie tun und wünschen, die absoluten *Kings* mit absoluter Verfügungsmacht sind. Die Familien bauten eine Scheinrealität auf, die diese Jungen in einem relativen omnipotenten Selbstbild einhüllte. Was Wunder, dass sie bei den ersten ernsthaften Versagungen wütend und maßlos reagierten. Dass sie, wo ihre Wünsche nicht erfüllt wurden, einfach nahmen, was ihnen, nach ihrem festen Glauben, wie selbstverständlich gebührt. Erst nach einer Reihe solcher immer massiver werdenden Verfehlungen realisieren viele Familien, dass ihren Söhnen ein gefährlicher Absturz droht. Die Folge: Die Väter aus oft agrarischen Herkunftsregionen greifen auf jene Erziehungsmaßnahmen zurück, die sie selber noch zu Hause kennen gelernt haben. Die selbstverliebten, gefallsüchtigen und äußerst selbstsüchtigen Jungen und oft noch Jugendlichen werden mit massiven Strafen belegt.

Dieser Kreislauf aus Verwöhnung, Selbstsucht und familiärer Gewalt war und ist natürlich fatal. Er ist aber nicht zu verwechseln mit der simplen Kausalität, die die Sozialforschung unterstellt: Wer schlägt, wurde selber geschlagen. Mindestens muss man hinzufügen: *noch vorher* wurde er verwöhnt, eingehüllt, seine infantile Omnipotenz wurde kräftig genährt. Das setzt den Kreislauf der Gewalt in Gang.

Wer den Aggressiven nicht widersteht, gefährdet oder zerstört die Gruppe. Wer als Erwachsener seine Ordnungsfunktion, die ihm als Leiter zufällt, nicht konsequent ausübt, fällt aus der Achtung der Kinder und verliert jede Wirksamkeit. Viel wäre gewonnen, wenn diese simple Regel in den Köpfen der Erzieher, Lehrer und Psychologen Platz greifen würde.

Damit einher geht der dritte Punkt: die Schwachen trösten. Trösten ist nicht motivieren. Ich spreche vielmehr von einem unmittelbaren, meinetwegen sentimentalen Mitgefühl für alle, die hinter den anderen zurückbleiben, die sich ängstigen und die getreten werden. Es gibt sie nicht nur auf den Schulwegen und Pausenhöfen, sondern auch in den Klassenzimmern. Wir haben ein erbarmungsloses Schulwesen, das die Schwachen aussondert, abschiebt und sich selbst mit fragwürdigen pädagogischen Floskeln – »anderswo kann der Junge besser gefördert werden« – ein gutes Gewissen macht. Jungen haben aber bei aller Egozentrik auch heute noch einen gewissen Gerechtigkeitssinn, mit dem sie zwar nicht auf sich selber, aber auf die Erwachsenenwelt schauen. Sie haben den Schwindel durchschaut und die Kälte, die in diesen pädagogischen Floskeln mitschwingt, in sich aufgenommen.

Wer die Schwachen tröstet und ihnen zur Seite steht, signalisiert dagegen zwei wichtige Einsichten. Die erste: es gibt auch soziale Bereiche, in denen die Kälte des Leistungsvergleiches, der Bewertung und Benotung von allem und jedem nicht gilt, jedenfalls nicht vorwiegend. Es gibt soziale Bereiche, und die Schule sollte dazugehören, in denen Mitgefühl eine Tugend ist. Außer in Familien und in manchen pädagogischen Einrichtungen existiert diese von Grund auf humane Regel nicht mehr. Überall sonst, und die Kinder wissen es, werden die Schwachen ausgesondert. Ein Erwachsener, ganz gleich, ob er Lehrer oder Hausmeister, Sozialpädagoge oder Vater ist, der an dieser Stelle ein Gegenzeichen setzt, verbündet sich mit denjenigen Anteilen der kindlichen Psyche, die der harten Egozentrik entgegenwirken. Wenn dieser erwachsene Betreuer dann auch noch die Anerkennung der Gruppe, die Sympathie der Starken, den Respekt der Aggressiven für sich erworben hat, dann hat er eine Bedeutung im Leben der ihm anvertrauten Kinder erobert, die diese beeindruckt (was immer dies für das je einzelne Kind dann auf Dauer auch bedeuten mag). Er hat personale Stärke gezeigt, und zugleich das Sinnverlangen der Kinder berührt.

Trösten heißt Mitgefühl zeigen, unmittelbares, vorbehaltloses Mitempfinden. Ein respektierter Erwachsener, der sozusagen »ungeschützt« Mitgefühl zeigt, gibt ein starkes Zeichen. Diese Kraft von Emotionen, vom Mitgefühl getragen, bedeutet viel für Kinder.

Wie tief diese spontane unmittelbare Sozialität in einer leistungssüchtigen, destruktiv-zerquälten und perfektionshungrigen Medienwelt wirken kann? Ich weiß es nicht. In jedem Fall aber garantiert es diesem Erwachsenen die Zuneigung der Schwachen und den Respekt gerade auch der Stärkeren. Mit ein wenig Glück wird der eine oder andere von ihnen es nicht vergessen.

### *Eltern mit Mut, die Stärken eines Kindes zu stärken*

Alle drei genannten Prinzipien gelten nicht nur für Betreuer und pädagogische oder psychologische Profis, sie gelten auf eine kaum andere Weise auch für Eltern. Die Stärken stärken, das fällt in der Tat den meisten Eltern schwer. Gerade den unruhigen Jungen wird wieder und wieder ein Verhaltensmuster angetragen, das weder zur ihrem Temperament noch zu ihren Begabungen passt. Es passt nur in die Anforderungen des Schulunterrichts und in ein normatives Bild von »gut erzogenem Kind«, das sich aus der alten Industrie- und Gehorsamsgesellschaft hinüber gerettet hat. Dabei haben gerade unruhige (nervöse, empfindsame) Kinder ein Potenzial für ästhetische Dinge. Manche können wundervoll zeichnen, fast alle verstehen Bilder und bildhafte Symbole hervorragend zu interpretieren und/oder wie selbstverständlich mit ihnen zu kommunizieren – aber unglücklicherweise hat die Pädagogik gerade für das Ästhetische, für das Bild und den Stil wenig Verständnis. Nicht nur in der Schule, dort aber besonders, wird nach quantifizierbaren Kriterien benotet, bewertet, versetzt oder ausgesondert. Ihre Fähigkeiten im Umgang mit den artifiziellen Szenarien und Interaktionen der digitalen Medien müssen die Jungen zu Hause ausleben.

Auf diese Weise gibt es bis heute keine Integration der in den neuen Medien erworbenen Kompetenzen – die es ja auch gibt! – und dem schulischen Lernen. Das eine wird müde und mühsam absolviert, das andere wird von den Erwachsenen unbeachtet – und oft unkontrolliert – in den Kinderzimmern gelebt. Sinnvoller ist es, *alle* Stärken eines Kindes wahrzunehmen und zunächst einmal zu respektieren. Dann kann auch über die anderen Leistungsforderungen, die von den Schularbeiten bis zum Leerräumen der Geschirrspülmaschine und anderen häuslichen Arbeiten auf die Jungen warten, vernünftiger geredet werden.

Solange ein modernes, an die Dominanz des Bildes und an seine Verführungen angelehntes Bildungskonzept nicht existiert, können Eltern immer nur einen vernünftigen Ausgleich zwischen den schulischen Interessen bzw. anderen Leistungsforderungen und den medial-artifiziellen Faszinationen der Jungen suchen. Langfristig sollte es freilich möglich sein, die Eigenarten der Kommunikation, die Besonderheit der Informationen und der Informationssuche im Netz mit den schulischen Anforderungen zu verknüpfen. Dies soll hier nicht weiter ausgeführt werden.

Stärken haben viele Jungen heute wie früher im Sport, nur – wie ich eingangs skizzierte – das damit verbundene Selbstbild ist ein anderes geworden. Auch hier sollten Eltern verstehen, dass die Geschicklichkeit des Körpers und der Stolz, den ein Kind dabei aufbringt, unmittelbar mit seinen geistigen und kognitiven Kompetenzen verbunden ist. Wiederum ist es so, dass unsere Schulen zwischen Bewegung und Lernfähigkeit keinen Zusammenhang erkennen, obwohl dieser entwicklungspsychologisch hundertfach belegt ist. Könnte man Mathe und Geräteturnen als ein gemeinsames Fach unterrichten? Natürlich könnte man, zumindest für Teilfähigkeiten der Mathematik. Für andere Teilfähigkeiten könnten »Internet und Rechnen« als Grundschulfach eingeführt werden, geübt werden, für wiederum andere Biologie gemeinsam mit Mathematik. So integriert in die vielen faszinierenden Rätsel des Lebens würde aus der steifen Mathematik ein geistiges Abenteuer der Welt- und Selbstentdeckungen – man schaue sich dagegen nur einmal die lahmen didaktischen Bemühungen unserer Schulbücher an, mit hundert und einer Übung wird versucht, das mechanische Rechnen anschaulich zu machen: Es kann gar nicht gelingen!

Ein wenig könnten auch die Eltern in ihrem begrenzten Rahmen diese Tür öffnen. Gewiss, man muss mit seinem Kind, solange Schule so ist, wie sie ist, auch die stumpfe Seite des Lernens einigermaßen bewältigen (eine fortwährende Tragödie in hunderttausend Familien), zugleich aber können sie das Lesen und Schreiben auf vielerlei Weise in das Alltagsleben integrieren und sich an der natürlichen verspielten Intelligenz ihres Kindes freuen. (Vorschläge dazu habe ich in meinem Buch *Nur Eltern können wirklich helfen* dargelegt.) Wenn es Papa oder Mama dann noch gelingt, sich selber und dem Kleinen die Freude an Forschermut und Neugier nicht durch die penetrante Angst vor der nächsten Schulnote verderben zu lassen, dann stellt sich der Friede des Selbstbewusstseins in der Familie ein und stärkt ein Kind. Das macht sich dann auch in den Zensuren bemerkbar.

Wir haben gelernt zu vernachlässigen, was ein Kind »kann«, und uns daran gewöhnt, bezüglich seiner Schwächen ununterbrochen mit ihm zu üben. Ein Fehler. Es ist lernpsychologisch, aber auch im Sinn der Erziehungskunst unendlich nützlicher, die Stärken zu stärken, sich an der Klugheit des Kleinen in diesem oder jenem Bereich zu erfreuen, seine Kompetenz dort, wo sie mit selbstbewusster Freude einhergeht, zu stabilisieren und zu erweitern. Zuletzt berühren alle Lernfelder einander, durchdringen einander.

Wiederum am Beispiel des Schulunterrichtes haben viele Eltern leider gelernt, dass Mathematik nichts mit Lesen und Schreiben nichts mit Werken zu tun hat. Das ist natürlich falsch. Wer mit 8 Jahren elegant die Operationen der Subtraktion im Zahlenraum von 1 bis 100 beherrscht, wer mit Freude und Begabung die Zehnergruppen überspringt und hin und her zu berechnen versteht, dem erschließt sich, entlang dieser Fähigkeit, auch rascher als anderen Kindern die Ordnung der schriftlichen Syntax.

Das Wissen als solches wird gestärkt, wenn Eltern den Mut finden, die kognitiv-emotionale Intelligenz ihres Kindes zu stärken, damit zu spielen, sich daran zu freuen. Und die ganze Erziehung gelingt auch gleich viel besser.

Im Sozialen ist es nicht anders wie in einem in dieser Weise vertieften Wissensverständnis. Mitgefühl schwächt nicht, sondern stärkt das Selbstbewusstsein und die soziale Interaktionsfähigkeit, ebenso die Beweglichkeit, sich von einer Situation zur anderen und angemessen neu zu orientieren usw. Kurzum, ich muss diesen Gedanken nicht weiter ausmalen, er liegt ja auf der Hand. Eltern, die Mut haben, starren nicht verängstigt und verstimmt auf die Schwächen ihres Kindes, sondern freuen sich an seinen Stärken im Emotionalen, Sozialen und

Intellektuellen, bis, kraft ihrer Freude, diese Stärken sich ausweiten und einen immer allgemeineren Charakter annehmen.

### *Jungen wollen Strenge – aber keine Super-Nanny*

Den Aggressionen widerstehen – ich habe diesen Punkt an anderer Stelle ausführlich beschrieben. Es ist der harmonieselige Charakter moderner Familien, der vor allem anderen viele Eltern dazu verleitet, ihren Kindern von klein auf ohne klare Konturen und Kanten, ohne Härte und Beständigkeit entgegenzutreten. Wilden Wutanfällen von 5-Jährigen begegnen Eltern oft mit Hilflosigkeit, Ratlosigkeit und einem tiefen Gefühl von Kummer, statt mit einer gehörigen Portion eigenem Zorn und starkem Willen zu antworten.

Ich sprach eingangs davon, dass wir uns in den psycho-pädagogischen Debatten von dem individualisierenden Ansatz lösen sollten, hier muss betont werden, dass die Kinder mit ihrem »Mutwillen«, der jedes Maß verliert, nicht einen irgendwie gearteten Charakter oder ein »Temperament« zum Ausdruck bringen, sondern unmittelbar ihre wichtigsten Bezugspersonen »spiegeln«. Ohne Beständigkeit, ohne Sinn und ohne Maß sind die Kleinen inmitten einer zerstreuten Umwelt genau so verloren wie ihre Eltern – sie agieren es nur anders aus.

Nun zeigt sich in der Praxis, dass solche weichen Bezeichnungen wie »Verwöhnung« in die Irre führen. Als Kinderpsychologe habe ich regelmäßig kleine Jungen vor mir, die kaum mehr in der Lage sind, die Gefühle ihrer Mütter und Väter zu verstehen, sie befinden sich damit in einem seelischen Nirgendwo, in dem sie von einem willkürlichen Interesse zum anderen springen und sich aus lauter innerer Verwirrung fortwährend lautstark in den Vordergrund drängen.

Ihr seelischer Mangel tritt umso sichtbarer in Erscheinung, je ungehemmter sie sich bemerkbar machen, schließlich fallen sie aus allen sozialen Einbindungen heraus, sie haben keine oder wenig Freunde, sie finden sich angesichts der geordneten Welt der Schule und ihren Aufgaben nicht zurecht, und insgeheim warten sie auf jemanden, der ihnen ein großes starkes Stopp vor die Augen hält.

Tritt solch ein Erwachsener – und es sollte bis mindestens zum 12. Lebensjahr der Vater oder eine väterliche Betreuungsperson sein –, dann suchen sie sich die Härten und Kanten, an denen ihr heftiger Wille sich reibt und formt, unter den noch lauteren, noch aggressiveren Gleichaltrigen. Denen folgen sie dann gehorsam auf Schritt und Tritt.

Auffällig ist immer wieder, wie gleichmütig, oft bereitwillig diese aggressiven Jungen Strafen entgegennehmen und sie oft ausdrücklich für richtig halten (eine Tatsache, die Pädagogen und Psychologen immer aufs Neue in Verblüffung versetzt). Sie fühlen sich nicht gedemütigt durch die Strafe, nicht gebeugt und eingeschränkt, sie erkennen oder ahnen zumindest zum ersten Mal, dass ihr Ich ein Du benötigt, dass ihr Wille ein Gegenüber braucht – sonst rotiert er im Leeren und das Ich stürzt in die Einsamkeit.

Aber mit der Autorität ist es so eine Sache – sie wird meist unter- oder übertrieben. Nachdem schwache Eltern und zögerliche Lehrer jahrzehntelang schon bei dem Wort zusammenzuckten und verlegen um sich schauten, hat sich mittlerweile ein Autoritäts-Boom ausgebreitet, der mindestens ebenso viel Unheil anrichtet. Wieder sind es die Jungen, die auf den Mangel an Lenkung und auch auf die neue Mode der »Dem wird ich's jetzt aber zeigen«-Autorität empfindlicher reagieren.

Während dieses Buch geschrieben wird, erscheinen auf den Fernsehschirmen – unserer Leitkultur! – gleich drei Erziehungssendungen. *Supernanny* heißt die beliebteste, wird zu diesem Zeitpunkt von nahezu 4 Millionen Menschen regelmäßig gesehen und ist die reine Einübung in eine Misshandlung kindlicher Seelen. Während zugleich 2 bis 3 Fernsehkameras seelenruhig auf die Erziehungsszenarien gerichtet sind, tritt zur Misshandlung auch noch die missbräuchliche Zur-Schau-Stellung der Kleinen in extremen Lebenssituationen wie Schreien, Weinen, Schlagen und Kuscheln mit Mama usw. hinzu. Eine Kinderpsychologin, gestylt wie eine Domina aus dem Bizarr-Studio (es wäre ja nur komisch, wenn es nicht so traurig wäre) betritt eine familiäre Szenerie, in der Eltern mit ihren Kleinen zwischen 2 bis 5 Jahren nicht fertig werden. Die Pädagogin weiß Bescheid, ihr strenger Blick verrät, dass jetzt auf dem Niveau eines Porno-Filmes familiärer Anschauungsunterricht in Sachen Erziehung erteilt wird. Die Bildästhetik erinnert stark an die Kolle-Filme der 60er-Jahre.

Den Eltern wird alle Kompetenz genommen, sie bekommen sogar einen Stöpsel ins Ohr, über den die Pädagogin ihnen mitteilt, wie sie sich jetzt zu verhalten haben; dann werden sie mit der Ermahnung, so konsequent zu sein wie sie nur können (eine mittlere Variante des altdeutschen Erziehungsprinzips »immer feste druff«), auf die Kinder losgehetzt. Inhaltliche Anweisungen gibt es kaum, oder so klischeehaft dusselig, dass man es nicht glauben mag (»Ich glaube, der Sven ist eifersüchtig auf seinen Bruder«, sagt die Pädagogin mit sanfter Stimme. Sie redet von einem 2-Jährigen, dessen Bruder ein Jahr älter ist. Gab es je einen 2-Jährigen, der nicht eifersüchtig war? Hat das eine mit dem anderen etwas zu tun? Nein, nichts haben die elterliche Unfähigkeit beim Umgang mit Ungehorsam und geschwisterliche Eifersucht miteinander zu tun, die relative Plausiblität entsteht aus der Denkträgheit, die jedem Klischee eine gewisse Sinnhaftigkeit verleiht.) Die Eltern nicken gehorsam, wie sie überhaupt in die Position des Gehorchens gedrängt werden und nun ihren eingeschüchterten Seelenzustand »konsequent« an die Kinder weitergeben sollen. Ja, nicken sie, das glauben sie auch. Eifersüchtig ist er. Aber plötzlich ist von Eifersucht oder anderen seelischen Verhältnissen nicht mehr die Rede, mit Kinderseelen weiß man hier nichts anzufangen und schließlich ist das hier Fernsehen. »Action« muss her!

Man traut seinen Augen nicht: Da werden Kinder an den Beinen durchs Zimmer gezogen, schwitzend-verzweifelte und gedemütigte Mütter plagen sich mit schreienden Kleinen ab, man kann als Fernsehzuschauer der Entstehung eines kindlichen Traumas seelenruhig mitverfolgen. Irgendwann geben die kleinen Jungen erschöpft nach, sie wollen ja auch wieder geliebt werden und kuscheln, Mama weint ein bisschen, wie es RTL auch in anderen Reality-Shows gern hat, Papa schaut dermaßen ratlos, dass er als väterliches Vorbild für die nächsten Jahre mit Sicherheit ausfällt, und die Pädagogin ist zufrieden. Die Kinder sind ja still. Gekränkt und fügsam hören sie auf Mama, mindestens, bis die Kameras ausgeschaltet sind.

Eine Fernsehnation hockt vor den Bildschirmen und nickt. Aha, endlich mal was Konkretes. Nicht mit Nachdenken und langem Drumherum, das uns ohnehin nicht liegt (eine Mentalität, die merkwürdigerweise gerade bei Pädagogen verbreitet zu sein scheint). Endlich sagt eine mit Strenge und Autorität, was Sache ist, obwohl – eigentlich sagt sie ja gar nichts. Sie sitzt nur rum und gibt kurze Sätze von sich, die die syntaktische Komplexität eines einfachen Hauptsatzes niemals übersteigen. Das Ganze ist anzuschauen als ein Paradigma der inneren Verwüstung unserer Erziehungslandschaft.

Soviel zur Autoritätsdiskussion. Was fehlt hier? Nun, die Super-Nanny hat es ja zum Ausdruck gebracht: starke Eltern fehlen, stark genug zur Liebe, auch in schwierigen Situationen, und stark genug, ihrem Kind Halt und Ordnung anzubieten. Die Entmachtung oder besser: Selbstentwertung der Eltern bei gleichzeitiger Unterordnung gegenüber Experten fügt der allgemeinen Desorientierung noch eine weitere Facette hinzu. Kleine Jungen, die nach »dem Weg fragen«, bekommen keine Antwort, sondern nur eine ganze Welle zusätzlicher Nebelschwaden in die kleinen Seelen gepustet. Natürlich setzen sie sich zur Wehr.

Da die elterliche Hilflosigkeit oft mit dem Verblassen der natürlichen Elternliebe Hand in Hand geht, folgt aus der erwachsenen Orientierungslosigkeit nicht nur wie selbstverständlich kindlicher Trotz und Starrsinn, sondern auf längere Sicht ein Erkalten der emotionalen Begabungen eines Kindes. Die Egozentrik ohne Maß und ohne Ziel, von der in diesem Buch die Rede ist, ist nur die geradezu »natürliche« Folge. Anders gesagt: Es gibt keine Erziehungskompetenz ohne Liebe, Liebesarmut ist die Ursache der Not so vieler Familien, so wie Sinnesarmut die Not der Schule ist.

### *Ich habe dich lieb, mein Kind*

Und das Trösten – dies ist gerade für die Jungen ein Hinweis auf eine vergessene Elterntugend, dessen Bedeutung in der ganzen Welt der Ratgeber »Wie lerne ich richtig«, »Wie motiviere ich mein Kind« – so gut wie keine Rolle spielt.

Man muss den Kindern ja nur zuschauen, wie sie an der Hand ihrer Väter und Mütter um diese Jahreszeit – Dezember! – über den Weihnachtsmarkt schlendern, sie ziehen die Erwachsenen hierhin und dorthin, haben diese Wünsche und noch endlos viele dazu, und trotzdem verrät ihr Blick, wie sehr ihr ganzes Wünschen auf Papa und Mama gerichtet ist, wie sehr alles Fühlen und Wünschen letztlich aus der Bindung an diese beiden überragenden Gestalten der Kindheit hervorgeht und zu ihr zurückkehrt. Wenn Papa ein verdrießliches Gesicht zieht oder Mama vor sich hin meckert, dann ist die schönste Süßigkeit, der laute Kasper oder das Karussell plötzlich nichts mehr wert, wenn die beiden aber bei der Abfahrt des Eisenbahn-Karussells mit liebevollen Augen am Rand stehen bleiben, wenn der 3- oder 7-Jährige ihnen zuwinkt – bei jeder Runde wieder mit immer demselben Eifer! –, dann erst wird das Rundherumfahren und -drehen zur wilden Freude.

Der Blick der kleinen Jungen verrät, was sie von den Eltern wollen: keine vernünftigen Gesprächspartner, mit denen man Verträge schließt, keine weichen Kuschel-Eltern, die keinen Konflikt ertragen, aber ebenso wenig die kalt konditionierten Funktionäre der einen oder anderen Erziehungslehre, von Triple P bis sonst was. Nichts davon. Sie wollen und benötigen etwas ganz anderes, nur ist unsere pädagogische Sprache so arm darin, eben dieses Elementare zu benennen. Auch die Sprache der Elternliebe hat viele Zeichen, Zwischentöne, Differenzierungen. Würde diese in den Elternkursen gelehrt, könnten solche Kurse einen Beitrag zur Elternkultur, zur Liebeskultur leisten. Aber das tun sie nicht, stattdessen bieten sie »Trainings«. Vernünftelnder und leerer kann man über die Beziehungen von Eltern und Kindern gar nicht reden. Verkaufstechniken kann man trainieren, Muskelkraft auch, aber Liebe nicht.

In unserer Kultur haben Eltern wenig Hilfe zu erwarten, wenn ihnen unter dem Ansturm der Probleme, die auf die ein oder andere Weise jede Kindheit mit sich bringt, die Kraft zur Liebe zu ersticken droht. Nichts können sie in solchen Krisensituationen mit methodischen Erziehungstricks anfangen, allgemeine Hinweise helfen ihnen auch nicht. Was hilft? Das Wachrufen ihrer innigsten Kompetenz, von der ich eben sprach. Wenn Hilfe von außen – von Lehrern oder Psychologen – in diesem Punkt nicht zu erwarten ist, muss man sich eben selber helfen. Wie macht man das? Indem man seinen Gefühlen, auch wenn sie noch so verschüttet sind, Ausdruck verleiht. Liebe kann man nicht üben, sagte ich eben, aber das Zeigen von Liebe, das kann man sich selber verordnen. Es hilft!

Wenn der 10-Jährige traurig und trotzig mit seinem letzten Diktat, unter dem wieder einmal eine seelenlose »5« geschrieben steht, nach Hause kommt, dann mag manche Mutter, manchen Vater eine Art ängstlicher Zorn überfallen. Was soll bloß aus dem Jungen werden? Und die Angst verkehrt sich zu Schimpfen, Meckern, Hilflosigkeit und Ärger. Man kann sich aber auch – und dies erfordert keineswegs mehr seelische Kraft – vornehmen, statt auf die eigenen Ängste auf den kleinen Sohn, seine unterdrückte Verzweiflung oder Verwirrung, seinen hilflosen Trotz zu schauen und zu trösten. Jedes Trostwort bringt auch die ansonsten so leicht verschüttete, sprachlose Elternliebe wieder zum Vorschein. Das Mitempfinden und die Worte, die eine Mutter oder ein Vater finden, heben sie ins Bewusstsein. Jetzt ist die Liebe wieder »da«, jetzt wird sie zufrieden und beglückt von dem Kind beantwortet, jetzt hat die Krise eine gute Wendung genommen!

Trösten heißt nicht motivieren, das sagte ich schon. Trösten heißt trösten, ich spreche von Gefühlen, nicht von Erziehungstechniken. Nicht eine davon nämlich macht irgendeinen Sinn.

Was nach einer ganzen Reihe von Untersuchungen zur Effektivität von Therapien für Erwachsene gilt, das gilt für Kinder und für die Beziehungen zwischen Eltern und Kindern erst recht: Ausschlaggebend ist die Bindung. Bindung ist ein hilfloses Wort, Beziehung – darauf hat u. a. Botho Strauß verwiesen – ist ein mechanisches Wort aus der Handelssprache, beides trifft den letztlich außerhalb von Sprache und letzter Bewusstheit gelagerten Kern der Gefühle nicht, deshalb wirkt Sprache hier so leicht klischeehaft. Gleichwohl bin ich davon überzeugt, dass wir unendlich viel gewonnen hätten, wenn wir uns an eine fühlende Sprache im Umgang mit Fragen der Erziehung gewöhnen würden. Liebe ist ein kräftigeres Wort als Bindung, es ist auch genauer. Gehorsam ist ebenfalls treffender als »soziale Ordnung« oder »Moralerziehung« usw.

Ist dies alles verstanden und wird es, wie hilflos auch immer, gelebt, dann mögen kleine Tipps zur Erleichterung des Erziehungsalltags ganz sinnvoll sein. Beispielsweise ein kleiner Ratschlag, den ich auf meinen Vorträgen Müttern und Vätern pubertierender Jungen gern gebe. Ich verweise sie auf die Zauberkraft des Wortes »Jetzt«. Diese weichen, oft egozentrischen (und manchmal sogar aggressiven, aber eben trotzdem »weichen«) Jungen entziehen sich vielen Verpflichtungen gegenüber der Schule, im Haushalt der Familie usw. zum einen aus Trägheit, zum anderen entziehen sie sich auch, weil sie in jeder neuen Aufgabe eine Belastung wittern, der sie sich nicht gewachsen fühlen.

Die Jungen-Generation heute ist eine extrem ängstliche Generation. Kleinsten Anforderungen fühlt sie sich auf eine ausweichend-träge Art nicht gewachsen. Es stärkt sie also, wenn man mit einem klaren Hinweis eine Aufgabe unausweichlich vorträgt. Das mögen Hausaufgaben sein – die der Junge längst beherrscht, er zeigt trotzdem eine scheue Art von Ängstlichkeit – oder das Ausräumen der Geschirrspülmaschine.

Alles hat eine eigenartige Anmutung von Überforderung. Sie ist nicht nur vorgeschoben, sie wird so empfunden. Realität ist eigentlich immer eine Überforderung, der sich diese Kinder trotzig und mürrisch stellen. Dann aber zeigen sie, nachdem sie alles erledigt haben, oft einen ganz unvernünftigen, unangemessenen Stolz. Als hätten sie ein kleines Wunderwerk vollbracht. Dieser Stolz ist die direkte seelische Antwort auf die Ängstlichkeit. Sie *haben* sich gestellt! Das ist doch mal was, und wenn es nur um eine simple Geschirrspülmaschine oder um den Einkauf im Supermarkt geht. Sie haben sich überwunden, sie haben sich aus den Beengungen ihrer Trägheit ein wenig erhoben. Mag dies alles banal wirken, im bewussten und unbewussten Erleben vieler Kinder ist es keineswegs banal. Es ist bedeutungsvoll.

Deshalb bedeutet auch mein Zauberwort »Jetzt« ein Stärken der kindlichen Stärke. Du kannst dich den Aufgaben stellen, du bist seelisch dazu in der Lage – hoch verwöhnte Jungen machen solche Erfahrungen beinahe nie. Sie lernen ihre Realitätstüchtigkeit erst gar nicht kennen. »Jetzt« heißt eben immer auch, ganz im Einfachen und Täglichen: »Stell dich auf deine eigenen Beine«. Wenn sie es getan haben, fühlen sie sich gestärkt, zu Recht.

Ein anderes Beispiel: Hausaufgaben. Dies ist vor allem bei den Jungen ein ewiges Konfliktthema, kaum eine Familie bleibt davon verschont. Die Verweigerung bei der pünktlichen Erledigung der Schulaufgaben verläuft je nach Alter unterschiedlich, aber immer für beide, Eltern und Kinder, nervenzerreißend. Bei den 7- bis 10-Jährigen sind es eher tränenreiche Verweigerungen, bei den Älteren ist es ein oft kaum zu überwindender Trotz. In solchen Familien, in denen zwischen Eltern und den Jungen ein im Prinzip gutes Vertrauensverhältnis besteht, sind die drei genannten Schritte hilfreich.

Zunächst einmal die Stärken suchen und die Selbstregulation betonen. Dies heißt bei den Kleineren, dass Eltern und Sohn gemeinsam das Aufgabenheft aufschlagen, dann schauen Sie auf die Uhr und legen eine Zeit – verbindlich! - fest, in der nachmittags gelernt wird. Den Erst- und Zweitklässlern zeigt man halt auf der Uhr, wie weit sich der Zeiger bewegt haben muss – dann ist Schluss mit Lernen. Die Kinder bekommen dadurch die Aufgaben »in den Griff«, sie häufen sich nicht schier unendlich vor ihnen auf (vor allem Grundschüler haben Angst vor der Unabsehbarkeit der Aufgaben), sondern haben eine klare Struktur. Eine halbe Stunde für die Kleinen, eine

Stunde für die etwas Größeren, länger sollte nachmittags ohnehin nicht gelernt werden!

Übersicht schaffen, Strukturen vorgeben, in diesen Zeitvorgaben finden sich die Kinder zurecht. Je konkreter die Zeitaufteilungen, desto besser. Zehn Minuten schreiben, zehn Minuten rechnen, zehn Minuten andere Aufgaben – und dann ist Schluss mit Schule. Das Grundschulkind kann sich nach solchen Vorgaben seelisch selber organisieren. »Zehn Minuten, das schaffe ich!« Jetzt vermag es sich zu konzentrieren, seinen Lern-Ehrgeiz – den es ja auch gibt, nur ist er so oft verschüttet! – anzustacheln. Mit der klaren Zeitstruktur wird dem Kind bedeutet, dass es in der Überschaubarkeit der Aufgaben seine Kräfte anspannt und Aufgaben zu erledigen vermag. Es fühlt sich stark, es hat ja auch, mit jeder Schulaufgabe an jedem Nachmittag, eine bemerkenswerte Lernleistung erbracht. Eltern müssen dies zu würdigen wissen.

Und der Trost, die Zuneigung, die schützende Präsenz der Eltern wird immer mitgedacht. Nein, ein Grundschulkind kann sich selber nicht auf eine Folge von Aufgaben konzentrieren, kann sie nicht ordnen. Also werden sie klar und deutlich vorgegeben. Daran gibt es nichts zu rütteln. Je empfindsamer die Eltern aber auf die enorme Belastung, die die Erarbeitung der fremden symbolischen Ordnungen bedeutet, einzugehen verstehen, desto sicherer, ruhiger, intensiver lernt ein Kind. Es schadet gar nichts, wenn man mit einem kleinen Jungen, der sich über seine Aufgaben beugt und lieber auf dem Spielplatz herumrennen und -brüllen würde, mitfühlt, man sollte den einen oder anderen tiefen Seufzer angesichts der Fülle der Aufgaben vernehmen lassen, dann schaut man sich an – Mama und ihr Sohn, Papa und sein geplagtes Schulkind –, grinst vielleicht gemeinsam, verständigt sich auf der Grundlage der elterlichen Empathie, und ein Junge wirkt wie erlöst. Die Schulaufgaben sind jetzt nicht nur eine Bedrohung oder Mühsal, sie sind auch eine Gemeinsamkeit mit den beiden großen geliebten Gestalten der Kindheit, sie sind auch eine Einübung in die Realität.

Den größeren Jungen schlage ich in der therapeutischen Arbeit vor, sich selber einschätzen zu lernen. Wie lange benötige ich für diese, wie viel Zeit brauche ich für jene Aufgabe? Sie sind dann mit 12 oder 14 Jahren ehrgeizig genug, ihren eigenen Vorgaben auch nachzukommen. Zwanzig Minuten Mathe, das schaffe ich! Kein Konzentrationstraining fördert so viel konzentrierte Energie zutage wie der Ehrgeiz eines vorpubertären Knaben, der sich vor sich selber bestätigen will. Die anerkennende Achtung, die Eltern dieser Anstrengung entgegenbringen, bekräftigt die Fähigkeiten der Selbstregulation, der Aufmerksamkeit und der verantwortlichen Bewältigung von Wirklichkeit. Die achtsame Anerkennung der Eltern stärkt die Stärken, gebietet der Trägheit Einhalt und macht es Eltern leicht, angesichts des Übermaßes von schulischem Lernen, das für die moderne Kindheit kennzeichnend ist, ein ehrlich empfundenes Mitgefühl aufzubieten.

Alle Erziehungsfragen gehen auf diese drei Punkte zurück. Sie sind aber lediglich eine Auffächerung dessen, was ich am Anfang dieses Kapitels unterstreichen wollte: Es gibt keine Erziehung ohne Liebe. Dressur ohne Liebe, Verwöhnung ohne Liebe – das ist alles möglich. Erziehung in dem Sinn, ein Kind zu sich selber hinzulenken, bedarf der empfindsamen Wahrnehmung seiner Fähigkeiten und Stärken, braucht die eigene innere Stärke, ihm entgegenzutreten, wenn es sich selber zu verfehlen droht, und ist immer eingewoben in ein Mitempfinden, das aus jedem Entwicklungsschritt eines Kindes eine tiefe Bestätigung werden lässt – für den Sohn und für die Eltern.

# VII. Noch mehr Not oder: Wie Bildung unmöglich wird

## 1. Schule und weniger – eine Polemik mit versöhnlichem Abschluss

Vor kurzem saß ich mit einem Elternpaar zusammen, das mit der Schule ihres Sohnes ganz und gar zufrieden war. So etwas kommt vor, häufiger vielleicht, als man meinen möchte. Aber bemerkenswert ist es trotzdem. Der Sohn ging freilich nicht auf eine deutsche Schule, sondern eine kanadische. Sie lebten in Kanada, waren nur zu Besuch in Deutschland, aber vielleicht, sagten sie, werden sie zurückkommen. Sie machten sich Sorgen wegen der Schulen für ihre Söhne. Was kann man ihnen ehrlicherweise sagen? Das Erste, das ich ihnen antworte: Es kommt nicht auf die Systeme an – Gesamtschule oder nicht, ganz egal –, es kommt auf die Lehrer an, Lehrer als Individuen und als Kollektiv, auf das Klima, die Kultur, die von den erwachsenen Frauen und Männern an den Schulen ausgeht.

Was sind gute Lehrer? Die Frage ist gar nicht schwer zu beantworten. Benötigen sie irgendwelche geheimen Kenntnisse oder Fähigkeiten? Der begabte Pädagoge, gibt es den und wie sieht er aus? Viel ist geholfen, wenn man solche Fragen einfacher formuliert. Ein guter Lehrer, der braucht Freundlichkeit, gute Umfangsformen, eine von innen kommende Höflichkeit – zugleich sollte er auf den ersten Blick den Eindruck erwecken, dass kleine Jungen ihm absolut nicht auf der Nase herumtanzen können. Dass er mit großer Selbstverständlichkeit von seinen Schülern Respekt erwartet – und bekommt. Das ist schon alles. Ein wenig Fachwissen noch.

Solche Lehrer gibt es an deutschen Schulen. Einfach gute professionelle Pädagogen. Respekt gebietende, aber freundliche, den Kindern liebevoll zugewandte Lehrer – die Regel, der Durchschnitt, sind sie bei uns, fürchte ich, nicht. Sie sind die (nicht seltenen) Ausnahmen.

Ebenso häufig und häufiger sind andere, zögerliche, dann wieder laut, manchmal aggressiv, meist unsicher erscheinende Lehrer. Die kleinen Jungen beklagen sich oft darüber. Sie geben Anweisungen, aber so, als würden Sie hinter jeden Satz ein Fragezeichen setzen. Immer schwingt mit »Möchtest du das auch? Ist es dir recht so?«

Schon das kann einen 10-jährigen, seelisch kräftigen Jungen aus der Ruhe bringen, doch dies ist immer noch nicht das Schlimmste. Viel schlimmer ist, dass gleichzeitig, mit dieser Weichheit im Umgang mit den Kindern, ein unerhörter Leistungsdruck spürbar wird, der auf den Lehrern lastet. Jedes Wort, jeden Satz, den sie an die Kinder richten, wird begleitet von einem scheelen Seitenblick auf den Lehrplan. Ob er erfüllt wird, ob man sich im Terminplan hält, ob es eine Vergleichsstudie, einen bundes- oder landesweiten Vergleichstest geben könnte, bei dem sie schlecht abschneiden? Lauter Unsicherheiten drücken auf die Lehrer und Lehrerinnen, aber sie lassen sich auch allzu bereitwillig drücken. Sie ducken sich, sie sind unruhig, unsicher.

Diese Unruhe der Erwachsenen infiziert die Kinder. Mindestens solche Jungen, die eine kräftige Lenkung, ein kräftiges Identifikationsangebot, überhaupt ein kräftiges Leben brauchen und auch wollen. Erst dieses Gehampel und Gezappel, diese Weichheit, die nicht mit Zuwendung und nicht mit Liebe zu verwechseln ist und dann der Druck, die Last, die Unruhe. Ihnen ist das alles zu viel. Sie wollen da weg, sie wollen damit nichts zu tun haben. Insgeheim schwingt ein Motiv mit, das den Jungen nicht bewusst ist und dennoch ihr Verhalten prägt: Sie wollen nicht so werden wie diese Lehrer. Diese erwachsene Welt hat für sie keine Verführung, ihre Selbstbilder finden sich in ihnen nicht wieder. Ihre Anweisungen finden keinen Widerhall in ihrer Seele, ihre Idee von einem richtig tollen Leben deckt sich an keinem einzigen Punkt mit dem, was in der Schule passiert. Das ist das ganze Dilemma.

Das ist auch der Unterschied zu dem Unterricht, den ich bei den angelsächsischen Lehrern kennen lernte. Der Lehrer ist ein souveräner Mann. Viel strenger als die Deutschen, viel fordernder. Aber in seinen Forderungen ist Zuwendung enthalten, Zuneigung. Irgendetwas in seinem Gesicht lächelt noch dann, wenn er eine schlecht erledigte Aufgabe kritisiert. Irgendetwas Verschmitztes, Offenes, Verständnisvolles ist noch in seiner Stimme, wenn er einmal laut wird, um die Jungen zur Ordnung zu rufen. Er steht auf der Seite der Kinder und auf der Seite der Erwachsenen-Ordnung. Er vertritt beides, weil er beides in sich spürt. Er verkörpert beides und erlaubt diesem Jungen deshalb den Übergang von seinen eigenen Wünschen hin zu den Forderungen der Erwachsenenwelt und wieder zurück. In diesen Pendelbewegungen reift der Junge, er wird selber erwachsener – und was wollen Kinder schon mehr, als älter, erwachsener und »groß« zu werden?

Der Lehrer ist insofern ein Vorbild. Nicht in dem Sinn, dass der Junge ihn nachahmen will, sondern in einem anderen, pädagogischeren Sinn (ein Vorbild imitieren ist keine Pädagogik!). Dieser Lehrer schafft mit seiner inneren und äußeren Souveränität einen Raum, in dem der Junge *sich selber* wiederfindet und gleichzeitig entsprechend den Anforderungen der sozialen Gemeinschaft ordnet. Diese Ordnung strahlt auf ihn zurück, sie stabilisiert ihn. Er spürt das. Er identifiziert sich deswegen mit der Person, die beides – das Innere und das Äußere – in gewisser Weise verkörpert und auf bestimmte Art und Weise reguliert.

Dieser Lehrer ist das, was ein guter Pädagoge sein muss: ein »Souverän«, der über die inneren und äußeren Welten gebietet, so weit die Kinder sich mit seiner Sprache, seiner Körperlichkeit, seiner Stimme, seinen Forderungen abfinden oder sie sogar mögen. »Den kann ich gut leiden«, sagt ein Junge über seinen Lehrer. Über die deutschen Lehrerinnen hat er diesen Satz noch nie gesagt.

### *Wir haben zu wenige männliche Lehrer und andere Binsenweisheiten*

Handelt es sich um einen Geschlechterkonflikt? Auch das hört man aus den Kultusministerien und anderen besorgt-ahnungslosen Bildungsinstitutionen wieder und wieder: Es gibt zu wenige männliche Lehrer, die kleinen Jungen leiden darunter. Dies sind Teilwahrheiten, nicht unwichtig, sie treffen nicht das Zentrum.

Natürlich ist ein Lehrer für einen 10-jährigen Jungen ein natürlicheres Vorbild als eine Lehrerin, natürlich hat ein Mann es in einer Klasse von schwierigen Jungen einfacher. Aber es gibt ja auch reihenweise gute Lehrerinnen, sie kommen mit den Jungen zurecht. In diesem Alter ist das Geschlechtliche nicht so weit ausgeprägt, dass es den Kontakt zwischen den Schülern und Lehrern nachhaltig prägt. Es kommt auf andere Dinge an. Aber worauf? Ich habe es skizziert: auf die Souveränität. Innere Souveränität macht den Lehrer oder die Lehrerin zum »Souverän im Reich des Kindes«. *Kinder brauchen Könige, um sich selber als Prinz und Prinzessin zu fühlen.* Ebendies wird ihnen verweigert, es gibt keine Könige in den deutschen Schulen, sondern lauter Diener.

Alle wollen das Beste und ducken sich unter einer anonymen Moral und den ministeriellen Lehrplänen. Eine ebenso abstrakte wie übernormierte Kultur ist es, die sich auf die kleinen Seelen senkt. Wer sich dagegen nicht zur Wehr setzt, findet sich eben mit solcher geistiger und seelischer Enge ab. Das tut den Kindern auch nicht gut. Für die Eltern bleibt ein Dilemma. Einerseits können und dürfen sie ihre Kinder nicht gegen den Schulbetrieb aufstacheln, zum anderen müssen sie dafür sorgen, dass die Kinder nicht zu sehr mit dieser provinziellen Enge identifiziert werden. Ihr Geist muss frei bleiben. Solange die deutschen Schulen sind wie sie sind, bleibt dies Aufgabe der Eltern. Nur wenige kommen ihr nach.

### *Noch ein Beispiel für gute Schule*

Ein 11-jähriger Knabe, mit dem Verdacht auf ADHS, der in meiner Praxis völlig unauffällig ist. Ein charmantes kleines Bürschchen, ein wenig zappelig vielleicht, aber leicht zu lenken. Außerdem intelligent auf eine Weise, die mich immer wieder in Verblüffung versetzt. Wie schlau diese Kinder sind! Ich habe Spaß an ihm, und er hätte gern Spaß am Leben. Aber der wird ihm verleidet.

Die Schulprobleme bedrücken die Eltern und damit den Jungen auch. Er kommt immer häufiger geduckt, deprimiert in die Praxis. Er tut mir nicht nur Leid, mich kränkt und ärgert dieses vergeudete Kinderleben. Das ist alles so sinnlos. Mit den Eltern gemeinsam beschließe ich, ihn auf einer »internationalen Schule« anzumelden. Das ist kein geringer Schritt, denn dort findet der Unterricht in englischer Sprache statt. Der Kleine hatte zwei Jahre Englischunterricht, auch einige Wochen in England zugebracht. Er ist sprachbegabt, wie er überhaupt für alles und jedes begabt scheint. Aber fließend Englisch spricht er nicht, seine Zensuren sind nicht so, dass man ihn noch mehr Lernlast aufbürden möchte. Wird diese Umstellung also gelingen und ist es das Risiko wert?

Mit den Eltern gemeinsam besuche ich die Schule zu einem vorbereitenden Gespräch. Es ist vom ersten Moment an wie ein Aufatmen, für mich und für die Eltern ebenso. Eine pädagogische Betreuerin empfängt uns, sie wirkt gewandt, geschickt – und nicht so verdruckst, wie man immer wieder auf deutschen Schulen empfangen wird –, sie ist freundlich und offen. Sie ist im Übrigen selbstbewusst, hübsch ist sie auch. Wir reden ein bisschen miteinander, es stellt sich heraus, dass sie in Fragen der Entwicklungspsychologie gut informiert ist. Sie kennt die so genannte ADS-Diskussion, sie hat zu ihr ein kritisches Verhältnis.

Dann betritt der (potenzielle) Klassenlehrer den Raum. Ein Engländer, ein Mann, der in dem Moment, in dem er mir entgegentritt, sowohl ein natürliches Selbstbewusstsein verkörpert, kein auftrumpfendes, aber auch kein unterwürfiges, sondern ein ruhiges selbstverständliches Verhalten. Ich bin in derselben Sekunde sicher, dass dieser Lehrer mit meinem kleinen Patienten glänzend zurechtkommen wird.

Wir reden dann über Pädagogik. Wir reden auch über Prinzipien der Pädagogik, mir gefällt alles, was er sagt. Aber darauf kommt es gar nicht an: *wie* er es sagt, ist ausschlaggebend. Nach diesem Gespräch rate ich den Eltern dringend, ihren Sohn trotz aller Bedenken auf diese Schule zu geben. Englisch hin oder her, Zensuren hin oder her. Sie tun es. Es ist gut gegangen. Es ging sogar glänzend.

Ich behaupte: Das konnte man von Anfang an buchstäblich sehen. Man sah es dem Gesicht dieses Lehrers an, der Freundlichkeit der pädagogischen Betreuerin, ihrer Souveränität, der männlichen und der weiblichen. Der Knabe fühlte sich vom ersten Tag an zufrieden, ja behütet in dieser Schule. Dabei, wie er immer wieder mit großem Augenaufschlag beteuert, geht es dort ziemlich streng zu. Wer gegen Regeln verstößt, wer gar den als selbstverständlich vorausgesetzten Respekt gegenüber den Klassenkameraden oder den Lehrern vermissen lässt, wird bestraft. Ob er das in Ordnung findet? Na klar, sagt er, wenn man Mist baut, kriegt man eins aufs Dach. Das ist soweit in Ordnung. Nur demütigend darf die Strafe nicht sein (bei kleinen Jungen ist es heute immer noch so, wie es bei uns früher auch schon war: es gibt sogar Strafen, die einen im Kreis der Freunde aufwerten. Hinterher ist man für gewisse Zeit ein kleiner Held!). Bedrückend dürfen Strafen nicht sein. Sie dürfen einen nicht vorführen. Dann sind sie »in Ordnung«. Da muss man eben durch!

### *Schule ist Erziehung, anders geht es nicht*
Wer jemals in der Klassenkonferenz einer deutschen Schule teilgenommen hat, bei der über »pädagogische Maßnahmen« (schon das Wort enthält die ganze Kälte der bürokratischen Gesinnung, die sich darin verbirgt) gesprochen wird, weiß, was demütigende

Strafen sind: Keiner übernimmt die Verantwortung, alle Erwachsenen verstecken sich hinter Vorschriften, Schulregeln oder ministeriellen Vor- und Durchführungsbestimmungen. Es ist ein entpersonalisiertes Desaster.

Die Kinder stehen dem gegenüber, als befänden sie sich in einer emotionalen Wüste. Und das tun sie ja auch. Sie wehren sich, solange sie können. Und insgeheim resignieren sie schon.

Da ist es kein Wunder, dass sie laut brüllend über den Schulhof rennen und raufen, und insgeheim deprimiert sind, verstört, dass sie Regeln nicht verinnerlichen, ja nicht einmal akzeptieren. Es ist überhaupt kein Wunder, diese Schulen sind schlecht, sie sind miserabel. Es ist der bürokratische Geist, der die Schulen so schlecht macht: mal sozialdemokratisch-moralisierend, mal konservativ bis reaktionär, zumal seit den OECD-Bildungsvergleichen und der PISA-Studie. Verändert hat beides nichts. Auf die Inhalte kommt es eben kaum an. Weder haben sozialdemokratische Schulreformen die Chancengleichheit auch nur minimal erhöht, noch werden die gegenwärtigen reaktionären Schulmodelle das Leistungsvermögen der Kinder steigern. Nein, die Inhalte sind nicht ausschlaggebend.

Schule ist Erziehung, daran führt kein Weg vorbei. Und Erziehung ist Begegnung von Menschen. Erziehung ist Kontakt, Kommunikation, Austausch von bewussten und unbewussten Signalen, von Gesten, Stimmlagen, Tönen und Bewegungen. Erziehung, mit anderen Worten, ist eine Kunst. Wer sie nicht beherrscht, ist fehl am Platz, ganz egal, ob er Chancengleichheit oder Leistungskontrolle im Kopf hat.

Ich behaupte: Die Dissozialität der modernen Jungen geht zu einem guten Teil zu Lasten der Schule. Nein, sie ist nicht der Verursacher, nicht der Grund der veränderten sozialen Entwicklungen der Kinder. Aber sie ist der Verbreiter, sozusagen der Mediator, der die in Familie und Freizeit gelernten Dissozialitäten der Jungen alltäglich macht. Schule ist das Festzimmern einer Dissozialität, die die gesellschaftliche Kultur den Kindern an allen Ecken und Enden vorlebt. Daran scheitert sie. Sie müsste die Alternative sein, der Gegenentwurf, die letzte Chance einer Gesellschaft, in der nächsten Generation soziales Verhalten einzuüben. Dies alles wird versäumt.

Diskussionen von der Art »Wozu ist die Schule da«, wie sie der Göttinger Erziehungswissenschaftler Giesecke in Gang setzte, sind auf eine lächerliche Weise realitätsfremd. Wozu die Schule da ist, spielt kaum eine Rolle, wenn sie ihre Ziele nicht durchzusetzen vermag. Man mag ja im Professorentürmchen monatelang vor sich hingrübelnd zu der Erkenntnis gelangen, dass die Schule sich mit Wissen und Wissensdisziplinen zu befassen habe und nicht mit Erziehung. Wenn aber in einer Grundschulklasse 4 schwer verhaltensgestörte Kinder und mindestens 10 weitere, vorwiegend kleine Jungen, sich befinden, die sich von den Vieren infizieren lassen, wenn Unterricht nicht möglich ist ohne bessere Erziehung, dann wird Schule scheitern. Sie ist ja auch gescheitert. Es traut sich nur keiner zu sagen.

In diesem Dilemma hat Schule ein Eigenleben entwickelt, eine kleine fiktive Welt, in der alle Beteiligten, von den Elternsprechern bis zur Direktorin versuchen, ihre Fiktion aufrechtzuerhalten. Der Zustand ist sehr wohl mit dem Endstadium des DDR-Staates zu vergleichen, auch die Führungsspitzen der SED glaubten, bei ihren Besuchen auf den LPGs einen tiefen Einblick in das Alltagsleben der sozialistischen Bürger zu nehmen, und eilten von einem Dörfchen zum nächsten. Ihre Sinne waren vernebelt, die der untergeordneten Chargen, die dienend und kopfnickend neben ihnen standen, waren es ebenso. Und der Rest hielt den Mund. So verhält es sich in den Schulen auch.

Ohne OECD-Studie und ohne PISA-Debatte wäre das Dilemma nie an die Öffentlichkeit gelangt. Bei den Stammtischen der Eltern, in den Gesprächen bei abendlichen Besuchen war längst von dem Versagen der Schule die Rede. Das soziale Ansehen der Lehrer war längst auf dem Nullpunkt. Jeder wusste es und niemand sprach es laut aus. Kulturministerien verfielen vor einiger Zeit auf die Idee, mittels einer Werbekampagne den »Respekt vor Lehrern« einzufordern. Ihre Grundüberlegung war höchst zutreffend: Es gibt kaum einen bedeutenderen Beruf in einer Wissensgesellschaft als den der Lehrer.

Aber die Vorstellung, dass man die Menschen mithilfe von Werbung dazu bringen könne, Respekt zu empfinden, verrät denselben Geist, an dem die ganze Bildung scheitert. Eine fiktive, kleine, enge Welt, in der jene Souveränität nicht wachsen kann und darf, von der am Beispiel der »internationalen« Lehrer die Rede war. Eigenständigkeit wird nicht nur bei Kindern, sondern auch bei Lehrern bestraft, Liebe zu Kindern wird als eine merkwürdige Marotte angesehen. Inzwischen haben zwei Versicherungsgesellschaften sich entschlossen, Lehrerinnen ab dem 35. Lebensjahr nicht mehr in die Versicherung aufzunehmen. Man darf davon ausgehen, dass sie bis zum 50. Lebensjahr erkranken. Solche Signale klingen witzig, sind aber in Wahrheit desaströs. Eine einzige Katastrophe, nicht nur für die betroffenen Menschen, sondern für eine ganze Kultur. Ich erzähle im Folgenden ein kleines Beispiel für diese in sich beschränkte, enge, unsouveräne Welt.

### *Klassenkonferenzen und andere Hilflosigkeiten*

Ein 12-jähriger Junge, wiederum mit dem Etikett »hyperaktiv«, hinter dem nicht nur Pädagogen, sondern auch Psychiater alles verstecken, was sie nicht begreifen, kam schon mit dem Stigma des »Unruhestifters« auf die neue Schule, von der vorhergehenden war er verwiesen worden. Er kam diesem Bild, das ihm vorauseilte, mit dem für sein Alter typischen Verhalten nach. Keine drei Tage befand er sich auf dieser Schule, da gab es die erste Rauferei.

Ob die Jungen, entsprechend dem Ruf, der dem »Neuen« vorauseilte, die Prügelei anstifteten oder ob tatsächlich mein kleiner Patient, der – wie es im polizeiähnlichen Pädagogen-Jargon heißt – »Verursacher« war, bleibt ungeklärt. Zwei, drei Vorfälle ähnlicher Art, dann wurde eine Klassenkonferenz einberufen. Die Eltern baten mich, sozusagen als Begleitschutz dabei zu sein. Ich kam ihrem Wunsch nach, ich tue es oft. Die hier berichtete Klassenkonferenz ist nur eine von vielen, diese Konferenzen ähneln einander wie ein Ei dem anderen.

Schon die Begrüßung an der Tür war bedrückend, so viel Unbeholfenheit auf der Seite dieser erwachsenen Menschen, die einem verlegen entgegenkommen, die Hand reichen, aber dann zur Seite blicken, die nicht recht wissen, auf welchen Stuhl sie die Eltern oder mich einladen sollten, denen auch keine sichere Geste für solche Einladungen zur Verfügung steht. Dann saß die Runde – vielleicht 12 oder 14 Erwachsene – stocksteif nebeneinander.

Die Klassenlehrerin eröffnete »das Verfahren«, tatsächlich hatte der Rektor in seinen Begrüßungsworten eben diesen Begriff verwendet. Um ein »Verfahren« also handelte es sich, nicht etwa um eine gütige Hilfe für ein Kind. Wie der Geist, so die Sprache.

Die Klassenlehrerin war offensichtlich hochgradig aufgeregt, vielleicht sogar auf Grund meiner Anwesenheit (da ist ein Fremder, ein Eindringling, man fühlt sich überprüft, fühlt sich bewertet). Sie formulierte es so: »Der Schüler X (damit war mein kleiner Patient gemeint) schubste den Schüler Y, dies geschah am … um … Uhr, es wurde beobachtet von der Lehrkraft A (sie sagte tatsächlich Lehrkraft, wie diese Menschen über sich selber reden!) beobachtet und bestätigt, ebenso beobachtet und bestätigt von dem Schüler B.« In diesem Jargon, der in keinem Jugendgerichtsverfahren mehr geduldet wird, ging es weiter, eine gute halbe Stunde lang.

Niemand konnte aus dem Gewusel von Einzelheiten herauslesen, was nun wirklich geschehen war. Diese Anhäufung von sinnlosen Details erinnerte mich an den Schulunterricht, den ich bei meinem 16-jährigen Sohn beobachte. Ein Wissensdetail wird auf das nächste gehäuft, in der Summe ähneln sie dem Internet: Es ist irgendwie alles da und irgendwie ist alles nichts!

Die Stimme dieser Lehrerin war monoton, ich glaube nicht, dass sie die Eltern nur ein einziges Mal ernsthaft, im Sinne einer menschlichen Verständigung, angeschaut hat. Es gab nicht eine winzige Spur von liebevoller Sorge für ein Kind. Ihre Sprache verriet sie, ihre Stimmlage schloss jedes Verständnis aus. Die Art ihres Sprechens, ihre steife Körperhaltung, ebenso die Art und Weise, wie die anderen »Lehrkräfte« währenddessen vor sich hinstarrten wie gelangweilte Schüler – dies alles machte von Anfang an die Verurteilung unvermeidlich.

Vergleichbar ist dieses Szenario mit Kafkas *Der Prozess,* in dem der Schuldige, schuldlos oder nicht, von Anfang an feststeht. Auch Kafkas Romane sind ja entgegen dem Ruf, der ihnen vorauseilt, bedrückend und komisch zugleich. So war es auch hier. Irgendwie wirkte alles wie ein dummer Witz. Danach redete noch ein Lehrer, danach der Rektor, die Eltern, inzwischen in die Defensive gedrängt, versuchten sich einzumischen. Ihnen wurden nur kurze Wortmeldungen gestattet. Keiner kam auf die Idee, mich, der ich immerhin das Kind im Rahmen einer Therapie (also unter ganz anderen Bedingungen, mit ganz veränderten Gesichtspunkten kennen gelernt hatte) ins Gespräch zu ziehen. Hin und wieder streifte mich ein zutiefst verunsicherter, ja scheuer Blick. Das war alles.

Also räusperte ich mich, reckte mich – und fühlte mich meinerseits ziemlich lächerlich – und versuchte, das Wort zu ergreifen. *Man muss in solchen Runden einfach lange genug laut reden, dann verstummen die anderen.* So war es auch hier. Eine Gesprächstechnik, die selbstbewusste Jungen im Kindergarten lernen. Ich durfte also reden, spürte aber schon nach wenigen Sätzen, dass meine Hinweise auf die seelische Verfassung dieses Kindes und die Ursachen seines Verhaltens die Lehrer schlicht langweilte. Den ein oder anderen hatte ich außerdem im Verdacht, dass er auch gar nicht verstand, was ich sagte. Ich kam schnell zum Ende. Wer kann schon gegen eine Wand aus gelangweilten Gesichtern anreden?

Daraufhin meldete sich ein mir gegenübersitzender Lehrer, der mir auf den ersten Blick noch einigermaßen vernünftig, ja menschlich erschienen war. Er räusperte sich seinerseits und ergriff das Wort. Er habe, sagte er, die Kinder erst vor vier Wochen auf den Erlass des Kultusministers hingewiesen, dass Raufereien in Zukunft nicht mehr gestattet seien. Er habe den ganzen Erlass vor der Klasse wortwörtlich vorgelesen. Er könne sich also ein solches Verhalten wie das von meinem kleinen Patienten beim besten Willen überhaupt nicht erklären. Ja, nickte heftig eine Kollegin, sie habe auch mit dem Jungen gesprochen. Gewalt ist keine Lösung, habe sie gesagt. Er habe ihr auch zugestimmt. Genützt habe es nichts. Sie wisse auch nicht mehr weiter.

Wie reagiert man auf solche Sätze? Stellen Sie sich einen hyperaktiven Jungen vor, lebensfroh, kräftig, durchsetzungsfähig, dem allen Ernstes ein erwachsener Mensch erklärt, dass laut Erlass des Kultusministers sein Verhalten nicht zu billigen sei. Wie reagiert man auf solche pädagogischen Interventionen? Mir war nach Lachen zumute, gleichzeitig befiel mich eine bedrückte Stimmung. Hier gibt es keinen Ausweg. Ich versuchte den Eltern zu signalisieren, dass wir den Raum so schnell wie möglich verlassen sollten. Das war aber gar nicht nötig. Mit der Unbeholfenheit, die diesem Kollegium eigen war, wurden wir buchstäblich vor die Tür gesetzt. Gut eine Stunde berieten die Pädagogen – angesichts des Niveaus der vorausgehenden Diskussion, frage ich mich noch heute, was es da zu reden gab –, während wir, die Eltern und der betreuende Kinderpsychologe, inzwischen verlegen auf einem zugigen Pausenhof herumstanden und froren.

Niemand war auf die Idee gekommen, uns ein anderes Zimmer und eine Sitzgelegenheit, gar eine Tasse Kaffee oder ein Glas Wasser anzubieten; es fehlte hier an allem, an den Grundelementen einer zivilen Kultur. Niemand soll mir sagen, dass dies nicht auf die Kinder abfärbt, mindestens im Sinn von Respektlosigkeit, im Sinn von tiefer Gleichgültigkeit gegenüber den Regeln, die diese Lehrer ihnen beizubringen versuchen. Sie taugen nichts, nicht für das Leben und nicht für die Regulierung des kindlichen Miteinanders.

### Weiterbildung mit Marotten

Noch ein Beispiel? Zuvor eine Zwischenbemerkung: Lehrern wird vorgeworfen, dass sie sich ungern weiterbilden lassen. Das mag schon sein. In der Tat ist es auffällig, dass etwa bei Vorträgen in Schulen ca. 150 oder 200 junge Eltern erscheinen, aber kaum zwei Lehrer. Auch dann nicht, wenn die Veranstaltung in der Aula ihrer Schule stattfindet. Möglicherweise glauben Lehrer kein Wort von dem, was ihnen in der gut gemeinten, aber oft hausbackenen Weiterbildung beigebracht wird. Während ich diese Zeilen schreibe, lese ich in der *HANNOVERSCHEN ALLGEMEINEN ZEITUNG* von einer Lehrerin, die eine Fortbildung zur Begrenzung schulischer Gewalt mitmachte. Sie wurde im Rollenspiel trainiert und hat nun die Berechtigung, selber »Gewaltprävention« mittels Rollenspiel mit aggressiven Schülern einzuüben. Ihre Selbsteinschätzung ist immerhin realistisch. »Bei einigen«, sagt sie, »hilft es sogar«.

Nun ja, einige würden auch ganz ohne Rollenspiel auf Gewalt verzichten. Schüler entwickeln sich, viele von ihnen Gott sei Dank in Richtung Vernunft und seelischer Reife. Diese hätten auch ohne Rollenspiel der fortgebildeten, engagierten Lehrerin auf Gewalt verzichtet. Und vielleicht bleibt wirklich der eine oder andere übrig, dem es geholfen hat. So viel Aufwand, so wenig Ergebnis. Früher oder später erlischt das Engagement. Nachdem alle Lokalblätter von dem »Gewaltpräventions-Training« an dieser oder jenen Schule berichtet haben, werden die Trainings meistens Zug um Zug wieder eingestellt. So war es mit dem einmal hoch gehandelten Programm der Schüler-Mediatoren, bei dem Schüler ausgebildet wurden, in Konfliktfällen zu vermitteln. Nicht nur in Deutschland, auch in England und in den USA wurden diese Ideen mit einem großen Programm durchgezogen, danach gab es zwei überprüfende Studien, die, kurz bevor die amerikanische Bundesregierung ein Zig-Millionen-Mediatoren-Projekt startete, ihre Erfolglosigkeit bestätigten. Danach sind sie sang- und klanglos verschwunden, zu Gunsten neuer Präventionsprogramme. Dies alles ist Ausdruck einer extremen Hilflosigkeit, die sich ausgehend von wissenschaftlichen Untersuchungen in die Fortbildung der Lehrer und/oder Psychologen fortsetzt, mindestens zu einem guten Teil die Unlust der Lehrer erklärt.

Einen anderen Lehrer lernte ich nach solch einer Fortbildung kennen. Dort war mit großer Emphase das gute alte Training des Ehepaars Tausch zur »offenen Kommunikation« eingeübt worden. Der nicht unsympathische Mann wollte von heute auf morgen seinen ganzen Lehrstil vom Kopf auf die Beine stellen. »Für mich fängt ein neues Leben an«, sagte er. Er wirkte mit dieser jugendlichen Begeisterung bei seinen 50 Jahren belebend, wenngleich ein wenig verstiegen. Leider wählte er sich als erstes Objekt seiner neu gewonnenen pädagogischen Begeisterung einen hyperaktiven Jungen, der bei mir in Betreuung war. Ein schwieriges Kind, dem mit Begeisterung nicht beizukommen war. Die Folgen waren abzusehen. Sie stellten sich prompt ein. Nach einem halben Jahr hatte mein kleiner »Hypie« einen verbissenen Feind mehr in der Schule und dieser Lehrer hatte seine Begeisterung für »offene Beziehung« zu den Kindern eingestellt und sich fortan hinter einer zynischen Haltung verschanzt.

Nein, die meisten Fortbildungsprogramme sind das Papier nicht wert, auf dem sie stehen. Lehrer wissen das, insgeheim wissen es auch die schulischen Bürokratien. Die allermeisten Programme stammen aus dem wohlwollenden Milieu der 70er- und 80er-Jahre. Sie berühren die Realität moderner Jungen kaum.

Von daher ist auch nicht ganz unverständlich – wenngleich von außen betrachtet ein wenig lächerlich –, dass sich Hunderte, ja Tausende von Lehrern versammeln, um die neueren neurobiologischen Forschungen zum Thema Lernen zur Kenntnis zu nehmen. Was dort von Spitzer und anderen verkündet wird, wusste schon die Reformpädagogik. Nicht eine einzige Einsicht ist neu. Aber sie wird formuliert mit der Naturgesetzlichkeit der Biologie, ersatzweise könnte es auch Physik oder noch besser Chemie sein, den Lehrkräften wäre es wohl gleich. Hauptsache, das Lehren wird entpersonalisiert, man steht als Person nicht im Zentrum der Kritik und Bewertung, man kann als Person nicht scheitern, man erfüllt ja nur objektive wissenschaftlich begründete »Gesetzmäßigkeiten«. Wenn die dann scheitern, ist jedenfalls der Lehrer nicht schuld. Nur: wer sonst? Damit sind wir wieder bei all den offenen Fragen, die nicht beantwortet sind.

*Ein 14-Jähriger will lernen, darf aber nicht*
Damit komme ich also zu einer zweiten Begebenheit, die sich Anfang dieses Jahres 2004 ereignete. Ein 14-jähriger Junge kam in meine Praxis, vier oder fünf Fünfen standen in seinem Zeugnis, Versetzung versuchsweise, in den Sommerferien paukte er sich dann den einen oder anderen Lehrstoff ein und wurde gerade eben noch versetzt. Er besuchte die Realschule, ein intelligenter Junge mit allein erziehender Mutter. Narzisstisch, wie diese Kinder oft sind, voller Selbstzweifel und Selbstüberschätzung, aber ohne Frage intelligent und fähig, sich mit hoher Disziplin Aufgaben zu widmen. Er muss sie nur akzeptieren.

Nach wenigen Stunden änderte sich sein Lernverhalten im Rahmen der Therapie, er löste schwierige Aufgaben, weit schwieriger als der Schulstoff vorschrieb. Gleichwohl blieb es im Unterricht bei seinen miserablen Noten.

Ich plante einen Befreiungsschlag, die Mutter zog begeistert mit. Wir wollten den Jungen auf ein privates Gymnasium »versetzen«, das nicht ohne Grund unter Fachleuten einen guten Ruf hatte. Damit traf ich den Kern des Narzissmus dieses Jungen, aber auch den Kern seiner Motive, seines Lerneifers. Auf dem Gymnasium paukte er wie wild, sein soziales Verhalten änderte sich schlagartig, er wurde eine der, wie eine Lehrerin sagte, »integrierenden Kräfte« der Klasse. Die Bewertungen sprangen von »mangelhaft« auf »befriedigend«, dann auf »gut«. Was ihm an gymnasialem Lernstoff fehlte, holte er am Wochenende und in den Ferien auf. Er war schier vor lauter Begeisterung wie von Sinnen. Die Lehrer bestätigten ihm einhellig die Fähigkeit, das Abitur zu bewältigen. Aber dazu kam es nicht.

Die Lehrer der Realschule erhoben Einspruch, ihre Begründung war skurril: Seine Leistungen, sagten sie, seien zu schlecht. Der Hinweis, dass seine Leistungsfähigkeit sprunghaft gestiegen sei, berührte sie nicht. Sie verwiesen stur auf die schlechten Benotungen im Rahmen der Realschule.

In einem ausführlichen Gutachten führte ich aus, dass die Rückführung des Jungen auf die Realschule – die er inzwischen von Herzen hasste – zu tief greifenden seelischen Störungen führen würde. Ich habe dies ausführlich begründet. Das Gutachten wurde mehrfach erwähnt, aber nicht im Geringsten berücksichtigt, die Entscheidung der Realschule und später der übergeordneten Schulbehörde, der Bezirksregierung, stand fest: Der Junge wird gezwungen, auf die Realschule zurückzugehen. Bei seinem derzeitigen Notenstand hieß dies, dass er am Ende des Jahres zur Hauptschule »nach unten« durchgereicht werde.

Die Mutter setzte einen Anwalt ein, es kam zu einem Verwaltungsgerichtsverfahren. Es ging verloren. Das Gymnasium wurde gezwungen, den 14-Jährigen auf die Realschule zurückzuverweisen. Was ich vorausgesagt hatte (es lag ja deutlich genug auf der Hand), trat ein: Der 14-jährige Junge verfiel in eine massive, seinem narzisstischen Charakter entsprechende Depressivität, er schloss sich über Wochen in seinem Zimmer ein. Seit Herbst hat er die Schule nicht mehr besucht. Er bekommt Psychopharmaka, seine schulische Karriere ist beendet.

Es gibt Schuldige: den Starrsinn der Schulbürokratien. Bei meinem Versuch, mit der juristischen Abteilung der Bezirksregierung Alternativen zu erkunden, wurde ich nach 10 Minuten barsch abgebürstet: Wir haben für solche Sachen keine Zeit. Natürlich darf man sich fragen, wozu im schulischen Dezernat einer Bezirksregierung eine juristische Fachkraft notwendig ist, wenn sie sich nicht darum kümmern mag, wie das schulische Schicksal eines Kindes ausgehen wird.

### *Die Wirklichkeit der Schule ist ihr Alltag, nicht ihr Konzept*

All dies überrascht nicht, es sind paradigmatische Geschichten. Beispielhafte Geschichten. Ich kann die Reihe der Fälle beliebig fortsetzen. Sie werfen ein sehr viel schärferes Licht auf die Realität der Schulen, auf das ambivalente Miteinander von Lehrern und Schülern, das nicht minder ambivalente Gegen- und Miteinander zwischen Kultusbürokratie und Lehrern als bekannt. Solche Begebenheiten, beispielhaft wie sie sind, sind sehr viel brisanter als jene Fragen, an die sich die öffentliche Diskussion gern hängt. Einheitsschule oder nicht, natürlich gibt es auch hier wissenschaftlich eindeutige Antworten. Natürlich ist das dreigliedrige Schulsystem eine Marotte aus der deutschen Vergangenheit einer vordemokratischen Gesellschaft. Dies alles ist bekannt. Aber es stellt nicht die entscheidenden Fragen und gibt auch nicht die wichtigen Antworten. Das Schicksal eines Kindes geschieht im Alltag, im Miteinander von Menschen, von Erwachsenen, die über sein Leben Verfügungsgewalt haben. Nichts zwingt einen Betrachter so sehr zu einer moralischen Betrachtungsweise und Bewertung wie eben diese Tatsache: die Gewalt über Kinder. Wer sie missbraucht, verdient keine Nachsicht. Man mag schauen, wohin man will: Die kleinen Jungen werden auf eine ganz andere Weise, als es die Boulevard-Presse gern darstellt, Tag für Tag missbraucht.

## 2. Gute, menschliche Lehrerinnen – ein Loblied zum Schluss

Ist dies die ganze Wahrheit? Nein, Gott sei Dank ist sie es nicht. Es gibt beeindruckende Lehrer, es gibt ein beeindruckendes Engagement. Auch dies erlebt ein Kinderpsychologe in seiner Praxis immer wieder. Ich kenne Grundschullehrerinnen, die sich gegen den resignierten und überkontrollierten Geist der staatlichen Regelschule durchsetzen, ja, durchbeißen. Oft müssen sie es gegen den Widerstand vieler Kollegen tun, oft geraten sie in Konflikte mit der Schulleitung. Ich kenne Frauen und Männer (insbesondere Frauen), die mit großer innerer Sicherheit sich auf die Seite der schwierigsten kleinen Jungen stellen und eben dadurch, durch diese innere Haltung, ihren Schülern zugleich mit dem Lesen, Schreiben und Rechnen etwas beibringen, was mehr als nur »Kulturtechnik« ist: nämlich Bildung. Ich kenne Grundschullehrerinnen, die wiederholt zu mir in die Praxis kommen, weil ich die Betreuung eines problematischen Schülers übernommen habe. Ein solcher Junge »schmeißt« ihnen jeden Morgen eine Stunde im Unterricht. Trotzdem halten sie an ihm fest. Sie wollen ihn nicht fallen lassen. Auf Überlegungen, ob an einer anderen Schule oder in einer anderen Klasse dem Kind besser geholfen würde, reagieren sie mit Mut und Unmut: Nein, sie haben ein gutes Verhältnis zu dem Kind aufgebaut, und auch die schwierigsten kleinen Jungen antworten positiv darauf. Die Jungen finden einen Halt an ihnen, und diese Lehrerinnen wissen das und halten ihrerseits daran fest. Sie haben große Mühe mit diesen Kindern, und sie lassen sie dennoch nicht im Stich.

Am Ende solch eines Gespräches habe ich einmal, mit ehrlich empfundenem Respekt, lächelnd einer Lehrerin gesagt: »Ich find' Sie ganz toll, ich könnte Sie knutschen!« Das gehört sich natürlich nicht. Überhaupt haben wir verlernt, wenn wir über die Probleme von Kindern reden, auch emotional zu reden. Es wird in der Pädagogik insgesamt zu wenig gelacht und zu wenig geweint. Auch das ist kind-fremd. Diese Lehrerin drehte sich zu mir und lächelte zurück. Ich hoffe, dass der Respekt, den ich für sie empfinde, sie in ihrer schwierigen Arbeit gestärkt hat. Mein Zorn über viele Schulen und insbesondere die Schulbürokratie und ihren kindfeindlichen Charakter ist groß. Meine Bewunderung für viele einzelne Lehrer und Lehrerinnen ist es auch.

**Nachbemerkung**

*Was bleibt?* Unsere Spurensuche endet, wo sie begann. Bei den Eltern und denen, die als starke Personen – und das heißt immer: liebevolle Menschen – auf die Nöte der Kinder antworten. Die globale Zivilisation und ihre kalte Wirtschaftsordnung wird die Menschen immer tiefer in einen Mangel an Empathie, in maßlose Rivalitäten reißen und dabei rund um den Erdball verheißungsvolle, künstliche und idealisierende Bilder vom persönlichen Glück in die Köpfe der Kinder setzen. Die Differenzierungen, die die Wirklichkeit aufzwingt, wird dabei immer unerträglicher. Diese Entwicklung ist keineswegs nur an den Kindern, sondern ebenso an einer Generation junger Erwachsener zu beobachten. Eine Zivilisation des Misstrauens reift heran, in ihr wächst eine dissozial eingestellte Kindergeneration. Die Jungen agieren diese Komponenten auffälliger aus als die Mädchen. Zugleich hungern die Kinder nach Sinn und suchen Heimat. Eine institutionelle Antwort auf ihre Suche wird es nicht geben. Nie zuvor kam es so sehr auf den Einzelnen an, den Lehrer hier, den Sozialarbeiter dort, vor allem auf gute Eltern. Die Summe meiner Überlegungen ist nur pathetisch zu ziehen: Wenn die Liebe der Eltern zu den Kindern nicht neue Sinnformen erfindet, wenn sie dabei nicht von klugen und liebesfähigen »Profis« begleitet werden, wenn wir nicht alle an dem letzten Wirkstoff des Sozialen und Sinnhaften, am Überleben der Liebe in privaten und öffentlichen Räumen arbeiten – und dabei der Gewalt hart und klar entgegentreten –, dann stürzt unsere Kultur und Zivilisation einer Katastrophe entgegen. Noch ist Zeit!

## Literatur

Ainsworth, Mary D. S.: Patterns of Attachment. A Psychological Study of the Strange Situation. New Jersey/New York/London: Wiley, 1978

Bergmann, Wolfgang: Die Bedeutung der Vision bei der Entfaltung von Ordnungen im Internet. In: Praktische Theologie 3/2001, S. 165–173

Bergmann, Wolfgang: Wo das Reale schwindet ... über Symbole im digitalen Raum. In: arbeitshefte psychoanalyse. Hrsg. vom Institut für vergleichende Kulturwissenschaften GHS Kassel, März 2002, S. 131–147

Bergmann, Wolfgang: Ihre Welt ist bunt, laut und fremd – und nirgends ein Halt. In: Gebauer/Hüther (Hrsg.): Kinder brauchen Vertrauen. Erfolgreiches Lernen durch starke Beziehungen. Düsseldorf: Walter, 2004, S. 87–108

Bergmann, Wolfgang: Was Lernstörungen mit frühkindlichen Entwicklungen zu tun haben. In: Lerntherapie 2/2004, hrsg. vom Fachverband für Integrative Lerntherapie, S. 23–28

Bohrer, Karl Heinz: Der Abschied. Theorie der Trauer: Baudelaire, Goethe, Nietzsche, Benjamin. Frankfurt a. M.: Suhrkamp, 1996

Döpfner, Manfred, Schürmann, Stephanie und Jan Frölich: Therapieprogramm für Kinder mit hyperkinetischem und oppositionellem Problemverhalten (THOP). Weinheim: Beltz, PsychologieVerlagsUnion, 1997

Dornes, Martin: Die frühe Kindheit. Entwicklungspsychologie der ersten Lebensjahre. Frankfurt a. M.: Fischer, 1997

Erikson, Erik H.: Toys and Reasons. Stages in the Ritualization of Experience. New York: W W Norton & Co Inc, 1977

Freud, Sigmund: Das Ich und das Es. Metapsychologische Schriften. Einleitung von Alex Holder. Frankfurt a. M.: Fischer Tb, 1992

Grossmann, Karin und Klaus E. (Hrsg.): Bindung und menschliche Entwicklung. John Bowlby, Mary Ainsworth und die Gundlagen der Bindungstheorie. Stuttgart: Klett-Cotta, 2003

Grossmann, Karin und Klaus E.: Bindungen – das Gefüge psychischer Sicherheit. Stuttgart: Klett-Cotta, 2004

Grunberger, Béla: Vom Narzissmus zum Objekt. Frankfurt a. M.: Suhrkamp, 1976

Hobson, Peter: Wie wir denken lernen. Gehirnentwicklung und die Rolle der Gefühle. Düsseldorf: Walter, 2002

Hormann, John: Future Work. Signale für das Leben im 3. Jahrtausend. Wiesbaden: Universum-Verlagsanstalt, 1998

Kelly, Kevin: Der zweite Akt der Schöpfung. Natur und Technik im neuen Jahrtausend. Frankfurt a. M.: Fischer, 1999

Kohut, Heinz: Narzissmus. Eine Theorie der psychoanalytischen Behandlung narzisstischer Persönlichkeitsstörungen. Frankfurt a. M.: Suhrkamp, 1973

Main, M.: Desorganisation im Bindungsverhalten. In: Spangler/Zimmermann (Hrsg.): Die Bindungstheorie. Grundlagen, Forschung und Anwendung. Stuttgart: Klett-Cotta, 1995, S. 120–139

Ricoeur, Paul: Die Interpretation. Ein Versuch über Freud. Frankfurt a. M.: Suhrkamp, 1974

Spitz, Rene A.: Vom Säugling zum Kleinkind. Naturgeschichte der Mutter-Kind-Beziehungen im ersten Lebensjahr. Stuttgart: Klett-Cotta, 1974

Winnicott, Donald W.: Vom Spiel zur Kreativität. Stuttgart: Klett, 1973

Winnicott, Donald W.: Familie und individuelle Entwicklung. Frankfurt a. M.: Fischer Tb, 1984

# Bücher von Wolfgang Bergmann bei Beltz

Wolfgang Bergmann
**Die Kunst der Elternliebe**
Beltz 2005. 248 Seiten. Gebunden mit Schutzumschlag
ISBN 978-3-407-85775-0

Wolfgang Bergmann
**Gute Autorität**
Grundsätze einer zeitgemäßen Erziehung
Beltz 2005. 216 Seiten. Broschiert
ISBN 978-3-407-22886-4

Wolfgang Bergmann
**Das Drama des modernen Kindes**
Hyperaktivität, Magersucht, Selbstverletzung
Beltz 2006. 204 Seiten. Broschiert
ISBN 978-3-407-22891-0

Wolfgang Bergmann
**Disziplin ohne Angst**
Wie wir den Respekt unserer Kinder gewinnen und
ihr Vertrauen nicht verlieren
Beltz 2007. 184 Seiten. Gebunden mit Schutzumschlag
ISBN 978-3-407-85898-6

Wolfgang Bergmann
**»Du sollst glücklich sein, mein Kind«**
Wolfgang Bergmann spricht und liest über »Die Kunst der
Elternliebe« und „Gute Autorität".
Beltz Hörbuch 2007-11-22 2 CD, Laufzeit ca. 160 Minuten
ISBN 978-3-407-85760-6

*»Eine mitreißende und längst fällige Gegenstimme zum
Einheitschor vieler Erziehungsratgeber«*
                              *»spielen und lernen«*